双边平台企业的非价格竞争策略研究

RESEARCH ON NON-PRICING COMPETITIVE STRATEGIES OF TWO-SIDED PLATFORMS

张 凯 著

哈爾濱工業大學出版社

内容简介

双边市场作为一类特殊的企业运营模式在现实生活中广泛存在，但与之相应的理论——双边市场理论，是在进入21世纪后才引起学术界和产业界的重视。目前，该领域已成为产业经济学和企业管理学的前沿理论之一。本书运用博弈论、演化理论和决策科学等方法，对现实生活中双边平台企业经常运用到的价格歧视策略、重叠业务策略、搭售策略和广告策略进行了研究，着重探讨策略的有效性和适用条件。最后，从双边产业系统的角度给出双边平台企业关于竞争策略选择的建议。

本书适用于管理学、产业组织理论等相关专业学生及教师参考作用。

图书在版编目(CIP)数据

双边平台企业的非价格竞争策略研究/张凯著. —
哈尔滨:哈尔滨工业大学出版社,2011.12
ISBN 978-7-5603-3461-5

Ⅰ.①双…　Ⅱ.①张…　Ⅲ.①企业-价格竞争-研究
Ⅳ.①F274

中国版本图书馆CIP数据核字(2011)第280741号

策划编辑　王桂芝
责任编辑　李广鑫
出版发行　哈尔滨工业大学出版社
社　　址　哈尔滨市南岗区复华四道街10号　邮编150006
传　　真　0451-86414749
网　　址　http://hitpress.hit.edu.cn
印　　刷　哈尔滨工业大学印刷厂
开　　本　787mm×1092mm　1/16　印张9.75　字数200千字
版　　次　2011年12月第1版　2011年12月第1次印刷
书　　号　ISBN 978-7-5603-3461-5
定　　价　38.00元

序

说到市场，研究学者和相关从业者都会感叹其诡谲莫测，但又试图从其复杂多变中探寻蛛丝马迹，努力解释种种富于挑战的现实问题。近年来，计算机和网络技术飞速发展、经济全球化以及一系列政治、经济和技术的进步都在推动市场的急剧变化，涌现出许多亟待深入研究的现实问题。双边市场尽管不是一个新事物，却以前所未有的发展速度推进，以至于渗透到国民经济发展的方方面面，深刻影响了普通民众的生活变革。

如同市场中所有涉及利益相关关系的问题一样，双边市场中平台企业的经营管理问题同样极具多样性和情景依赖。面对不同的市场情景，平台企业如何选择合适的竞争策略，成为企业决策层关注的重要领域。策略与“计谋”同义，是根据情景变迁而制定的行动方案。用有些戏谑的话讲，策略是“市场斗法”的斗争艺术。从这一意义出发，平台企业经营策略必然与方法论密切相关，不仅需要考虑成本、效益等经济方面的限制，同时也受制于企业战略规划、企业社会责任等重大布局性的考量。

双边市场中平台企业竞争的定价策略已有较多的深入研究，而非价格策略则少有学者集中研究。在双边市场平台企业竞争的非价格策略研究方面，张凯博士的新著提供了自己的理论贡献，体现在有关重叠业务策略、搭售策略、广告策略等非价格策略以及一个与定价有关的价格歧视策略的新思维、新逻辑、新模型和新方法。读者在阅读这些篇章时会有新的体会。

研读张凯博士的这部著作，各章研究的策略对象不同，似乎是一部系列剧，各章有各自的研究对象，但其内在逻辑又是相互联系的。按照影响因素的线索来看：价格歧视策略、重叠业务策略、搭售策略和广告策略分别影响双边市场中平台企业的最终用户进入平台的价格、加入平台企业的数量、获得的基本效用和平台企业的声誉，这四个因素是影响双边平台企业实现最大化利润的关键因素，也是平台企业实施竞争策略的控制变量；按照动态分析的线索来看：在重叠业务策略方面，作者构建的动态微分博弈模型从长期角度阐述了重叠业务策略在双边平台企业竞争中的运作机理；在搭售策略方面，作者先分析了长期范围内平台企业搭售策略作用，再放松动态模型中一致性偏好搭售策略的假设，发现了平台企业选择被搭售商品的作用效果及其敏感性因素；在广告策略方面，作者揭示了不同情境下消息性广告策略和劝购性广告策略的各自优势所在；在价格歧视策略方面，针对平台企业所追求的长期利益最大化和短期利润最大化两种不同动机，作者也进行了比较分析。

在“结论及研究展望”中,作者对相关研究再拓展的思考,亦有益于启迪双边市场中平台企业竞争策略的科学问题的再次提炼,同时也指明了未来有关双边市场理论的研究方向。

依笔者来看,若希望从本书借鉴研究方法论,读者也许会有所收获。

张凯博士在哈尔滨工业大学完成了自己的博士学位论文研究。在学习期间,他孜孜不倦,乐于探究新问题,表现出新一代研究者敏锐洞察的能力和勇于尝试的精神。他坚信的是:不停息的探索,不放弃的坚持,亦肯于修正。看到张凯博士所代表的新一代学者的良好风范,确实令人欣慰。曾为张凯的导师,我对他的成长和进步感到高兴,并乐之为序。

愿读者能从本书中获得收获。

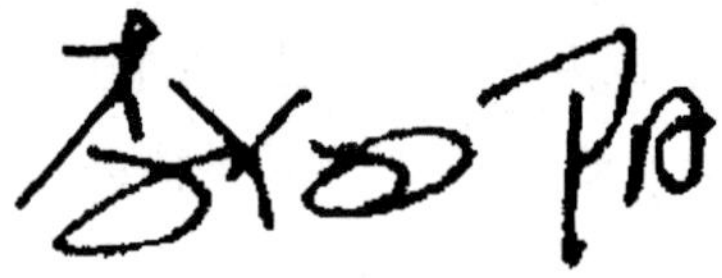

2011 年 12 月 25 日

前　言

双边市场中的平台企业作为一类特殊的企业运营模式在现实中广泛存在，诸如银行卡、电信产业、B2B/B2C 等电子商务行业、媒体产业、中介企业及各类应用软件等许多行业都是典型的双边市场，其核心就是双边平台。尽管这类企业早已有之，但与之相适应的理论——双边市场理论，是在进入 21 世纪后才引起学术界和产业界重视，特别是在 2002 年以后，Tirole & Rochet(2003)，Armstrong(2006)，Evans(2003)，Caillaud & Jullien(2002) 等开创性的文章发表之后。目前，该领域的研究已成为产业经济学和企业管理学的前沿理论之一。

如何在竞争激烈的真实经济环境中生存、发展、壮大，是每个企业面临的问题，双边平台企业也不例外。选择合适的竞争策略，包括定价策略和非价格策略，将两类（以及两类以上）性质截然不同且具有交叉网络外部性的最终用户吸引到平台中交易，是双边市场理论研究的主要内容。目前，国内外学者集中于研究价格竞争策略对双边市场的影响，主要围绕定价方式、价格结构、影响进入价格制定的因素等方面展开，对非价格竞争策略涉猎甚少，如日常生活中常见的技术创新策略、重叠业务策略、搭售策略、广告策略等。因而，选择双边平台企业的非价格竞争策略作为研究对象，无论是在理论上还是在现实中，都具有十分重要的意义。

本书在对国内外研究成果梳理、总结的基础上，延续并采用了目前通用的双边市场的概念及分析框架，运用博弈论、演化理论和决策理论，通过构建数量化模型，对现实双边平台企业经常采取的价格歧视策略、重叠业务策略、搭售策略和广告策略进行了深入仔细的研究。

本书的主要内容包括以下五部分：

第一部分，给出按价格竞争策略和非价格竞争策略分类的依据，并对每类策略的内涵进行了拓展和延伸；在现有一般定价模型基础上，构建以加入双边平台企业交易次数为歧视标准的价格歧视竞争模型。尽管该策略属于价格竞争策略范畴，但它是现实中比较常见的一种竞争策略。围绕平台企业追求长期利益最大化和短期利润最大化两种不同动机，对采取该策略均衡最终用户的均衡进入价格、平台企业利润及社会福利水平进行了比较分析。

第二部分，阐述重叠业务策略的内涵，辨析多归属、产品差异化等与之相近的概念；构建了一次性静态博弈模型，对两种情形下，即一边用户是单归属另一边用户是部分多归属和两边最终用户都是部分多归属，重叠业务策略对最终用户均衡进入价格和社会福利水平产生的影响展开分析。在此基础上，将静态模型扩展为动态微分博弈模型，从长期角度研究重叠业务策略在双边平台企业竞争中的运作机理。最终，通过中国七大银行信用卡主卡（普通卡）年费标准及其所经营币种的实例对文中内容进行了验证。

第三部分，从经济学角度界定合法搭售的概念，阐明了双边平台企业搭售行为的特征；基于一次博弈利润矩阵构建了动态演化博弈模型，分析了长期范围内搭售策略对双边平台企业竞争产生的影响，并对影响演化路径和演化结果的因素进行了敏感性分析。之后，放松动态模型中一致性偏好搭售策略的假设，研究当双边平台企业采取搭售策略时，具有不同搭售偏好的买方最终用户对最优均衡解产生变化，并对社会福利水平进行相应分析。运用当当和亚马逊对“免运费”策略不断调整的案例对本部分内容进行了验证。

第四部分，遵循经济学对广告策略的分析框架，构建了消息性广告模型和劝购性广告模型，分析了广告作为一种非价格竞争策略对双边平台企业竞争所产生的作用，并通过数值仿真对两种广告模式进行了比较分析。其中，消息性广告并不直接影响最终用户的需求曲线，而是通过影响期望需求曲线来影响最大化利润；劝购性广告直接影响最终用户的偏好，进而影响最终用户的需求曲线，导致平台企业利润发生改变。

最后一部分，从双边产业系统论角度出发，围绕双边产业层、最终用户层和外部环境层三个层面，给出了双边平台企业选择竞争策略的建议。

由于作者水平有限，疏漏及不足之处请读者批评指正。

张　凯

2011 年 12 月

目　录

第1章 绪　论

1.1 问题提出

现实经济生活中经常可以观察到这样的现象：一些平台企业(Platform Enterprises)并不为买卖双方提供任何交易的商品和服务，而是利用"平台"对买卖双方产生的相互吸引作用(Interaction)，通过制定合理的收费将买卖双方聚集在平台中进行交易，这样的市场就称为双边市场(Two-sided Markets)，提供平台服务的企业就称为双边平台企业(Two-sided Platforms)(Armstrong,2003;Rochet & Tirole,2003,2006a)，如各类购物商场、家乐福、沃尔玛等大型超市，本身并不为买卖双方生产任何产品和服务，只是将各种产品的供给方和需求方集中在一起，为供求双方提供交易的平台。这些超市通过对各个供应商征收通道费(Slotting Allowances)(Jullien & Rey,2007)，但对消费者不收费甚至提供补偿的方式，如提供免费停车场、免费接送班车、免费购物袋等，来实现盈利。此外，银行卡、电信产业、媒体产业、中介企业及各类应用软件等许多产业均具有类似的双边市场的特性。常见的双边市场见表1.1。

表1.1　常见的双边市场

类别	产业	产品	两边用户	
服务经济 网络经济	电信	语音增值	消费者	SP,CP
		数据业务		
服务经济	媒体和期刊	报纸、杂志	读者	广告商
		学术期刊	读者	作者
		电视	观众	广告商
		广播	听众	广告商
服务经济 网络经济	各类软件	网络游戏	游戏玩家	游戏开发商
		流媒体	成员	流媒体提供商
		浏览器	成员	网站服务商
		操作系统	软件开发商	软件成员
		PDF等	使用者	软件开发商
		文本处理	阅读器	书写者

续表 1.1

类别	产业	产品	两边用户	
服务经济 网络经济	互联网	网络信息服务(搜索引擎、网络黄页)	信息需求者	网站信息提供者
		TM、QQ 等即时通讯工具	用户	用户
服务经济	银行卡	信用卡	持卡人	商家
		借记卡	商家	持卡人
服务经济	大型商场	各种消费品	消费者	生产商
服务经济 网络经济	各类中介机构及企业	房地产中介商	房地产开发商	消费者
		拍卖行	委托人	竞买人
		B2B/B2C	注册商家	注册消费者
		婚介所	男人	女人
		人才市场	雇主	雇员
		展览会	参展商	观展人
		国际会议	听众	发言人
		旅游公司	游客	旅游景点相关利益者
服务经济	娱乐	KTV	消费者	唱片发行人
		酒吧	男性	女性

资料来源:对 Evans(2007),Wright(2004),Armstrong & Wright(2007a)和 Roson(2005a)论文中提及的双边市场整理所得。

1833 年,《纽约时报》在美国掀起"便士报纸"运动,只要一个便士就可以买到一份报纸。这样,普通大众都能买得起,导致该报的销量急剧增加,进而吸引了广告商的注意力。最终,《纽约时报》不仅销量剧增,而且还获得了大量广告收入(黄民礼,2007)。这被认为是最早的双边市场范例。然而,此时双边市场并未引起经济学家和企业管理研究者的关注,直到 Tirole & Rochet(2003),Armstrong(2006),Evans(2003),Caillaud & Jullien(2002)等开创性的文章发表之后,双边市场才逐渐受到青睐。尤其是在 2004 年法国图卢兹召开双边市场经济学的学术研讨会(朱振中和吕廷杰,2005)之后,双边市场理论引起许多产业经济学家极大的兴趣,逐渐形成了双边市场研究的高潮。究其原因,笔者认为双边市场理论的兴起主要体现在以下四方面。

1.1.1　网络经济的兴起

21世纪是网络的时代，特别是以互联网技术及信息技术为基础的网络经济（Internet Economy）的迅猛发展彻底改变了世界经济的运行方式，不仅促生了新的经济运行模式，产生了各式各样的新行业，而且对原有经济模式及传统产业都产生了巨大影响。尽管不同的学者对网络经济的内涵和范畴有不同的理解（Economides，2005；陈蓉和郭晓武，2001；乌家培，2000），但网络经济的效果却是实实在在的。以中国的网络经济发展效果为例，2003～2010年中国网络经济市场规模如图1.1所示，艾瑞咨询（IResearch）的研究表明（艾瑞咨询，2009）：中国网络经济近年来一直持续高速增长，2007年市场规模达到475亿元，同比增长了39%。2003～2010年的年均复合增长率（CAGR）高达50%。此外，艾瑞咨询预测，未来4年中国网络经济市场规模将继续保持快速增长趋势，CAGR将达到33%。

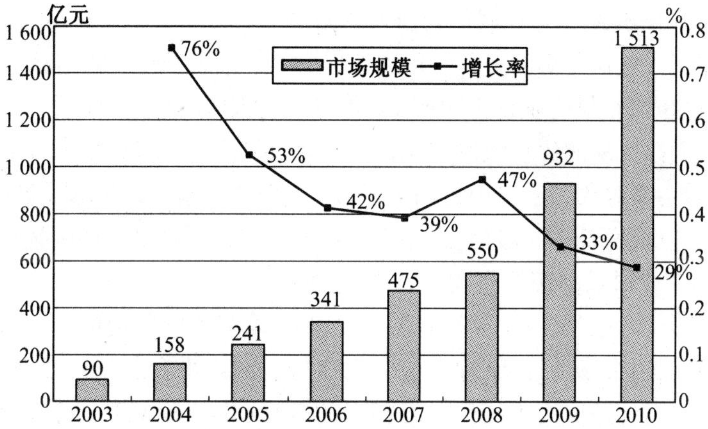

图1.1　2003～2010年中国网络经济市场规模

注：网络经济市场规模主要是指以互联网为载体的各种细分应用服务的运营商收入，主要包括网络游戏、网络广告、搜索引擎、网上购物、B2B电子商务、移动增值、旅行预订、网上招聘和域名主机等收入，其中移动增值仅包括SP（Service Provider）收入，不包括运营商收入。

资料来源：艾瑞咨询2007～2010中国网络经济研究报告。

很显然，艾瑞咨询仅仅统计了狭义的网络经济（陈蓉和郭晓武，2001）。广义的网络经济还包括以现代计算机技术为基础的整个高新技术产业，更包括由于高新技术的推广和运用所引起的传统产业、传统经济部门的深刻的革命性变化和飞跃性发展（乌家培，2000）。换言之，以计算机技术为基础且具有"网络"特性的产业均属于广义的网络经济，如表1.1所示的媒体和期刊产业、中介机构及中介企业等。此外，由于网络的出现，传统经济克服了在地理、空间、时间上的限制，企业竞争表现为四个新特征（聂清凯和夏健明，2004）：

（1）对提供产品和服务的时间要求越来越高，企业获取信息的途径和方法需要不断改进。

(2)市场瞬息万变且难以预测,企业不能拘泥于单一的管理模式。

(3)产品生命周期越来越短,在继续强调成本要素和质量要素的前提下,时间正日益成为企业竞争的第一要素。

(4)对信息获取、处理的手段也逐渐成为企业竞争核心问题。

1.1.2 服务经济的腾飞

以服务业和服务贸易为主要内容的服务经济的迅速崛起,成为20世纪中叶以后世界经济的显著特征,表现为(童煜,2004):

(1)服务业在国内生产总值中的比重最大。

(2)服务业的就业人数占就业总人数中的比例最高。

(3)服务业对国内生产总值增长的贡献越来越大。

(4)服务贸易使国际贸易领域得到极大的拓展。

英国学者在《又一次革命》一文中预测:到2010年,服务经济将进入它的全盛时期。届时,美国经济构成中,制造业只占10%,其余全都是服务业。在今后二三十年间,在整个国际贸易中,服务贸易的比重大约每年提高1%。预计在21世纪30年代,服务贸易将成为国际贸易的主要对象和主要内容(杨圣明等,1999)。图1.2显示了2000~2010年我国第三产业增加值及增长率。显然,近年来,我国第三产业增加值持续地增加,特别是在2005年后,第三产业增长率都保持在9%以上。

服务业的繁荣和发展最终是体现在服务企业的繁荣和发展上的。从表1.1看,很多服务企业都具有双边市场的性质,即平台一边参与者加入平台获得的收益不仅取决于同边参与者的数量,而且还取决于另一边参与者的数量(Rochet & Tirole,2003)。尤其是以电信、网络服务、B2B/B2C、中介和咨询服务、旅游、房地产等行业为代表的现代服务业(夏杰长和尚铁力,2006),该特征更为明显。

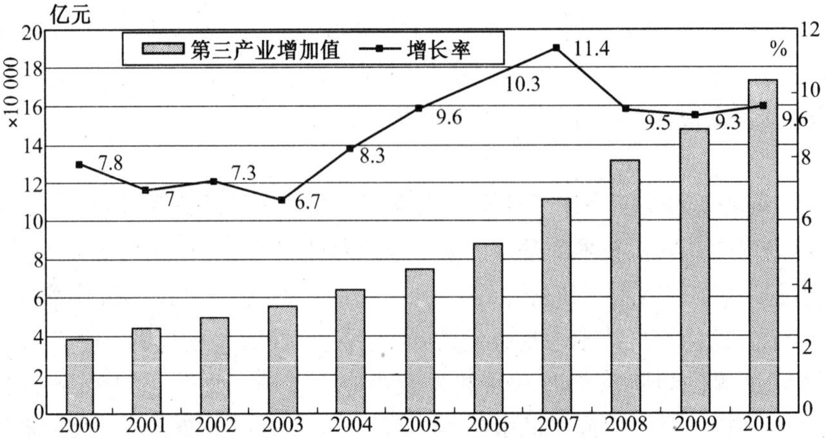

图1.2 2000~2010年中国第三产业增加值及增长率

数据来源:2000~2010年国民经济和社会发展统计公报。

1.1.3　网络外部性理论的发展

网络外部性(Network Externality),又称为网络效应(Network Effect,有的学者对此提出了质疑,如 Liebowitz & Margolis(1994,1995)),是西方经济学者在20世纪80年代中期提出来的一个概念(Economides,1996)。但最早对网络效应现象进行分析的经济学家是 Rohlfs(1974),他在研究电话网络时发现"一个用户从通信服务中所获得的效用随加入这一系统的人数的增加而增加",并认为,这"是消费外部性的典型例子,对通信产业的经济分析有基础性的重要作用"。之后,Katz & Shapiro(1985)提出网络外部性概念:当消费同样产品的其他使用者人数增加时,某一使用者消费该产品所获得的效用增加,被公认为该领域权威概念。网络外部性主要分为直接网络外部性和间接网络外部性(Katz & Shapiro,1986a),产生的主要原因是网络自身的系统性和网络内部各组成部分之间的互补性(Katz & Shapiro,1986b)。网络外部性是一种需求方的规模经济(Shapiro & Varian,2000)。这种需求方的规模经济不同于通过扩大生产规模实现成本下降意义上的规模经济,它只有通过大量的消费和使用才能构成规模化,是有利于生产者和消费者的规模经济。当市场规模达到一定临界值时,这种需求方的规模经济和供给方的规模经济会产生良性互动,从而会引发网络经济中的正反馈效应,使网络经济表现出与传统经济截然不同的经济规律——边际收益递增。目前,国内外学者关于网络外部性理论的研究主要围绕网络产品的兼容性(Compatibility)、产品质量改进(Quantity Improving)、转移成本(Switching Cost)、用户锁定(Lock-in)及具有网络外部性特征的企业兼并(Merger)等方面的研究(Church & Gandal,1992;Mason,2000;Jeffery & Neil,2000;Baake & Boom,2001;Gandal,Kende & Rob,2001;Shy,2002)。

从目前来看,网络外部性比较明显的行业主要涵盖以下几类企业:

(1)以ISP为代表的通过互联网提供信息产品以及平台服务的企业,如雅虎、新浪、当当、阿里巴巴、淘宝网等。

(2)以电信公司为代表的网络基础设施运营商,如中国电信、中国联通、中国网通、微软、思科等。

(3)以IBM为代表的计算机软硬件以及网络设备提供商和软件开发商。

(4)各类中介企业(机构)和咨询公司,如房屋中介、麦肯锡咨询公司、波士顿管理咨询公司等。

此外,依托ATM提供金融服务的金融机构以及各类POS机也具有较强的网络外部性。显然,该理论包含了表1.1中提及的大部分双边市场。

1.1.4　中间层理论的诞生

随着专业化分工的进一步深入以及信息技术的发展,越来越多的企业采用跨组织协调的方式来组织交易和生产活动,供应链、战略联盟、企业集团、网络组织、虚拟组织、中介企业等经济组织形式大量涌现。这种介于纯市场与纯科层制企业之间,由两者相互渗透、相互融合而形成的兼具市场与科层制企业双重属性的组织形式,被学者称之为中间层组织(Intermediate Organizations)(Spulber,1996)。Richardson(1972)较早地认识到中间层组织的重要性,从互补性活动的角度为中间层组织的存在提供了一种正式的理论基础。Larsson(1993)将中间层组织这一制度安排比喻为"看不见的手"与"看得见的手"之间的"握手"。之后,Spulber 于 2002 年出版的《市场微观结构——中间层组织与厂商理论》一书中,建立了由中间层组织来协调市场交易的一般分析框架,标志着中间层理论的形成。该理论的主要论点:假设消费者和供应商所涉及的直接交易成本总共为 T,再假定中间层承担所有的交易成本并令其为 K,中间层组织与直接交换竞争,当且仅当交易的中间化能降低交易成本,即 $K \leqslant T$ 时,经由中间层的交易才可能发生。中间层理论创造性地提出了"基于交易的中介角度的企业理论(荣朝和,2006)",而且提出了"企业与市场的新观点,即企业创造市场并运作市场,市场不是独立于企业之外的事物,而是被企业所创造并被运作的事物(荣朝和,2006;杨涛和荣朝和,2006)"。

尽管企业中间层理论诞生的时间短,尚有一些缺陷,但该理论所提供的基于交易的中介角度,有助于解释现实中的大量中介现象,如表 1.1 中所示的房地产中介商、婚介所、展览会、旅游公司、期刊杂志、电视等。

综上所述,双边市场的出现并不是偶然的,而是经济发展到一定阶段,社会分工深化到一定程度的产物。双边市场中平台企业的本质是交易平台从流通领域独立出来而面向交易双方的服务产业,其核心产品就是服务,一种满足平台双边用户需求、促成交易的服务(Roson,2005a)。网络外部性理论只是解释了一个独立市场所产生的外部性,并没有将相互关联的两个市场(卖方市场和买方市场)结合起来分析;而中间层理论是对传统经济学中四种厂商理论的融合,认为所有企业都可以运用中间层理论解释,没有考虑双边平台企业存在外部性,特别是交叉网络外部性这一特性在现代经济中的重要性。因此,网络经济和服务经济的快速发展为双边市场的大量出现以至成为一种普遍经济现象,提供了客观现实背景,而网络外部性理论和中间层理论各自存在的缺陷为双边市场理论的出现提供了理论基础,基于此,研究关于双边市场的理论的兴起成为必然趋势。

尽管双边市场已然蓬勃发展,但是与之相适应的双边市场理论却仍处于起步阶段,特别是在我国,国内一级期刊上发表的关于双边市场的论文很少。因此,选择双边市场理论作为研究对象具有较大的研究空间。正如下文的文献综述所示,双边市场的基础性理论尽管不完善但已粗具规模,但关于双边市场中平台企业非价格竞争策略的研究仍然是目前研究的一个盲点和难点,因此,本书选择双边市场中平台企业非价格竞争策略作为主要研究内容,主要针对双边平台企业最常采取的三种非价格竞争策略展开研究,即业务重叠策略、搭售策略和广告策略。此外,还研究了价格策略中的价格歧视竞争策略。全书主要围绕四种策略的有效性、影响策略成功的因素、短期和长期策略的异同等方面展开研究。一方面能对现实中双边平台企业的发展及竞争提供有价值的建议,另一方面试图从新的视角研究双边市场中平台企业竞争理论,为完善产业组织理论作出贡献。

本研究先后受高等学校博士学科点专项科研基金资助项目(20060213004)、国家自然科学基金重点项目"企业关系价值及其测度与分析规则研究"(70571019)、国家自然科学基金项目"供应链应急响应决策的结构化途径和方法研究"(70771031)及863项目"面向块状经济区域集群式供应链的服务支持技术及其平台研发与应用"(2009AA04Z151)的支持。

1.2 研究目的和意义

1.2.1 研究目的

针对双边平台企业的迅速发展并逐渐成为一种全新的企业运营模式的现实,以经济学、管理学、社会学的分析方法、决策支持与仿真技术为手段,探索多种情形下的双边市场中平台企业的非价格竞争策略,实现以下具体分项目标:

(1)梳理国内外双边市场理论的研究现状,归纳整理出双边市场基本概念、特征、常见分类、定价模式选择等基本理论,为研究双边平台企业非价格竞争理论奠定基础。

(2)整理和归纳常见的竞争策略,筛选双边平台企业经常选择的策略,提出按照价格竞争策略和非价格竞争策略划分的依据,并给出各自所包含的具体策略。

(3)对双边市场中三种常见的非价格竞争策略和一种价格策略的有效性、影响策略成功的因素、短期和长期策略的异同等方面展开研究,对现有双边市场理论进行扩充。

(4)针对企业是长期存在的、竞争是无限的现实,运用多期动态博弈、演化博弈以及动态微分博弈模型构建平台企业的动态化竞争模型,对平台企业的长期均衡展开研究。

1.2.2 研究意义

本研究属于产业组织理论和企业管理领域的研究前沿,具有十分重要的理论与实际操作意义。

1.有助于丰富和完善产业组织理论的研究

双边市场理论兴起于西方经济学界,着眼于考虑复杂网络的经济行为,能够从一个全新的视角来看待现实经济社会中的诸多经济现象。Tirole、Armstrong、Evans、Calliaud等做出了诸多开创性的研究,但是在国内,这方面的研究刚刚兴起,仍处于引入期。目前国内一级期刊上发表的关于双边市场的论文寥寥无几,以双边市场为题目的书籍、论文也才刚刚出现,而关于双边市场中平台企业非价格竞争理论的研究更是稀少。因此,以双边市场中平台企业的非价格竞争策略作为研究对象,不仅具有很大的探索空间,而且还丰富和完善了产业组织理论的研究。

2. 解决了双边平台企业非价格竞争策略选择的难题

双边平台企业间非价格竞争策略选择是双边市场理论的难点和盲点。现有文献多是研究垄断情形下,双边平台企业的一般定价策略以及各种因素对定价策略的影响,很少涉猎平台非价格竞争策略方面的研究。本研究主要集中于成熟且具有私有产权的双边平台企业的重叠业务策略、搭售策略和广告策略,对三种策略的有效性展开分析。推动了双边市场理论的发展,解决了平台企业非价格竞争策略选择的难题。

3. 有助于指导各类双边平台企业采取有效的非价格竞争策略

双边市场非价格竞争理论可以运用到很多产业,小到一个婚介所,大到中国银联的金卡工程、中国移动的移动梦网平台等,都可以运用双边市场理论进行分析和研究。同时,这些产业中有传统产业,如电视媒体、房屋中介、展览会等,也有诸如网络招聘平台、电子商务平台、移动数据业务平台等热门的新兴产业,这些都说明双边市场理论具有广阔的应用范围。本研究所涉及的双边平台企业的非价格竞争策略适用于上述各个产业,期望为各类平台企业的发展提供有效的建议。

4. 为制定产业发展战略、建立反垄断和规制制度提供参考

考虑到许多平台企业所采取的非价格竞争策略具有争议性,如信用卡和借记卡的绑定、Windows 操作系统对 IE 浏览器和 Window Media 的绑定等,研究这类策略对平台企业利润产生的影响及社会福利水平的改善状况,不仅可以为政府在反垄断政策以及规制制定方面提供参考,而且还可以指导平台企业如何在规制的条件下追求最大化利润。

1.3　研究的主要创新点

1. 构建了基于加入双边平台企业交易次数为歧视标准的价格歧视竞争模型

尽管价格歧视策略属于价格竞争策略范畴,但该策略是现实中比较常见的一种竞争策略,并且是非价格竞争策略的基础。在总结现有一般定价模型基础上,针对平台企业的两种不同动机,即追求长期利益最大化和短期利润最大化,对均衡进入价格和社会福利水平进行了比较分析。

2. 构建了双边平台企业重叠业务策略的静态博弈模型和动态微分博弈模型

重叠业务策略的本质在于双边平台企业通过改变同侧最终用户的数量而试图追求更多利润。考虑到非价格策略的时效性,首先构建了一次性静态博弈模型,研究了短期内重叠业务策略对最终用户均衡进入价格、均衡市场份额、平台企业利润及社会福利所产生的影响;之后,将静态模型扩展为动态微分博弈模型,从长期角度研究重叠业务策略在双边平台企业竞争中的运作机理。

3. 构建了双边平台企业搭售策略的动态演化博弈模型和不具备完全一致性偏好的静态博弈模型

搭售策略的本质是改变最终用户加入平台企业获得的基本效用,进而影响平台企业的最大化利润。在标准 Hotelling 模型一次博弈利润矩阵的基础上,利用演化博弈研究两侧最终用户均为单归属情形下,搭售策略对双边平台企业竞争产生的影响。之后,考虑到现实生活中,买方(即一方最终用户)对被搭售商品并不具备完全一致性偏好,将买方分为搭售喜好型和搭售无差异型两类,研究具有不同搭售偏好情形下,双边平台企业的短期搭售行为。

4. 构建双边平台企业的消息性广告模型和劝购性广告模型

广告策略的本质在于通过传递平台企业信息或改变最终用户对平台企业的偏好,来吸引更多最终用户。消息性广告并不直接影响最终用户的需求曲线,而是间接地影响期望需求曲线来改变最大化利润;劝购性广告将直接影响最终用户的偏好,进而直接影响最终用户的需求曲线,导致平台企业利润发生改变。本书研究了部分覆盖最终用户市场和完全覆盖最终用户市场两种情形下广告策略的有效性,并对两种广告策略进行了对比分析。

1.4 研究范围界定及技术路线

1.4.1 研究范围

双边市场理论从研究双边产业开始,对"双边市场"出现之前的问题不予考虑,不对市场出现的条件和过程进行分析,而是对"市场"出现之后的某些现象及相关问题进行研究。可以说,双边市场理论延续了网络外部性理论研究,将网络外部性扩展到不同的市场。现将具体的研究范围说明如下。

1. 双边市场与双边平台的界定

Evans & Schmalensee(2007)指出,经济学家有时用双边市场这个术语来表示双边平台(Two-sided Platforms),有时表示双边平台运营的市场。他们把双边平台和双边市场做了区分,把双边市场称为具有双边平台的市场。他们这样做的一个原因是,认为"市场"是有关竞争政策的专门术语。基于此,本研究如果没有特别说明,提到的双边市场特指双边平台,而且是具有私人产权且盈利性的双边平台。

2. 适用产业范围

由于本研究分析均是建立在正网络外部性的基础上,同时考虑到程贵孙(2007)业已对具有负外部性的双边产业进行了系统研究，因此，本研究内容并不适用于具有负外部性的双边产业，该类双边产业主要包括在表 1.1 中，诸如报纸、电视、杂志等传媒产业，但学术期刊除外。除上述产业外，表 1.1 所示的其他双边产业都具有正外部性，特别是 B2B/B2C、大型超市、信用卡、中介企业等产业该特性更明显。

3. 分析边界

企业处于不同的成长阶段，由于企业目标、市场地位、市场结构等方面的差异，会选择不同的竞争策略。对尚未进入或刚进入某一市场的平台企业而言，短时期内吸引更多的两边用户，争取在市场中站稳是选择竞争策略的主要依据，常采用价格策略及绑售、广告等促销策略；对于已然处于垄断地位的平台企业而言，限制其他平台企业的进入是其选择竞争策略的主要依据，技术创新策略和价格歧视策略是其常采取的手段。本研究将聚焦于成熟期的双边平台竞争策略问题，即研究当平台企业数量和最终用户数量较为稳定，平台企业彼此同等地位时的竞争策略选择问题。

4. 内容界定

考虑到不同策略适用于不同的情形，会产生不同的效果且是无法验证的，因而，对比不同类别的策略毫无意义可言。此外，尽管现实生活中双边平台企业通常会同时选择多种竞争策略，但在理论研究过程中，同时分析多个策略只会增加所研究问题的难度，并无任何实际意义。因此，本研究涉及的策略对比分析是指平台企业选择同类策略时的对比分析。

5. 方法界定

本研究主要采取博弈论方法，分析完全信息条件下双边平台企业非价格竞争策略选择问题，而不完全信息（Incomplete Information）条件下，抑或是不完美信息（Imperfect Information）条件下的双边平台企业非价格竞争将是未来的研究方向，本研究未做考虑。

1.4.2　技术路线

从经济学角度而言，追求最大化利润是私人产权双边平台企业的目标，也是其存在的意义。在 Rochet & Tirole（2003，2006a）及 Armstrong（2003）开创性文章的基础上，研究影响双边平台企业实现最大化利润的因素，平台企业通过控制这些影响因素而逐渐演变出相应的竞争策略。如图 1.3 所示，本研究涉及四类竞争策略，分别为价格歧视策略、重叠业务策略、搭售策略和广告策略。其中，价格歧视策略属于价格竞争策略，而其余三个属于非价格竞争策略。在每种策略中，均通过博弈论构建数量模型来定量地研究策略的有效性。这四类竞争策略分别影响最终用户进入平台的价格（Price）、加入平台企业的数量（Number）、获得的基本效用（Utility）和平台企业的声誉（Reputation）。最后，通过数值仿真或现实案例对文中数量模型所得结论进行验证。

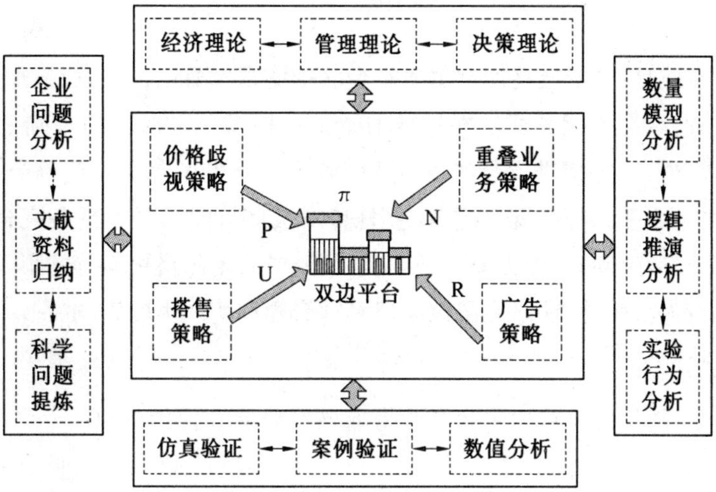

图1.3　整体技术方案

1.5　研究内容与研究方法

1.5.1　主要研究内容

如前文所述,双边市场理论已成为产业组织理论的一个研究热点。因为双边市场理论内容非常丰富,包括定价结构、技术创新、复杂双边市场、平台所有权结构、平台企业的竞争及互联等,由于篇幅限制,本研究不可能面面俱到,因此主要集中于双边市场中平台企业非价格竞争策略问题研究,主要内容包括价格歧视策略、重叠业务策略、搭售策略、广告策略。

1. 价格歧视策略

该策略不仅适用于传统单边市场,而且在双边市场中也有广泛应用,如VIP会员制、信用卡积分、购买金额折扣等。对双边平台企业一般定价模型简单阐述后,构建了以加入双边平台企业次数为歧视标准的价格歧视竞争模型。在该模型中,双边平台企业可以选择追求长期利润最大化还是短期利润最大化,通过比较两种情形下均衡利润与不采取价格歧视策略情形下的均衡利润,对平台企业实施价格歧视策略的有效性展开分析。

2. 重叠业务策略

该策略的本质在于双边平台企业通过改变同侧最终用户的数量而试图追求更多利润。考虑到非价格策略的时效性,首先构建了一次性静态博弈模型,研究短期内重叠业务策略对最终用户均衡进入价格、均衡市场份额、平台企业利润及社会福利所产生的影响;之后,运用动态微分博弈方法,将静态模型扩展为动态模型。

3. **搭售策略**

该策略的本质是:改变最终用户加入平台获得的基本效用,进而影响加入平台企业最终用户的数量,追寻最大化利润。在标准 Hotelling 模型一次博弈的基础上,利用演化博弈研究两侧最终用户均为单归属情形下,搭售策略对双边平台企业竞争产生的影响。之后,考虑到现实生活中,买方(即一方最终用户)对被搭售商品并不具备完全一致性偏好,将买方分为搭售喜好型和搭售无差异型两类,研究具有不同搭售偏好情形下,双边平台企业的短期搭售行为。此外,还研究了该策略对社会福利所产生的影响。

4. **广告策略**

现实生活中,随处可见双边平台企业采取该策略展开促销的例子。该策略的本质在于平台企业试图传递信息或者改变最终用户对平台企业的偏好,进而吸引更多最终用户。建立双边平台企业的消息性广告模型和劝购性广告模型,前者广告行为并不直接影响最终用户的需求曲线,而是通过影响期望需求曲线来追求最大化利润,而后者广告行为直接影响消费者的偏好,进而直接影响最终用户的需求曲线,导致平台企业利润发生改变。最后,对比分析两种广告策略的效果。

1.5.2 研究方法

针对双边市场中平台企业非价格竞争策略选择问题,以经济学、管理学、计算机科学、社会学等分析方法为基础,以博弈论为主要技术手段,探索和研究双边市场中双边平台企业经常采用的一种价格竞争策略,即价格歧视策略和三种非价格竞争策略,即重叠业务策略、搭售策略和广告策略。总体研究方案如图 1.4 所示。

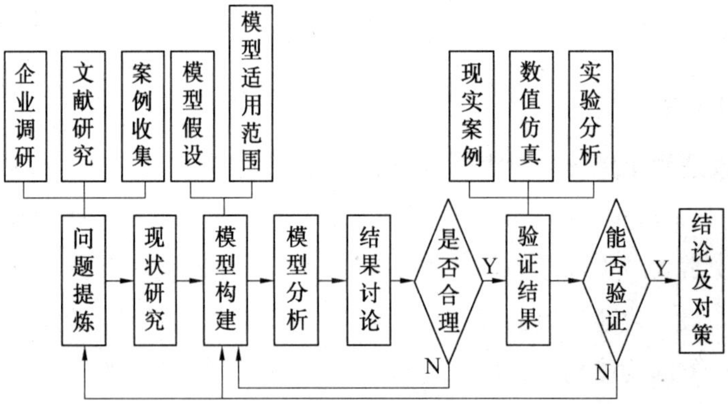

图 1.4 研究方案

本书运用到的研究方法有文献综述、定量化模型、案例分析和数值仿真等。

1. **文献综述**

文献综述主要运用于第 1 ~3 章中。对有关双边市场理论的研究现状及相关概念进行综述,这些文献中的研究成果不仅为本研究选题和分析提供理论基础,而且在研究方法论上也具有重要的启示作用，是本研究展开的基础。此外，第4~7章的第一节，即策略概述部分，也用到该方法。

2. **定量化模型**

定量化模型主要运用于除第1、2章以外的各章中，这是本研究用到的最主要的方法。通过对双边平台企业各种竞争策略构建数学模型，运用数量化方法对其展开精确研究。具体而言，除了基本静态博弈方法外，在第5章还运用了动态微分博弈法，在第6章采用了动态演化博弈。

3. **案例分析**

案例分析主要运用在第5~7章中。其功能有两个：一方面为科学提炼相应策略的研究问题提供现实依据，另一方面对所建数量模型得出的结论进行佐证。

4. **数值仿真**

数值仿真主要运用在第3~6章中。在对已建立数量模型理论分析之后，通过编程来绘图或制表，以图形和数字的直观形式进行模型演示。另外，对均衡解的结构比较复杂的模型或者求解困难的模型，如第3章中长期价格歧视模型和第6章的广告竞争策略模型，提供一个数值解，以清晰地了解这些竞争策略的特性。

1.5.3 研究逻辑框架

本研究的逻辑框架如图1.5所示。具体而言，本书分为8章，其中：

第1章 绪论。通过对双边平台企业竞争问题的现实背景、理论背景的分析，提出研究问题——非价格竞争策略，阐明研究目的及意义，最终确定研究内容。

第2章 双边市场理论研究综述。围绕以下五个方面对国内外有关双边市场理论的文献进行整理和分析：基本理论综述、竞争理论综述、研究方法综述、经验性验证综述和相关项目资助综述，把握现有有关双边市场文献，为后续研究奠定基础。

第3章 双边市场理论内涵及其价格理论。首先，借鉴前人对于双边市场的认识、理解和定义，明确了双边市场的概念、内涵、特征及分类；其次，阐述了双边市场的基本理论，并对与之相关的、相近的理论进行了辨析；再次，给出了全书按价格策略和非价格策略分类的依据，及每类策略包含的内容；最后，在简单阐述一般定价模型的基础上，构建了以加入双边平台企业交易次数为歧视标准的双边平台企业价格歧视竞争模型。

第4章 双边平台企业的重叠业务策略。首先，阐述了重叠业务策略，并区分了重叠业务和多归属、产品差异化的异同；之后，从短期和长期两个角度分别构建了一次性静态博弈模型和动态微分博弈模型，研究了重叠业务策略在双边平台企业竞争中的运作机理；最后，通过中国七大银行（中国工商银行、中国农业银行、中国建设银行、中国银行、交通银行、招商银行、光大银行）信用卡主卡（普通卡）年费标准及其所经营币种的实例对文中

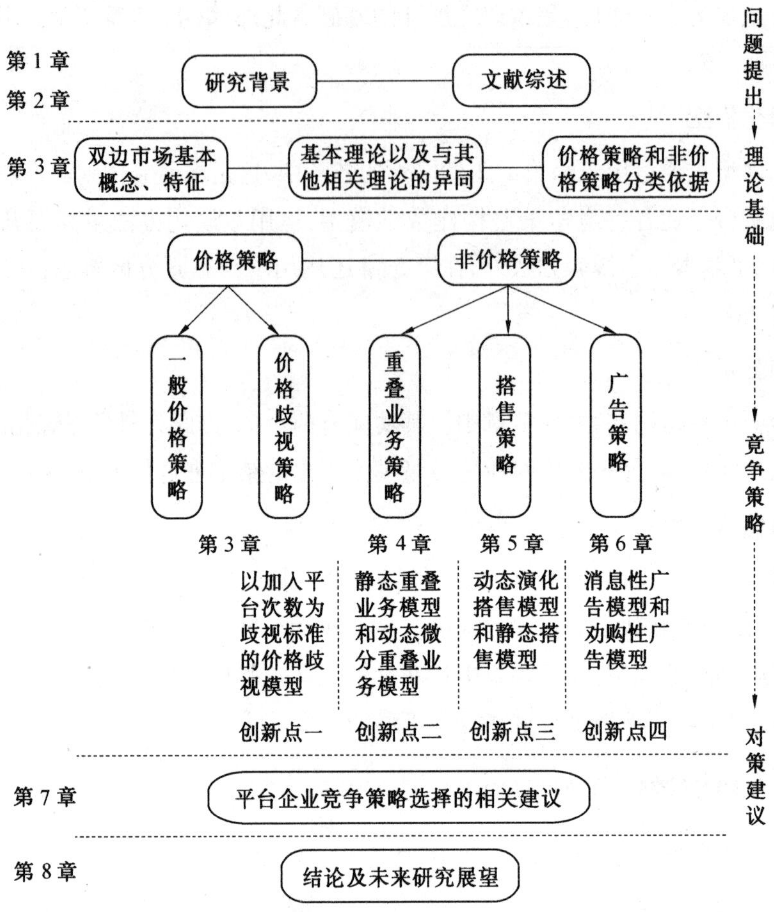

图 1.5 研究逻辑框架

内容进行了验证。

第5章 双边平台企业的搭售策略。本章首先从经济学角度界定了搭售的概念，阐述了搭售理论，并对双边平台企业常见的搭售方式进行了分类；之后，通过构建了动态演化博弈模型和静态博弈模型，分别从长期和短期两个角度研究搭售策略对双边平台企业竞争产生的影响，并围绕该策略的有效性展开分析。最后，通过当当和亚马逊采取的免运费策略对模型所得结果进行了实例分析。

第6章 双边平台企业的广告策略。首先，简单阐述广告策略，双边平台企业广告策略的特性，介绍了广告的一般功能和分类；其次，依据广告的经济学分类，构建了消息性广告模型和劝购性广告模型，分析广告作为一种非价格竞争策略对双边市场竞争所产生的作用。其中，消息性广告并不直接影响最终用户的需求曲线，而是通过影响期望需求曲线来追求最大化利润，而劝购性广告直接影响消费者的偏好，进而影响最终用户的需求曲线，导致平台企业利润发生改变。

第7章 双边平台企业竞争策略选择对策。最后，从双边产业系统论角度出发，围绕双边产业层、最终用户层和外部环境层三个层面，给出宏观的双边平台企业关于竞争策略选择方面的建议。

第8章 结论及研究展望。对全书的研究成果进行总结，给出本研究的研究结论，明确本研究的创新点，并对本研究方向的未来工作进行展望和设想。

本章小结

本章首先给出了选择“双边市场中平台企业的非价格竞争策略研究”作为研究题目的现实背景和理论背景，分别为网络经济的兴起和服务经济的腾飞、网络外部性理论的发展和中间层理论的诞生；其次，阐述了该研究的目的及重要意义，并给出本研究的四个主要创新点，即构建了基于加入双边平台企业交易次数为歧视标准的价格歧视竞争模型，构建了双边平台企业重叠业务策略的静态博弈模型和动态微分博弈模型，构建了双边平台企业搭售策略的动态演化博弈模型和不具备完全一致性偏好的静态博弈模型和构建了双边平台企业的消息性广告模型和劝购性广告模型；再次，对本研究的分析边界及适用产业范围进行了界定；最后，给出主要的研究内容、技术路线及研究方法。

第2章　双边市场理论研究综述

双边平台作为一类特殊的商业运营模式，尽管早已存在（黄民礼，2007），但与之相适应的理论——双边市场理论，是在进入21世纪后才引起学术界和产业界重视的，特别是在Tirole & Rochet（2003），Armstrong（2006），Evans（2003），Caillaud & Jullien（2002）等开创性的文章发表之后。目前，双边市场理论业已成为产业经济学领域和企业管理领域的前沿理论之一。本章围绕以下五个方面对国内外有关双边市场理论的文献进行整理和分析，即基本理论综述、竞争理论综述、研究方法综述、经验性验证综述和相关项目资助综述，旨在把握现有有关双边市场文献，为后续研究奠定基础。

2.1　基本理论综述

基本理论综述主要是对针对双边市场的一些基本问题的综述，包括双边市场的概念界定、存在的条件以及特征等。

2.1.1　双边市场基本概念

Armstrong（2006）认为，两组参与者需要通过中间层（Intermediary）或平台（Platform）进行交易，而且一组参与者（最终用户）加入平台的收益取决于加入该平台另一组参与者（最终用户）的数量，这样的市场就称为双边市场。

Roson（2005）认为，双边市场能够定义为销售特殊服务，允许双方（或多方）在第三独立实体管理的平台上发生交互作用的市场。

Reisinger（2004）认为，双边市场是指存在截然不同的两类用户通过公共平台而相互作用的市场，平台的首要问题是"把市场双方拉到平台上（on Board）"。

Rochet & Tirole（2006a）粗略地将双边（或多边）市场定义为，通过一个或几个平台能够使最终用户相互作用，并通过合理地向每一方收费而试图把双方（或多方）维持在平台上的市场。

Wright（2006）认为，双边市场涉及两种类型截然不同的用户，每一类用户通过共有平台与另一类用户相互作用而获得价值。

显然，除第一个定义涉及双边网络外部性外，其他定义只强调了平台的存在和两类不同用户通过平台而发生相互作用的问题。平台在交易中不仅起到匹配服务（Matching Service）的作用，而且还起到中介平台（Intermediate Platform）的作用（Schiff，2003）。从另一个角度而言，除了Rochet & Tirole（2006a）从使用外部性和成员外部性两个角度定量地给出双边市场的定义外，其余学者给出的都是定性概念，即从双边市场的特征来概述其定义。

2.1.2　双边市场存在条件

1. 必要条件——科斯定理失灵

Rochet & Tirole(2006a)从交易成本的角度出发给出了双边市场存在的必要条件——科斯定理失灵(Failure of Coase Theorem)。科斯定理陈述了如果产权是清晰界定的并且是可交易的，没有交易费用和信息不对称，无论外部性存在与否，双方协调的结果都将是帕累托有效率的(Coase,1937)。但是现实经济世界如同物理世界一样，存在着交易费用和信息不对称等“摩擦力”，而作为中介的平台的出现可以在相当程度上减少交易费用和信息不对称。因此，Rochet & Tirole(2006a)认为双边市场的存在源自于科斯定理的失灵。换言之，如果现实经济生活中没有交易费用、信息不对称等“摩擦力”，平台和双边市场就没有必要出现了。

2. 充分条件——价格结构非中性

Rochet & Tirole(2006a)在只存在使用外部性的情况下，利用形式化方法定义和区分双边市场和单边市场。考虑一个平台，它对每笔交易分别向买方和卖方收取 a^B 和 a^S 的费用，如果在平台上实现的交易量 V 仅仅依赖于总的价格水平 $a=a^B+a^S$。也就是说，对总体价格在买方和卖方的重新分配不敏感时，该双方相互作用的市场是单边市场。与此相反，如果当 a 保持不变时，V 随着 a^B 的变化而变化，则该市场就是双边市场。其中，定价水平即从市场双边收取的总费用 a，而定价结构则指总费用在双边的分配，即 a^B 和 a^S。由该定义可以知道，价格结构非中性是市场成为双边的充分条件。

此外，Evans(2003b)指出双边市场应满足三个必要条件：

(1)存在不同类别的消费者群组。

(2)一个群组的成员从与另一个群组中的一个或者多个成员的需求协同中获益。

(3)某中间人能够比群组成员间的双边关系更有效地促进协同。

2.1.3　双边市场的特征

双边市场往往具有以下两个特点：①两组参与者之间存在交叉网络外部性，即市场间的网络外部性；②采用多产品定价方式。中间层或平台必须为它提供的两种(或更多种)产品或服务同时进行定价。从实证和规范的观点看，双边市场不同于多产品的寡头垄断或垄断情况(Rochet & Tirole,2003)。然而，多产品定价的文献并没有考虑不同产品消费中的外部性问题。一个著名的例子，剃刀的购买者在他的购买决策中将从购买剃刀刀片得到的净剩余内部化。与此相对照，双边市场理论的出发点则是，一类最终用户并没有将它使用平台对其他类型用户产生的福利影响完全内部化(Rochet & Tirole,2006a)。

Régibeau(2005)指出,一个双边市场是通过联合三个特征来确定的:市场结构、外部性和非中性。他进一步指出,某些产业确实能够观察到双边网络外部性的存在,但是不知道"非中性"的要求是否满足。如 Rochet & Tirole(2002)在支付卡的研究中指出,在可能的双边市场中,是否存在使用中性可能取决于不同参与方能够提供的契约集合。没有形式化的模型,很难区别潜在的双边市场和真正的双边市场。尽管如此,当存在强烈的成员资格外部性时,这样的外部性通常为非中性的。由于非中性的条件难以利用,因此很多经济学家往往是根据市场结构与双边网络外部性特征来判断市场是否为双边的。

Hagiu(2004)基于现有文献,认为对于某一市场成为双边市场的三个重要特征好像达成了全面的一致。首先,必须存在两类或者多类代理人;其次,一类代理人以某些方式得益于其他代理人的存在;第三,代理人不能将这些间接网络收益完全内部化,这样为平台创造了机会,通过比他们独自实现更有效的方式把两类代理人联系起来而获得利润。

Wright(2004)认为以下八个规律:①有效的价格结构应当反映相关的成本;②边际价格与边际成本之间的差值越大,市场势力越强;③制定低价是掠夺性定价;④激烈竞争的结果必定产生更为有效的价格结构;⑤激烈竞争的结果必定产生更加平衡的价格结构;⑥长期内,价格结构会公平地反映成本;⑦若双边市场一边的最终用户以低于边际成本的价格获得产品和服务时,那么他必定从另一边的最终用户获得了补偿;⑧平台企业具有中性的价格结构。这八个规律运用在单边市场是正确的,但在双边市场却不一定适用。该文也从另一个角度反映出了双边市场与单边市场的不同之处。

2.2 竞争策略综述

由于完全垄断情形下的双边市场定价理论是整个双边市场理论的基石,本节首先对完全垄断情形下双边市场中平台企业的定价理论及其相关研究进行分类梳理,之后围绕现有双边市场竞争策略的文献从单归属与多归属策略、平台产权及排他性策略、差异化策略以及促销策略四个方面展开陈述。最后,将一些重要的、对本研究具有启示性的,但无法归入这四类范畴的文献资料单独列为一小节。

2.2.1 垄断情形下的定价理论

如同产业组织理论其他分支一样,定价问题也是双边市场理论研究的核心问题。从现实的双边市场平台企业的定价方式来看,平台企业的定价方式比较复杂,没有统一的标准,不同类型的平台采用不同的价格工具,不同价格工具间的分布也是不一致的。通常来说,平台的价格工具主要有两种形式:一种为会员费(Membership Charges),另一种为使用费(Usage Charges)。通常来说会员费(或接入费)只是影响注册(或接入)到平台的双边用户的规模;而使用费(或交易费)则影响双边用户之间交易的总量。在这两种价格工具的选择和组合上，不同平台企业的价格工具选择及其组合是不一样的。若平台既提供了交易（或交互）的场所（或平台），又为双边用户达成的交易（或交互）提供了产品或服务，那么该平台既可以收取会员费，又可以收取使用费。例如电子交易中介平台向消费者和供应商收取注册费，并向供应商收取交易服务费；银行卡组织则向消费者收取会员费，而向商户收取使用费。Rochet & Tirole（2003，2006a）和 Armstrong（2006）对双边市场定价理论方面的研究作出了开创性的贡献。

Rochet & Tirole（2003）基于使用外部性理论建立了平台企业只收取使用费的定价模型，其模型主要研究私人垄断平台和政府拥有平台两种情形下的定价策略。其主要结论是：在私人垄断平台下，平台对某边最终用户的定价与该边的价格弹性成正比；而对于考虑预算平衡的垄断平台定价来说，则需要考虑交易双方所创造的剩余。

Armstrong（2006）基于成员外部性理论构建了平台企业只收取会员费的定价模型，其主要结论是：利润最大化的均衡价格应该是在成本的基础上减去一个网络外部性的作用，再加上一个与同边用户之间参与弹性相关的因素。

Rochet & Tirole（2006a）首次将 Armstrong（2006）与 Rochet & Tirole（2003）的模型合并为一个普适的，同时包含使用外部性和成员外部性的正则模型，该文通过将两边最终用户分为有支付和无支付两种情形讨论平台的定价问题。

此外，Wey（2006）通过引入脆弱性需求（Vulnerability of Demand）的概念，重写了 Rochet & Tirole（2006a）提出的模型。该模型得出的主要结论是：

（1）平台企业实施价格控制及价格补贴手段尽管通常会降低总价格水平，但会相应地提高某一边最终用户的价格水平。

（2）依据拉姆齐定价（Ramsey Pricing）方法制定的社会最优价格总低于成本。

（3）两边最终用户之间的不平衡竞争（Unbalanced Competition）可能对整个双边市场是有害的。

总体而言，基于 Rochet 和 Tirole 及 Armstrong 的研究成果，关于垄断情形下的双边市场的定价策略研究，目前主要有三个不同的方向：一是消费者行为研究，主要探讨用户的归属行为（Armstrong，2006；Doganoglu & Wright，2006；Hagiu，2006a；Poolsombat & Gianluigi，2006）、产品多样性偏好差异（Galeotti & Moraga-Gonzúlez，2008）等；二是平台行为研究，主要考察平台的排他行为（Schiff，2003；Nocke et al.，2007；Tag，2008，2009）、价格承诺问题（Hagiu，2006b）等；三是研究其他因素对于平台定价的影响，如社会福利（Bolt & Tieman，2006）、平台差异化（Lee，2008）等。

2.2.2　单归属与多归属策略

双边平台企业两边最终用户的归属类型有三类：①两边均是单归属；②一边单归属一边多归属；③两边均为多归属。其中，最后一种并不常见。n 个平台企业竞争，会有 2^n 种不同情形影响参与竞争的平台企业的结果。平台企业的归属性无论是在垄断情形还是在竞争情形下，都非常重要。基于不同的研究前提，有的学者认为多归属会弱化平台间的竞争（Doganoglu & Wright，2006），而有的学者认为平台的竞争焦点在于单归属方（Armstrong，2006）。

Wright（2002）考虑了一个移动通信运营商之间进行平台竞争的模型。手机消费者一般只属于一个运营商，因而是单归属，固定电话消费者假定为多归属。运营商对用户的资费分为两部分：一是网络注册的一次性收费及呼出收费，二是呼入收费。在均衡状态下，求解得到运营商平台对于注册和呼出费用收取低价，而对于呼入收取高价，同时平台从呼入上获得的高利润会部分地补贴给手机。均衡状态下运营商收取的手机呼入收费使得手机消费者和移动网络的福利最大化，同时拨打移动网络的人的利益被忽略了。

Gabszewiez & Wauthy（2004）建立了双寡头双边平台竞争模型，并得出了均衡状态下平台竞争通常会出现竞争瓶颈的结论。假设平台两边的成员是异质的并且多归属，网络效应在纵向差异化的框架中获得。如果双边均是单归属的，那么在均衡情形下，双边平台的规模会出现不对称并且两个企业均获取正利润；如果双方均是多归属的，均衡状态下多归属只能在一边发生。

Doganoglu & Wright（2006）考虑了一个综合双边平台兼容性和多归属的模型，研究发现多归属并不能完全替代平台兼容，多归属弱化了平台间的竞争并且导致了企业无法内部化的成本，对于政策制定者来说，即使市场中多归属是普遍行为，也需要制定政策来促进平台之间相互兼容和互联互通。该文考虑了消费者单归属时，平台不兼容和兼容这两种情况，研究发现消费者单归属时，平台具有选择兼容的过度激励。在消费者多归属时，平台企业的定价和利润都高于消费者单归属的情况，同时消费者多归属时的平台企业进行兼容的激励要弱于平台单归属时的情况。

Roson（2005b）构建了一个信用卡的双边市场竞争模型。该模型将归属性作为市场均衡的一个结果，而不是作为事前变量。最终用户可以选择不加入任何一个平台，加入一个平台，以及加入多个平台，其依据取决于加入成本及另一边用户的规模。其主要结论是：成本收益的结构、最终用户之间差异程度和平台竞争激烈的程度这三个因素对均衡结果有重要的影响。

Armstrong（2006）建立了两个基于成员外部性的一般意义上的平台竞争模型。一个平台的两边都是单归属的，一个是一边单归属而另一边是多归属。其主要结论是：在两边都是单归属的模型中，平台竞争的焦点会放在竞争激烈的一边上，并且这种竞争会给平台的另一边带来比较大的利润；反之亦然。在一边单归属而另一边多归属的模型中，平台竞争的焦点放在单归属这一边，而多归属的一边则被作为压榨利润的重点。

在 Armstrong（2006）讨论了竞争瓶颈的问题后，Armstrong & Wright（2007a）进一步讨论了双边市场的竞争瓶颈和独占交易的问题。模型解释了为什么在双边市场的竞争中会内生地出现竞争瓶颈。在均衡状况下,卖方被平台压榨利润,而买方则面对低于成本的定价,卖方通常会选择多归属。当卖方非常看重买方时,均衡状态下平台会放弃对于买方的服务。模型同时解释了为什么在独占交易契约不是有效的情况下,双边市场还会使用这种契约。

Jullien(2008)构建了一个多归属平台企业间的竞争模型,集中研究了出现的定价及利润问题。该模型采取了 Stackelberg 模型,分析了价格歧视如何帮助平台企业吸引消费者。其主要结论是:价格歧视有可能降低在位企业对潜在进入者实施阻碍策略的效率。

2.2.3　平台产权及排他性策略

目前,关于平台产权对双边平台企业竞争影响的分析,主要围绕平台是私有还是公开(Nocke, Peitz & Stahl, 2007; Hagiu, 2004),是盈利还是非盈利(Rochet & Tirole, 2006)两个角度展开。平台企业的构建一般有两种方式:一种是自发的,类似普通企业的构建模式,任何机构和法人都可以组建,如房屋中介、婚介所、超市等;另一种是政府引导式的,如各类展销会、国际会议等。考虑到研究范围,第一种构建方式的平台企业是本研究分析的重点。

Nocke, Peitz & Stahl(2007)从平台的产权角度入手研究平台竞争。他们考虑了一个平台由一个垄断中介拥有、由竞争性的中介拥有或者由平台上的卖方或买方拥有这三种情形,着重分析了平台的产权结构对于平台注册费用(Subscription)、使用费和平台规模的影响。

Rochet & Tirole(2003)是研究双平台竞争的权威文献。该文分析了联合所有权平台(Joint Ownership Platform)、私人平台(Proprietary Platform)、作为非盈利组织的平台(Associations)这三种情况。其主要结论是:联合所有权平台竞争下的拉姆齐定价结构并不遵循"公平成本分配"原则。如同私有平台的商业模式一样,其价格结构同样着眼于吸引双方到平台上来,但是联合所有权平台的拉姆齐定价格并不考虑市场份额这一问题,而是考虑在市场另一半创造的平均净剩余。非盈利平台的定价结果则着重于对卖方的"驾驭"及对于买方的"窃取"。

Hagiu(2004)确定了用户对多样化需求函数的最优平台定价结构,而且证明版权费的使用来自两个相互矛盾的目标:为开发商提供充分的创新激励和通过平台减少敲竹杠问题。他证明,开放平台和平台竞争比垄断私有平台在本质上更有效,这个越来越流行的公共政策假设——根据推导出的产品多样化、用户效用和社会总福利——在他的框架中是不正确的。他的模型表明,在私人平台通过利润最大化定价间接网络效应内部化的程度和导致的双边无谓损失间存在基本的福利平衡。

Economides & Katsamakas(2006)构建一个具有双边市场性质的技术平台定价策略模型,该定价策略既可以针对终端使用者,又可以面向该技术平台的互补性平台企业。他们从竞争结构、产业定价、销量、利润及社会福利等角度详细地比较了私有平台和公共平台在产业结构上的差别。其主要结论为:若平台是私有的,技术平台可能对互补性平台企业征收低于成本的进入费用,但是基于公共平台的互补性平台企业获得的利益会超过基于私有平台的互补性平台企业获得的利益。当存在独立的技术平台的互补平台时,私有平台将在市场份额和利润率上都高于公共平台。

Armstrong & Wright(2007a)研究了平台排他的问题,并给出了双边市场为什么在竞争中会内生地出现竞争瓶颈的一个规范解释。模型同时解释了为什么在排他契约不是有效的情况下双边市场还会使用这种契约。研究结果表明,在一定条件下,平台实施排他行为一边的消费者会接受排他协议,并放弃多归属行为,只在一家平台上选择单归属,这样这一边消费者的剩余会增加,而另一边消费者的剩余则会减少,但是平台的总剩余,也就是平台利润和两边消费者的消费者剩余的总和会下降。因此,排他行为会导致低效率。

2.2.4 差异化策略

差异化策略既可以包括产品的差异化(Hagiu,2004),也可以包括平台的差异化(Chakravorti & Roson,2006;Hagiu,2006c)。此外,平台在实施差异化策略后,面临的首要问题就是:平台企业差异化的程度,即平台企业的兼容度。因此,将平台企业的兼容度也归入差异化策略中。需要特别注意的是,从另一个角度而言,平台企业的差异化策略就是下文分析的重叠业务策略,而最终用户的多归属性则是重叠业务策略的结果。

Hagiu(2004)研究了需求协调型双边市场中消费者对于产品多样性差异的偏好对平台定价策略的影响。模型假设平台只收取注册费,消费者和产品开发商对于产品的偏好没有纵向差异。该文的研究重点在于平台获得的收入在两边如何分配,也就是平台将哪边作为收费重点。结果表明:开发商的市场势力以及消费者对于产品多样性的偏好对于平台的定价有着重要的影响,当开发商处于市场强势地位时,平台从开发商一边获得主要收入,反之则从消费者一边获得主要收入。同时,当消费者对于产品多样性偏好比较高时,平台侧重于从产品提供方那边获取收入。

Chakravorti & Roson(2006)对双寡头垄断均衡与差异化平台间的卡特尔进行了比较。他们表明,当垄断卡特尔转变为双寡头垄断竞争时,价格减少效应支配价格结构的变化,对福利没有明确的影响,除非卡特尔的市场势力已经被平台性质,或者市场的某些其他具体特征所限制。

Gabszewicz & Wuthy(2004)在垂直差异化框架下对平台竞争进行了模型化。市场两边的代理人是异质的,被允许采用多归属。当所有代理人被允许光顾两个平台时,他们证明,在均衡时多归属只发生在市场的一边。此外,给两个平台带来正的利润的唯一均衡是复制共谋的结果。

Armstrong & Wright(2007a)研究了基于成员外部性的平台产品差异化及排他问题对

于平台定价策略的影响。研究结果表明:排他性通常被用来阻止多归属,它会造成买方情况变坏,这些契约是否有效要看买方的产品差别化的程度。如果买方没有产品差别化,独占交易契约导致领先的平台圈定市场的两边,此时所有的买方都是从一个平台上购买。当买方是异质的情况下,排他契约的效率是比较低的,与多归属相比,它将降低平台的收益。

Hagiu(2006c)分析了在Salop环形产品差异化模型下,纯策略对称均衡解的存在性问题。其主要结论是:当消费者从交易所有种类产品中获得非负净效用时,即不存在竞争时,存在纯策略对称均衡解;当消费者只能交易一定数目的产品时,即产品的数目是外生的时,不存在纯策略对称均衡解。

Rasch(2007)构建了双寡头具有水平差异化平台企业竞争模型,平台的其中一边是多归属的。该文与众不同之处在于:平台企业没有必要通过对多归属一边制定较高价格来赚取所有的利润。同时,研究发现,平台企业的价格结构是倾向于独占还是多归属是不确定的。

Hagiu(2008)构建了两个生产商和消费者的双边市场平台企业竞争模型,其中,消费者具有多种产品需求。研究表明:当消费者具有较强的多产品消费偏好,且生产商不可替代时,垄断平台企业制定的最优进入价格结构将从生产商获取更多的利润,而不是从消费者那里获取更多的利润。在平台竞争情形下,消费者偏好多种产品、生产商的市场势力、经济规模及多归属性都会使得平台企业对消费者一方采取削价的策略变得不那么有效,因此将会产生一个全新的、相反的最优均衡价格结构。

2.2.5　促销策略

在双边市场中,平台企业的促销策略通常有三种:降价策略、搭售(Tying)策略、广告策略。其中,降价策略在垄断情形下的定价策略中有详细的分析。所谓搭售,又称捆绑(Bundling)销售,是指经营者利用其经济和技术的优势地位,违背顾客的意愿,在向顾客供应一种商品或服务的同时,又要求其购买另一种商品或服务。同时,这里的广告策略并不是指广告市场,而是指双边市场平台企业为了在竞争中占据有利地位,而主动采取的一种宣传手段。

传统单边市场(Orthodoxy Single Markets)中的企业采取搭售的动机在于,它可产生提高经营效率(Choi,2001)、规避信息不对称(Choi,2006)、防止逆向选择(Carlton & Waldman,2002)等一些正的效应。然而,一些学者认为,搭售是通过变相的价格歧视(Price Discrimination)、市场圈定(Markets Foreclosure)、排斥效应(Exclusion)等不正当的竞争手段(Whinston,1990;Adams & Yellen,1976;Schmalensee,1984)来实现真正的效应,因此传统单边市场中的搭售行为一直受到反托拉斯当局及反垄断政策制定者的关注。然而,双边市场中双边平台企业独有的特征——交叉网络外部性(Cross Network Externality),能否帮助平台企业在采取搭售策略时只产生正的效用而避免负的效用，国内外学者对这方面的研究较少。Choi(2001)首次对双边市场中的搭售行为展开了分析，其分析的焦点集中于搭售与用户多归属之间的关系。研究得出，搭售将导致更多的消费者转变为多归属，进而导致买方、卖方和双边平台企业均获利。同时，若存在多归属，搭售能提高社会福利。Amelio & Jullien(2007)认为搭售除了 Whinston(1990)分析的进入阻止效应和 Adams & Yellen(1976)、Schmalensee(1984)认为的价格歧视效应外，还有第三种效应，即刺激需求。他主要研究了当双边平台企业制定非负价格时，纯绑售和混合绑售对买卖双方及平台企业所产生的效应。纯捆绑(Pure Bundling)是指按固定比例将搭售产品捆绑在一起出售，而混合捆绑(Tying & Mixed Bundling)是指搭售产品既能一并出售，也能单独出售(Egli, 2007)。此外，Rochet & Tirole(2008)研究了支付卡市场上将信用卡(Credit Card)和借记卡(Debit Card)绑在一起的搭售行为。他们通过构建具有不同竞争压力的两类交易模型，分析银行卡组织中的所有卡通用规则(Honor All Cards Rule)对银行卡定价所产生的影响。主要结论为：在基于非所有卡通用规则原则的基准模型中，当银行卡间竞争时，交换费是相当低的；在另一个模型中，所有卡通用规则不仅对多卡平台有益，而且还能增加社会福利，其原因是重平衡效应(Rebalanced Effect)。

就笔者目前掌握的文献资料，还没有文献对双边平台企业的广告行为对竞争所产生的影响展开研究，但一些学者对传统单边市场中企业广告行为的研究对本研究有重要启示。依据广告功能的不同，经济学文献通常将其分为消息性广告(Informative Advertising)和劝购性广告(Persuasive Advertising)(Bagewell,2007)两类，前一类广告不直接影响消费者的偏好，而后一类则直接影响消费者的偏好。Celik(2007)通过一个双寡头竞争模型，研究了若企业采取消息性广告策略时，消费者是否是理性的对企业竞争所产生的影响。Simbanegavi(2009)在 Grossman & Shapiro(1984)模型的基础上，研究了企业采取消息性广告相互勾结的动机问题。研究发现，当两个企业对消息性广告相互勾结时，企业都可以获得更大利润，但会降低社会福利；如果广告的成本较低，广告勾结产生的负面影响比价格勾结产生的负面影响更大。Christou & Vettas(2008)及 Soberman(2004)都对产品差异化程度对消息性广告成功实施所产生的影响展开了研究，两篇文献都认为二者是正相关的，不同之处在于前者基于 Hotelling 模型构建的是双寡头模型，而后者是消费者具有随机效用的多企业竞争模型。Bloch & Manceau(1999)基于 Hotelling 模型构建了线性的需求曲线，研究了消费者偏好不同时，劝购性广告对竞争产生的影响。研究认为，只有当消费者偏好差别不是太大时，劝购性广告才有助于平台制定较高的价格。Ruiz-Aliseda(2008)研究企业如何采取了劝购性广告策略误导竞争对手，对其作用机理展开了分析。Tremblay & Martins-Filho(2001)对垂直差异产品、品牌的忠诚度及劝购性广告三者之间的关系进行了研究。研究得出：高质量产品容易吸引忠诚的客户，而劝购性广告有利于忠诚消费者的增加。此外，一些学者，如 Piga(1998)，Doganoglu & Klapper(2006)，龚德恩(2009)等，运用微分博弈的方法对长期劝购性广告行为展开了研究。

2.2.6　其他重要文献

Schiff(2003)分析了双边市场中企业行为和不同竞争制度的福利意义。分析表明,当从更具竞争性的制度向缺乏竞争的制度转移时,总福利提高。在三种制度中,开放双寡头垄断优于垄断,而垄断又优于封闭双寡头垄断。单个平台带来较高的市场价格,但是也将允许市场两边更多的消费者参与。

Liu & Serfes(2007)研究了双边市场中价格歧视对利润及社会福利的影响。平台企业拥有消费者的偏好信息进而可以在同一边内制定价格歧视。研究发现:价格歧视在双边市场中有可能缓和竞争,单边市场下的价格歧视理论在双边市场中并不成立。

Aderson,Ellison & Fudenberg(2008)构建了一个抽象意义上的买方和卖方区位选择模型。模型第一阶段,买方和卖方在确定的可能区域同时做出决策;第二阶段,每个位置上的买方(卖方)和同区域的买方(卖方)展开博弈。主要结论为:买方倾向于选择较少买方和较多卖方的区位,而卖方则相反。同时,如果市场是有效的,两个规模相差很大的平台企业可以共存。

Farhi & Hagiu(2007)认为双边平台企业相互之间的策略作用不仅取决于它们的决策变量在传统单边市场中是替代的还是互补的,而且更取决于均衡时平台企业是否对某一边最终用户进行补贴。他们研究了价格在平台企业间作为战略性互补变量时,一个双边平台企业进行成本降低的投资行为可能对其对手产生积极的作用,而对自己产生消极作用。该结论说明单边市场中的竞争优势及策略空间在双边市场中并不适用。

2.3　研究方法综述

双边市场的相当一部分文献是建立在静态博弈的基础上,特别是几个作为理论分析标准的基本模型都是静态的。但是现实经济生活中的竞争往往是一种长期的、动态的博弈过程,特别是在位平台和潜在进入者平台之间的竞争以及多个在位平台企业间的竞争。在位平台总是试图通过价格、投资、客户基(Customer Base)、雾件(Vaporware)等各种手段阻碍对手的进入,而欲进入市场的新平台企业总是试图打破在位平台的封锁从而进入市场(郁义鸿,2006)。在位平台企业间的竞争更为复杂,平台企业间可以采取的手段有促销、降价、技术改善等。因此,动态化双边市场是双边市场理论不可缺少的一部分内容。目前,在动态化双边市场理论研究方面,主要有两种方法:一种是微分博弈,一种是多阶段动态博弈。

2.3.1　微分博弈

从现有资料看,仅有两篇文献运用微分博弈的方法对双边平台企业的长期竞争问题展开研究。

Sun & Tse(2007)认为双边市场理论的许多研究是基于完美预期(Perfect Insight)假说,即一端最终用户可以完全预测到平台另一端用户的数量,之后才做出是否加入的决定。他们认为,现实中的最终用户是根据实际情况,即另一端最终用户的实际数量来决定是否加入平台,而不是根据预期的数量。因此,他们将最终用户连续不断的实际数量转化为状态方程,进而构建了微分博弈模型。该文很好地解释了单归属和多归属在长期内如何影响平台企业的竞争。其主要结论是:"赢家通吃(Winner Take All)"取决于两端最终用户的行为偏好,若最终用户偏好单归属平台,长期均衡结果是赢家将独占整个市场;若最终用户偏好多归属平台,长期均衡结果是多个平台企业共同分享市场。

Chen & Tse(2008)在 Sun & Tse(2007)的研究基础上,也构建了一个微分博弈模型,不同之处在于,他们不仅分析了单归属与多归属对长期平台竞争的影响,还研究了网络外部性强度、平台的差异化以及最终用户的差异化对平台长期竞争的影响。其主要结论为:差异化策略,不论是产品差异化还是最终用户的差异化,都会促使多个平台企业共存的局面,"赢家通吃"将很难发生。

2.3.2　多阶段动态博弈

Zhu & Iansiti(2008)认为静态分析无法对多重均衡的结果进行解释,更不能对多重均衡的结果进行选择。他们构建了一个基于间接网络外部性的重复动态博弈模型。该模型的贡献在于:首次构建了基于间接网络外部性的模型,认为在一定情形下,间接网络效应能够强化潜在进入者的质量优势;同时,间接网络外部性越强市场越有效。该结论与传统间接网络外部性理论观点,间接网络外部性有利于在位企业,同时是市场失灵的来源相背离。该文的另一个主要结论是:间接网络外部性的强度及最终用户对未来的预期率会影响平台企业长期竞争的结果。此外,该文还通过 Xbox 和 PlayStations 之间的竞争验证了其结论。

Granigg(2007)用 Agent-Based 方法构建了双寡头的双边市场动态竞争模型,该模型分析了潜在进入平台企业需要什么样的初始条件才能成功进入市场,进而需要什么样的条件才能实现"赢家通吃"。该模型的贡献在于:提出了简单的动态化模型分析多归属和多归属对平台企业长期竞争的影响。

Mellet(2007)分析了信息平台市场动态化的水平结构和垂直结构。该文认为网络外部性和信息处理是影响以信息为基础的信息平台企业结构的最重要的两个因素,并将前者称为水平结构,后者称为垂直结构。该文首先研究了二者单独对信息平台企业产生的影响,之后研究了二者同时存在时对信息平台企业产生的影响。

Wang & McAndrews(2006)构建了一个重复动态博弈模型,分析了在消费者收入不断变化和商家规模变化的情形下,银行卡作为双边市场的微观基础。该模型不仅研究了银行卡短期内是如何解决“鸡蛋相生”问题,而且还研究了消费者收入在长期内不断变化的情形下均衡结果的变化。该模型的贡献在于:不仅可以用于银行卡行业,而且还可以用于其他双边市场行业。该模型的主要结论为:销售者的收入、使用成本和市场结构都对银行卡定价产生重要的影响。特别是集中银行卡网络、降低消费者使用成本及增加商家规模的差异都有助于解决交易费难题。

此外,Eriksson,Sjöstrand & Strimling(2008)利用动态化方法研究了消费者在酒吧中多次寻找匹配对象的不对称均衡问题。Satterthwaite & Shneyerov(2007,2008)研究了匹配型双边市场在信息不完全条件下的完美动态化竞争问题。

2.4　经验性验证综述

如表 1.1 所示,双边市场在现实生活中大量存在。同理论研究不同的是,经验型研究需要长期观察和收集相关产业的资料,而且侧重于研究平台的商业模式和定价策略。本研究选择具有代表性的银行卡和媒体产业两类双边市场产业,对其研究现状进行分类、整理。

2.4.1　银行卡

Baxter(1983)最早对信用卡产业进行经济学上的研究,建立了信用卡交易的经济学模型,为信用卡产业提供了一个基本的研究框架,揭示了交换费是平衡信用卡双边市场中双边利益的关键因素,奠定了整个银行卡定价理论的基础。不足之处在于,该文是建立在一个垄断平台的基础上,没有扩展到竞争情形。

Rochet & Tirole(2002)则将 Baxter(1983)的研究延伸到了双寡头平台之间的竞争,构造了一个两阶段博弈模型。第一阶段,垄断的商家选择接受一种卡,或者另一种卡,或者两种都接受,或者两种都不接受。第二阶段,如果商家选择了一种卡,消费者选择是否使用该种卡;如果商家选择使用两种卡,消费者选择使用哪种卡。其主要结论为:商家所产生的收费取决于消费者如何看到两种卡的相互替代程度。如果消费者很少因收费下降而换卡,消费者就要承担大部分的总交易费用;如果消费者对于收费下降很敏感,则在均衡状态下,大部分的总交易费用由商家承担。如果收费中既有固定费用也有按照交易的收费,消费者只会选择一种卡。

Wright(2003)借鉴了 Rochet & Tirole(2002)的研究思路,结合银行卡网络的具体特征,对其模型进行了扩充和修改。其模型假设商户间存在因为竞争而接受银行卡的可能性,并分析了支付网络间以及商户间的竞争对交换费的影响。

Bolt & Tieman(2003)提出了一个以借记卡网络为代表的双边市场定价理论的分析框架,该网络由持卡人、零售商、二者的代表银行及发卡组织构成。其主要结论为:在双寡头且存在交换费的情形下，银行卡组织给消费者提供廉价的银行卡，而银行卡组织通过向零售商收取较高的交易费用而获得利润。该结论与荷兰的银行卡现状完全吻合，即银行卡组织对消费者不征收任何的费用，而向零售商征收费用。

Guthrie& Wright(2003)构建了一个支付方式竞争模型，分析了银行卡间的竞争及商家之间的竞争如何影响交换费的制定。该模型的不同之处在于：允许一边的最终用户通过竞争来吸引另一边用户的加入。其主要结论为：对于信用卡，由于消费者面临扭曲的使用动机，结果导致消费者支付较低的使用费，甚至是免费使用，而商家支付较高的费用。

Chang，Evans & Swartz(2005)研究了澳大利亚储备银行降低信用卡几乎一半的交换费用所产生的影响。其结论为：短期看来，发卡行可以收回损失掉的交易费用中的30% ~ 40%。商家从降低交易费用中获益，但是这些新增利润是否会转移到消费者中值得商榷。同时在商品销售价格不变的条件下，也没有明显的证据表明，澳大利亚政府对信用卡交换费的干预影响了信用卡交易总量。

此外，Evans & Schmalensee(2005)详细地总结了银行卡交换费用的有关文献。Rochet & Tirole(2006b)，White(2006)，Gans & King(2001)，Chakravorti & Roson(2006)等分别就商户市场结构、反额外收费规则及支付系统竞争对最优交换费的确定进行了讨论。尽管由于研究前提的不同导致最优交换费存在差异，但是基本一致认为：银行卡市场存在各种复杂的外部性，为了促进发卡和收单双边市场的共同发展，交换费的校正是解决交叉网络外部性带来的市场缺陷所不可少的必要的制度安排。银行卡组织确定的交换费与社会最优条件的交换费，尽管从理论上和现实中都难以比较，但集中制定的交换费并不是通常意义的反垄断固定定价，因此，政府对交换费进行管制缺乏充分的理论依据。

2.4.2　传媒产业

从传媒产业的特征来看，媒体至少联结着三类消费群体，即内容的提供商、广告商和消费者。媒体向消费者提供"联合性"的产品，媒体向消费者销售的是媒体的内容和广告，内容由媒体或内容提供商来提供，广告由广告商提供；媒体向广告商销售广告空间及媒体所获得的受众(读者或观众)，广告商利用媒体这个平台来对自己产品进行广告促销。因此，传媒产业是典型的"双边市场"，甚至是"多边市场"结构的平台型企业，其基本微观结构如图 2.1 所示。

传媒市场中一般并非是某个媒体独占市场，而是存在着激烈的竞争。由于媒体联结的是消费者和广告商，因而，媒体之间竞争的实质就是对双边用户的竞争。

Baye & Morgan(2000)建立了一个双寡头报纸竞争模型，考察了报纸广告费和订阅费的制定，研究表明，报纸媒体将会将广告费制定在比订阅费高的水平。然而，他的研究并没有考虑媒体的双边网络效应特征。

Kind，Nilssen & Sorgard(2005)采用 Shubik-Levitan 效用函数研究了媒体的双边价格

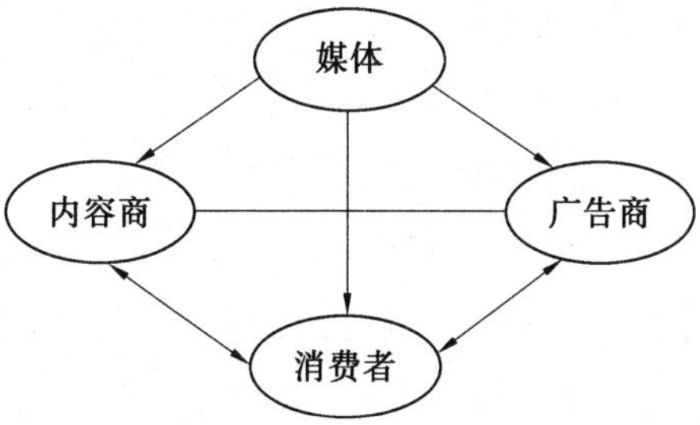

图 2.1　媒体产业微观结构图

策略。研究表明，在媒体垄断市场结构情形下，媒体将不对广告商收费，而对消费者收费；在媒体竞争的市场结构中，媒体将向两边用户都收取费用，并且随着媒体产品替代性的提高，媒体的收入更依赖于广告费，消费者将支付较少的费用。

Anderson(2003)建立了电视媒体企业盈利模型，他将媒体盈利的方式内部化，媒体选择广告费支持和消费者收视费两种方式来维持经营。研究表明，付费电视和免费电视可以共存于同一市场中。

Anderson & Coate(2005)是在双边市场框架下研究媒体平台竞争，他们的研究是基于电视平台，着重研究了电视媒体的电视节目量的提供及市场的竞争效率问题。研究发现，电视媒体所吸引的广告投放数量的多少取决于消费者对广告的厌恶程度、电视节目的可替代性程度及广告商投放广告的期望收益。研究进一步指出，电视媒体的竞争是无效率的，电视节目的垄断性供给更优于两个电视媒体的竞争性供给，同时也得出电视媒体对节目的收费政策将减少社会福利。

Ferrando，Gabszewicz，Laussel & Nathalie(2004)研究了报纸媒体平台竞争中的双边市场交叉网络效应，他们建立了两个同时制定报纸价格和广告费的平台竞争模型。研究表明，报纸媒体平台竞争的博弈均衡取决于不同广告偏好的读者的数量。他们进一步得出，平台竞争将导致非对称均衡，即在两个有竞争关系的报纸平台中，存在一家报纸平台垄断广告市场的现象。

在传媒产业中媒体之间的竞争行为并不局限于媒体双边价格的竞争，也存在着其他的竞争性行为，如与广告商签署排他性协议或者与广告商结成联盟等策略。Duke & Gal-or(2003)考察了两个竞争性的电视播放企业与广告商签署排他性广告播放的协议的动机。具有较大固定消费者群体的平台有与广告商签订广告空间的需求，另一方面，当广告商的产品在获得一定市场空间之后，该广告商愿意付出较大的代价来签订排他性广告协议。他们研究了媒体市场和广告商的产品市场的竞争结构是如何影响媒体平台与广告商签订排他性协议的，研究指出，当媒体市场较少差异化时，或者不通过广告消费者是无法获知产品信息时，媒体平台与广告商之间的排他性协议合约将会产生。

Gal-or & Duke(2003)研究了两个差别化的电视传播企业的横向联盟的问题，他们假定消费者是厌恶广告的，但又可能从广告中获取产品价格等信息的收益。他们分析了两个电视传播企业横向联盟可以获取更高利润的条件。研究指出，当两个电视播放企业进行横向联盟时，联盟将导致更多的广告量。

Barros，Kind，Nilssen & Sorgard（2005）则从垂直联盟的角度以网络媒体平台为例，研究了两个由广告资助的媒体企业的竞争模型，而且应用这个模型分析了因特网门户网站的竞争。他们证明，如果门户网站与广告商形成垂直联盟，那么网络媒体平台的总利润提高。然而，如果网络媒体平台间是相互替代的，不形成垂直联盟对于一个门户网站可能也是有利可图的。

2.4.3　其他双边产业

Jeon & Rochet（2007）研究了一种具有双边市场特性的读者可以免费获取文章，而出版成本由文章作者支付的开放式期刊的质量标准选择策略。其主要结论为：如果开放式期刊的目标是社会福利最大化，只要正外部性的扩散效应超过了边际成本，开放式期刊就会实现最优。如果期刊有其他目标，如最大化读者的收益、提高期刊的影响因子等，无论是传统的读者支付模式还是开放式模式都会产生降低期刊质量的趋势。

Thomas（2007）认为互联网服务供应（Internet Service Provider，ISPs）部分是典型的双边市场，它将网站及上网人集中在平台上，促进了交易。他认为 ISPs 具有较强的网络外部性，提出了 ISPs 的发展对策，并且分析了 ISPs 特有的性质是如何影响竞争政策的。

Gaudeu & Jullien（2006）分析了在垄断情形和竞争情形下，网络外部性是如何影响电子商务平台企业的定价策略的。

Katsamakas& Bakos（2005）则以电子商务网络平台为例，通过电子商务网络平台间的竞争研究了电子网络平台的所有权设计问题。研究表明，当用户从电子交易网络中获得的网络效应较小时，该边用户将免费享受服务；并指出了当双边用户接入平台所获得的交叉网络效应不一致的时候，网络平台的双边价格策略应该是非对称倾斜定价策略。

Armstrong & Wright（2007b）以 2002 年英国竞争委员会对移动电话询价为背景，构建了一个包含固话—移动电话和移动电话—移动电话模式的模型，分析了移动电话终端的政策问题。研究发现，在第一种情形下，如果当局对定价不加以检查的话，移动服务商将制定垄断价格；而在第二种情形下，如果服务商根据网络制定价格，移动服务商将会制定低价。

2.5　相关课题资助情况

近年来，国家自然科学基金对双边市场理论研究的资助课题共计 11 项，具体如表2.1 所示。关于双边市场的研究从 2006 年才开始进入国家自然科学基金资助计划范围，2006 ~2010 年，关于获得资助的双边市场研究平均每年 1.2 项，说明：该时期内，国内关注该领域研究的学者较少。2011年,国家自然科学基金资助了5项双边市场的研究,几乎等同于过去五年的总数,充分表明:目前,该领域属于热门研究方向。

表2.1　国家自然科学基金资助双边市场课题

年份	课　题　名　称
2006	《具有双边平台特征的产业中平台企业竞争战略研究》 《基于双边平台理论的电子中介商务模式及其在我国医药流通领域中的应用》
2007	《企业平台化发展机理及其竞争战略研究》
2009	《双边市场视角下的移动营销平台采纳规律与应用模式研究》 《双边市场中企业战略行为的理论与实证分析》
2010	《双边网络环境下平台竞争的隔离机制构建及其战略选择》
2011	《基于有限理性的双边市场定价模型及其应用研究》 《平台企业双边客户关系价值测度方法研究》 《开放式服务交付平台的运营模式分析与研究》 《"三网融合"模式下电信运营商竞争策略设计与公共政策:基于双边市场理论的研究》 《基于双边市场的我国互联网产业内贸易及产业政策研究》

数据来源:国家自然科学基金委网站。

2.6　双边平台企业总体研究评述

从以上文献梳理的结果不难看出,国外学者对双边市场无论是从理论上,还是从实例验证方面都做了大量的研究,但国内关于双边市场的研究却仍然处于引入阶段,即对国外文献的评述和修正。

从研究内容的角度而言,目前,现有关于双边市场理论研究的文献多集中于研究价格竞争策略对双边市场的影响,主要围绕定价方式(使用费还是会员费)、价格结构(价格总量和价格结构分配问题)、影响进入价格因素(产品差异度、平台差异度、排他性权利等)等方面展开,对非价格竞争策略涉猎甚少,如日常生活中常见的技术创新策略、重叠业务策略、搭售策略、广告策略、战略联盟策略、商业模式等,基本都属于空白阶段。非价格竞争策略是现实双边平台企业最常用到的竞争策略,而且对平台企业竞争成败有至关重要的影响。如当当和亚马逊最初的竞争手段主要是价格战,而当前主要采取非价格竞争策略来厮杀,如彼此采取的免运费、送赠品、提供退货服务等。

基于此,本书在现有文献的基础上,拟围绕双边市场中平台企业非价格竞争策略展开研究,主要通过重叠业务策略、搭售策略和广告策略这三种策略的作用机制及其有效性展开。

本章小结

本章旨在把握现有有关双边市场文献,为后续研究奠定基础。首先,对双边市场的概念和特征进行梳理,并整理了双边市场存在的充分条件和必要条件;其次,从垄断情形下的定价理论、单归属与多归属、平台产权及排他性策略、差异化策略和促销策略五个方面,对目前双边市场竞争策略的文献进行整理;再次,目前研究双边市场理论多采取静态博弈方法,较少采用多期动态博弈和微分博弈的研究方法;第四,主要从银行卡产业和传媒产业的角度,梳理了双边市场理论的经验性验证方面的研究;第五,归纳整理了目前国家自然科学基金对双边市场理论的资助情况;最后,对现在研究展开简单评述,指出研究内容。

第3章　双边市场理论内涵及其价格理论

双边市场区别于传统单边市场之处在于:平台并不为性质截然不同的两(多)组用户提供交易的商品和服务。这种全新商业模式的出现有助于减少买卖双方之间的交易摩擦力,促使社会福利水平的改善。作为全书研究基础,本章首先就双边市场的基本概念、理论内涵及该理论与其他相关理论的差异等进行阐述;其次,给出本研究价格竞争策略和非价格竞争策略的划分依据;再次,论述双边市场理论的核心内容——定价理论;最后,构建了一个数量模型将该理论扩展到研究双边平台企业常见的一种价格竞争策略——价格歧视竞争策略(Price Discrimination Strategy)。

3.1　双边市场基本概念

3.1.1　双边市场概念界定

所谓的双边市场(Two-sided Markets)是指这样的市场:一些平台企业并不为买卖双方生产交易的任何商品和服务,而是利用"平台"对买卖双方产生的相互吸引作用,通过制定合理的收费将买卖双方聚集在平台中进行交易。其中,提供"平台"服务的企业称为双边平台企业(Two-sided Platforms)。如阿里巴巴(Alibaba)作为双边平台企业,本身并不生产任何交易的产品和服务,只是为企业(信息的需求方和信息的供给方)提供信息交流的平台,供求双方通过搜寻,自愿组成买方和卖方,达成交易。

然而,这个描述性的概念并没有揭示出双边市场的本质,直到 Rochet & Tirole(2006a)从价格非中性结构(Price Non-neutrality)的角度给出严格的定义,并迅速成为该领域权威的定义。基于此,本书沿用了 Rochet & Tirole(2006a)给出的定义。

定义3.1　假设一个平台就单位交易分别向买方和卖方收取 a^B 和 a^S 的费用,即单位交易平台向两种类型的消费者收取的总价格水平为 $a=a^B+a^S$。如果平台上实现的总交易量 V 仅取决于总价格水平 a,而与双边市场价格结构(即总价格水平 a 在 a^B 与 a^S 之间的分配比例)无关,那么该市场为单边市场。与此相反,当 a 保持固定不变时,如果 V 随着 a^B 或 a^S 的变化而变化,该市场就是双边市场。

该定义不仅界定了双边市场,而且还指出了双边市场存在的三个基本条件。首先,双边市场的主体至少包含两类性质截然不同的用户群体和一个平台企业,且这三方相互发生作用，共同完成交易。特别地，当用户群体超过两个时，称之为多边市场（Multi-sided Markets）。其次，聚集在平台企业两侧的不同用户群体之间具有交叉网络外部性（Cross Network Externality），即一边用户群体通过平台进行交易所获得的收益与加入同一平台的另一边用户群体的数量相关。最后，非中性价格结构（Price Non-neutrality），即平台的收益水平不仅仅取决于其制定的绝对价格水平，同时还取决于两边用户的价格结构。

3.1.2 双边市场特征

双边市场作为一类特殊的市场形态，几乎所有学者（Rochet & Tirole，2002，2003，2006a；Wright，2004；Régibeau，2005；Hagiu，2004）都认为具有如下三个特征：

1. 两边用户的相互依赖性与互补性

双边平台企业并不为性质截然不同的两边用户提供交易的产品和服务，仅仅提供"平台"服务，因此只有当两边用户同时加入平台企业且形成一定的客户基（Install Base），才能形成有效需求和有效供给，完成交易。缺少任何一方用户，交易都不能完成，即表现出两边用户的相互依赖性与互补性。比如：房屋中介市场中的买方希望通过中介寻找到合适的房屋，要满足买方对房屋中介的需求（如毛坯房、普通装修房、豪华装修房等），前提是中介拥有大量的出售房屋的卖方，如果没有，买方对房屋中介的需求就为零。对房屋需求量越大，即中介一边的买方越多，卖方对中介的需求也越大。因为这样买卖双方达成交易的概率就大。需要注意的是，这种行为的完成并不需要一边用户购买中介向卖方和买方同时提供的服务，买房者仅购买中介对买房方提供的服务（即中介费），而卖方也是如此，二者通过中介完成互补需求实现各自的效用。这种需求的相互依赖现象也被称为"鸡蛋相生（Chicken & Eggs）"问题（Caillaud & Jullien，2002）。

2. 非中性价格结构

非中性价格结构不仅是双边市场区别于单边市场的最主要特征，而且也是双边市场存在的一个充分条件。另外，双边市场存在的必要条件是科斯定理的失灵（Failure of the Coase Theorem）（Rochet & Tirole，2006a）。科斯定理的观点是：如果产权是明晰的、可交易的，并且没有交易成本，信息也是对称的，那么双方的谈判结果总是帕累托有效率的（Coase，1937）。然而，真实经济世界如同物理世界一样，存在着交易费用和信息不对称等市场失灵的"摩擦力"，作为中介的平台企业的出现可以在相当程度上减少交易费用和信息不对称。因此，Tirole 认为双边市场的存在源于科斯定理的失灵。换言之，如果经济生活没有交易费用、信息不对称等"摩擦力"，双边平台企业和双边市场就没有必要出现了。

3. 交叉网络外部性

双边市场中的交叉网络外部性具有两方面的含义，除了前文提到的含义外，即一边用户通过平台进行交易所获得的收益与加入同一平台的另一边用户的数量相关，还包含同侧最终用户之间的网络外部性(Rochet & Tirole,2006a)。现实经济中,由于信息不对称、信息的缺失、交易成本等因素的存在,使得不同的用户群体之间无法自己内在化网络外部性,或者内在化的成本相当高。双边市场通过透明、公开的定价机制将两边用户聚集在平台中交易,可大幅度降低交易成本,并弥补市场信息的缺失,不仅内化不同用户间的外部性,而且还内化了同侧用户间的外部性。同时,由于平台企业形成较庞大的客户基,依据“虚荣效应”(平迪克 & 鲁宾菲尔德,1999),可降低同侧最终用户之间的网络外部性内在化的成本。也就是说,双边市场的出现类似于公司的出现,它可以大幅度地降低交易成本,减少社会福利的损耗。Lashou、Youa等团购网站的出现,不仅提高了买卖双方的交易效率(即内化了不同用户间的外部性),而且还能降低买卖双方的交易价格(即内化了同侧用户的外部性)。

3.1.3　双边市场分类

在经济生活中,双边市场的数量很多而且形式复杂。伴随着对双边市场的进一步研究,对双边市场的认识也逐步加深,主要形成了以下几种分类方法。

(1)从平台企业的所有权的角度可分为独立拥有的平台(Independence)和垂直一体化平台(Vertical)两大类(Roson,2005c)。独立拥有的平台又称为垂直分解的平台,它是指平台企业的所有权只由中间层组织一类的参与者拥有,又可分为三种情况:开放平台所有权(Open Ownership)、封闭平台所有权(Closed Ownership)和垄断平台所有权(Monopoly Ownership)。垄断平台所有权,即所有平台摊位由一个垄断中间层拥有。开放平台所有权是指全体事前相同的潜在中间层顺序进入平台中间层市场,决定开发哪一个平台摊位。封闭平台所有权是指全体事前相同的潜在中间层顺序进入平台中间层市场,包租等待开发的平台摊位,然而,早期进入者在位俱乐部成员能够拒绝随后的进入者预期成员进入。垂直一体化平台是指不再只是由中间层拥有平台,销售商或消费者也拥有自己的平台摊位,它又可分为开放平台所有权(Open Ownership)和封闭平台所有权(Closed Ownership)两类。

(2)从网络外部性产生的效果可分为正外部性的双边市场和负外部性的双边市场两类(Söstnmez,1997)。前者如视频游戏、网络游戏、支付卡系统等,一方用户的效用会随同一平台中另一方用户数量的增长而增加,即双边市场表现出正的交叉网络外部性;后者如门户网站和各类媒体等,它由广告商、媒体和受众(听众、观众、读者、网民等)组成,一般情况下,受众对广告持厌恶情绪,受众会被更多的广告吓跑,即双边市场呈现负的交叉网络外部性。

(3)从价格结构(收入来源)角度可分为:对称双边市场和非对称双边市场(Hagiu,2004)。前者是指平台企业向市场两边用户同时收费,如报纸、支付卡系统、网络游戏运营商等;而后者是指平台企业一般只向某一边的用户收取费用,如广播、电视、购物中心

(Shopping Malls)、美国运通(American Express)等。表 3.1 列出了一些平台企业的收入来源。

表 3.1　一些双边产业的收入来源

双边平台	亏损边 (被补贴边)	盈利边 (补贴边)	收入来源
房地产经纪人	购房者	销售商	不动产经济主要从销售佣金中得到收入
公寓经纪人	租赁人	所有者/房东	公寓咨询者和查找服务通常从公寓出租者那里获得所有收入(一旦他们成功地为房东找到房客)
门户网站	冲浪者	广告商	Yahoo 从广告商案例赚得 75% 的收入
报纸和杂志	读者	广告商	大约 80% 的报纸收入来自广告商
电视网络	观众	广告商	FOX 电视网主要从广告商那里获得收入
操作系统	软件用户	软件开发商	微软至少 67% 的收入来自向用户许可的软件包
视频游戏平台	游戏玩家	游戏开发商	对用户的游戏销售和对第三方开发商的许可
支付卡	持卡人	商家	2001 年,美国运通从商家获得 82% 的收入
购物中心	消费者	零售商	全部来自零售商
学生期刊	读者	作者	全部来自读者
展览馆	参观人	参展商	一起或者分别成为收入来源

资料来源:根据 Evans(2003b)整理。

(4)根据双边市场的复杂程度可分为两类:简单双边市场和复杂双边市场(Rochet & Tirole,2006a)。其中,简单双边市场,如报纸、无线电视、广播等,它们往往只有单纯的三类参与者组成,是典型的哑铃式结构(程贵孙和陈宏民,2009),如图 3.1(a)所示。复杂双边市场,如信用卡系统、电信、因特网等,它由更多的参与者,包括其他用户、中间组织等组成,如图 3.1(b)所示的信用卡系统的市场结构(Rochet & Tirole,2002)。

(5)根据平台企业的功能可分为:市场制造型(Market-maker)、受众制造型(Audience-maker)和需求协调型(Demand-maker)(Evans,2003a)。其中,市场制造型双边市场的特点是:方便双边用户的交易,通过交易平台提高搜寻交易对象的效率和交易双方匹配成功的可能性。拍卖行、房屋中介、股票和期货交易所、购物中心等都属于这类双边市场;受众制造型双边市场交易平台的主要职能是吸引观众、读者和网民等,这样企业才愿意到交易平台上发布广告和产品信息。电视、报纸、杂志、电话黄页及门户网站等就属于这类双边市场;需求协调型双边市场能帮助两边的用户通过交易平台来满足相互的需求。Windows 操作系统、银行卡系统、移动增值业务平台、浏览器、网络游戏等都属于这种双边市场。

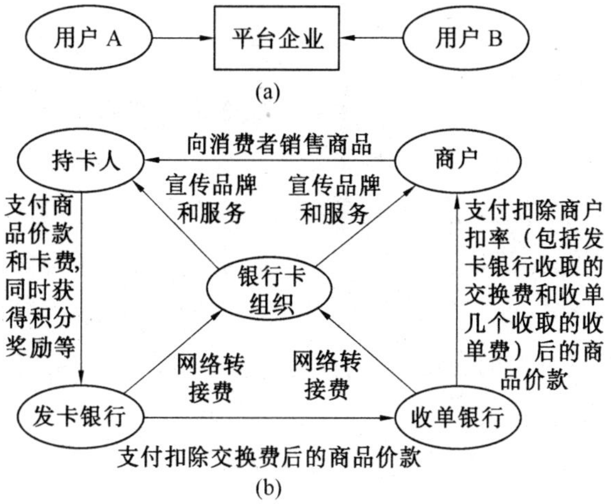

图 3.1　双边平台企业结构示意图

(a) 简单双边平台示意图　(b) 信用卡系统的市场结构图

(6)根据双边产业的发展周期,可以分为:萌芽型双边产业(指一类正在由单边市场演化为双边市场的产业,如 Plam 手机操作系统)、成长型双边产业(指一类已经具有双边市场特征,但是基于平台的交易还不活跃的产业,如我国的信用卡平台)、成熟型双边产业(指一类已经具有双边市场特征,基于平台交易很活跃的产业,如 Netscape 浏览器、MSN、QQ 即时通信工具)、衰退型双边产业(指一类已经具有双边市场特征,基于平台交易开始逐渐不活跃的产业)(陈宏民和胥莉,2007),如图 3.2 所示。

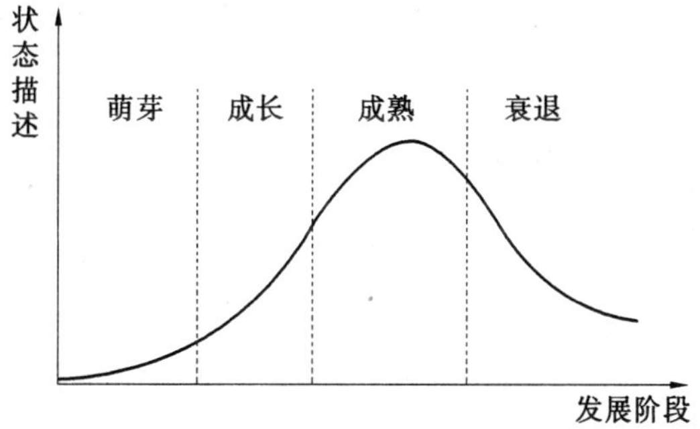

图 3.2　双边产业发展周期

3.2　双边市场理论内涵

本节阐述了双边市场的理论内涵,之后比较了与之相似的相关理论,包括与单边市场的区别、中间层理论、匹配理论、外部性理论、多产品定价理论等。

3.2.1 理论内涵

网络外部性理论(Network Externality Theory)和交易成本理论(Transaction Costs Theory)是双边市场理论的基础。所谓网络外部性是指使用者从产品消费中得到的效用随着消费同一产品的消费者数量的增加而增加的现象(Katz & Shapiro,1986b),它是一种正的消费外部性或需求方规模经济,广泛地存在于以计算机、通信、互联网为代表的信息产业中。边际效用递增(Increasing Marginal Utility)和正反馈机制(Positive Feedback Mechanism)是网络外部性理论的核心观点。前者是指随着客户基的不断增加,消费者加入网络获得的边际效用也是递增的;而后者是指产品的用户安装基础必须达到一定的容量,即临界规模,高于临界规模的产品网络规模有自我强化的趋势,产品的用户规模进一步扩张,即正反馈效应具有使强者更强、弱者更弱的特征。交易成本理论则认为,由于有限理性(Bounded Rationality)、投机主义(Opportunism)、不确定性与复杂性(Uncertainty and Complexity)、少数交易(Small Numbers)、信息不对称(Information Asymmetric)、气氛(Atmoshpere)等因素的存在,会造成交易成本的提高,导致交易困难,形成市场失灵(Williamson,1975)。

双边市场理论正是结合了这两种理论。作为双边平台企业特征之一的用户间交叉网络外部性,正是属于网络外部性理论的边际效用递增和正反馈机制研究范畴;双边平台企业的功能,即集中数量众多的买方和卖方于一个平台,避免或减少买卖双方彼此间发生搜寻成本、信息不对称等交易成本,则体现了交易成本理论研究内容。因此,双边市场理论可以概述为:为了降低交易成本损耗,而将两类或者多类性质截然不同的用户吸引在平台中展开交易,以实现多赢。

3.2.2 与其他相关理论的区别

1. 单边市场理论

传统单边市场是相对于双边市场而言的,是指传统微观经济学中所研究的市场形态。Wright(2004)认为传统单边市场满足以下八个规律:①有效的价格结构应当反映相关的成本;②边际价格与边际成本之间的差值越大,市场势力越强;③制定低价是掠夺性定价;④激烈竞争的结果必定产生更为有效的价格结构;⑤激烈竞争的结果必定产生更加平衡的价格结构;⑥长期内,价格结构会公平地反映成本;⑦若双边市场一边的最终用户以低于边际成本的价格获得产品和服务时,那么他必定从另一边的最终用户获得补偿;⑧平台企业具有中性的价格结构。但双边市场却不一定满足上述八个规律。具体而言,二者间的区别表现为:

(1)价格结构不同。单边市场是典型的中性价格结构,即交易量仅受价格绝对水平的影响,并不受价格结构的影响;而双边市场是非中性价格结构,交易量不仅受价格总量的影响,还受价格结构的影响。

(2)用户群体关系不同。双边市场中平台企业至少需要两组性质截然不同的用户群体,任何单独的一方都不能形成交易,即不存在双边市场。尽管许多单边市场企业(如各类生产中间产品的企业)也具有不同的用户群体,但单边市场企业无需通过一方用户来吸引另一方用户,即不存在间接网络外部性。

(3)定价方式不同。单边市场中,价格必定反映成本,且均衡时的价格不能小于边际成本,否则企业将因亏损而关闭;而双边市场平台企业可以通过向一方用户制定高价,而对另一方用户制定低于边际成本的价格,甚至不收取费用。也就是说,双边平台企业对最终用户制定的价格并不反映边际成本。

(4)企业利润来源不同。当单边市场也生产或提供多种产品或服务时,单边市场企业这种行为的主要原因是由于范围经济的存在,一家企业生产多种产品可以产生范围经济效应进而节约成本。而双边市场平台提供不同的产品和服务是为了内在化不同用户群体之间的交叉网络外部性,并从内在化间接网络外部性过程中获得收益。生产多种产品的单边市场企业的利润来源于提供产品或服务的过程,来源于对产品或服务的价格加成,并不从内在化间接网络效应中获取利润。

2. 中间层理论

Spulber(2002)根据经济模型的不同层次,将厂商理论分为四种:新古典厂商理论、产业组织厂商理论、合约(或交易成本)厂商理论和组织激励(或委托-代理)厂商理论,如表3.2所示。

表3.2　不同层次的厂商理论

厂商理论	观察层次	厂商数量	理论焦点
新古典	经济中的所有厂商	无限个厂商	强调厂商的技术的一面
产业组织	行业中的厂商	N个厂商	强调厂商的市场权力和策略关系一面
合约(交易成本)	厂商和交易伙伴	两个厂商	重在寻求市场交易成本超过组织成本的厂商的边界
组织-激励(委托-代理)	厂商内部的关系	一个厂商	强调科层制内部的放权
中间层	N个中间层(以及他们的I个消费者和J个供应商)	N个厂商	综合前四种

他认为上述四种厂商理论并未构成一个统一的厂商理论,并从这四种理论中汲取养分,提出了中间层厂商理论。该理论保留了新古典厂商理论的投入-产出方法,也像产业组织理论那样假定由厂商来定价,也像合约厂商理论一样来对待交易成本和机会主义,并

将委托-代理关系既纳入厂商的内部,也纳入厂商与其供应商和客户之间的关系之中。

中间层理论与双边市场理论的共同之处体现为:

①都从“平台(Platform or Intermediate)”的角度展开研究。

②都以交易成本理论为基础,且二者均能降低交易成本。

不同之处在于:

(1)理论基础不同。双边市场理论的理论基础是交易成本理论和网络外部性理论,而中间层理论的理论基础是四种厂商理论。

(2)研究内容不同。双边市场理论集中于研究性质截然不同的两种用户群体之间的交叉网络外部性以及由此产生的一系列问题,而中间层理论不涉及网络外部性问题。

(3)定价方式不同。双边市场主要通过对两边用户收取进入价格而获得利润,平台本身并不参与交易,而中间层理论采取买入-卖出的定价方式,其买入和卖出的过程本身就是一种交易行为。

3. **双边匹配理论**

现实经济生活中,许多问题都涉及两个群体中成员之间相互选择的问题,如工人与企业、学生与大学、地主与佃农以及适龄未婚男女等,这就是双边匹配理论(Two-sided Matching Theory)所研究的内容(齐二石,宋立夫和李钢,2007;王谦,齐二石和丁捷,2008)。当群体的个数超过两个,则称之为多边匹配或简称为匹配。匹配理论的影响不仅仅局限于经济学领域,它还可延伸到社会学、生物学、教育学和医学等学科。运用匹配理论可以很好地解释这些领域中所涉及的“职位派遣”、“人口分布”、“两性交配”等问题,充分体现了匹配理论的广泛适用性(蔡翔,郭冠妍和张光萍,2007)。

最早把匹配模型引入经济活动分析的是 Gale & Shapley(1962),他们当时关注的是大学录取和婚姻匹配问题,并提出了著名的 Gale-Shapley 算法。匹配理论的发展经历了三个阶段,即无货币因素的双边匹配理论、带货币因素的双边匹配理论和匹配理论动态化。其中,无货币因素的双边匹配理论在实践中运用最为广泛(Wolfstetter,2003)。从研究内容上看,匹配理论所要解决的主要问题是:①是否存在稳定的匹配,即不受个人谈判干扰的匹配;②在什么程序或制度下能实现稳定匹配;③这些程序是否可以操纵(Wolfstetter,2003)。

尽管双边市场理论与双边匹配理论都涉及两组不同的用户(或群体),但是这两种理论存在明显的差异。首先,涉及主体不同。双边市场的主体包括双边平台企业和两组性质截然不同的用户,而双边匹配理论则不涉及“中介人(组织)”,仅仅包含两组群体。其次,作用机理不同。双边市场中的两边用户需要加入平台企业才能交易,如果不加入平台企业,则交易很难发生(或交易成功,需要付出非常高的交易成本);而双边匹配理论中的两种群体直接相互选择,不要第三方的参与。最后,研究内容不同。双边市场的主要研究主体是平台企业,主要研究内容是制定合适的策略吸引更多的用户加入平台企业;而双边匹配理论的研究主体是两种群体,研究内容是两种群体的选择机制及可控性。

4. 多产品定价理论

多产品定价理论主要研究具有互补性产品的定价问题,且主要关注价格结构,认为相对于价格水平的扭曲而言价格结构似乎较少地被市场力量所扭曲。常用的定价方法有:根据产品的交叉需求价格弹性定价法(Price Elasticity of Cross Demand Pricing)(Tirole,1997)、拉姆齐定价法(Ramsey Pricing)(Romer,1999)、中间产品转移价格的定价法(Transition Pricing of Intermediate Product)(张福利,2003;杜义飞和李仕明,2006;刘华军,2007)等。

双边市场理论的定价策略,从宏观角度而言,是对两个市场甚至是多个市场的定价行为,本质是多产品定价。因此,双边市场理论借鉴多产品定价研究方法,但二者又有实质的差别。首先,定价对象的性质不同。多产品定价理论的定价对象是有互补性的两种或多种产品,但双边市场中的两边用户则不需要具备这个条件,仅需要具备性质完全不同即可。其次,研究内容不同。多产品定价理论不涉及外部性问题,而网络外部性是双边市场定价理论的主要研究问题。再次,定价时间不同。双边市场定价理论需要同时对两边用户做出定价,否则将形不成交易,而多产品定价理论不需要同时定价,如电脑和电脑配件就不需要同时制定价格。最后,规制理论在两种定价理论下的表现不同。在多产品定价理论中,低于边际成本定价通常被认为是掠夺性定价(Predatory Pricing),被认为是不正当竞争,而在双边市场定价理论中,低于边际成本的情况很常见,不会认为是不正当竞争的定价方式。

3.3　双边市场价格竞争策略与非价格竞争策略

本节作为全书结构框架的基石,给出按照价格竞争策略和非价格竞争策略进行分类的依据,并阐述了这两种策略所包含的具体策略。

3.3.1　分类依据

如前文所述,现有文献对双边市场这一特殊市场形态的研究涉及众多的方面,而且研究角度也是各有差异。主要涵盖如下一些问题:定价模式选择,价格歧视行为,多归属行为,排他性行为,平台所有权问题,搭售行为,平台间的转移成本问题,平台的兼容问题,平台间的互联互通问题,平台企业的进入问题,消费者资质认证等方面。这些研究有些属于平台企业性质的研究范畴,如平台的所有权结构、平台间转移成本问题等;有些属于平台企业竞争策略的范畴,如平台企业的搭售行为问题、广告策略等;还有一些既属于平台性质又属于平台企业策略的范畴,如多归属问题。

本书集中研究双边平台企业的竞争策略问题,按照这些策略是否直接影响定价水平,将其分为价格竞争策略和非价格竞争策略两类。价格竞争策略是指可以直接影响平台对两边用户制定进入价格的策略,如信用卡消费积分制、沃尔玛的 VIP 会员制等都是典型的价格歧视策略;非价格竞争策略是指不能够直接影响平台对两边用户指定即制定进入价格的策略,如业务重叠策略、搭售策略及广告策略分别是通过改变加入平台的用户数量、一方最终用户的基本效用和双边平台企业的声誉来影响竞争结果的。

价格竞争策略和非价格竞争策略适用于不同的情形,但也不完全是割裂的关系,有时候需要二者搭配使用。如当当和卓越(2004 年 9 月被亚马逊收购)最初都是专营图书的电子商务平台企业,随后两平台企业都扩大了经营范围,将业务扩展到服装、电子产品、家电等众多门类的产品,即由最初完全重叠业务平台企业转变为部分重叠业务平台企业。此外,两平台企业还实施过价格竞争策略(最初当当比亚马逊的图书普遍便宜,之后二者价格基本持平)、搭售策略(如均提供免运费服务)、价格歧视策略(如积分奉送服务)。

3.3.2 竞争策略内容

1. 价格竞争策略

双边平台企业常见的价格策略可分为两类:一般性价格策略和价格歧视策略。前者是指正常的定价策略,其中,对称定价策略、非对称定价策略和价格模式选择(注册费和交易费的选择(李锐,2006))都属于正常的定价策略。而后者是指双边平台企业通过对两边不同用户,甚至是同侧用户内,按照不同的规则制定不同的价格。双边平台企业常见的诸如会员制、积分制、折扣、返利等都属于价格歧视策略。

此外,需要说明的是双边市场的价格歧视策略与单边市场的价格歧视策略是不同的。首先,实施范围不同。前者不仅可以对同侧用户实施,而且也可以对不同组用户实施;而后者只适用于同组消费者。其次,成因不同。后者是“人为地”根据某些“外生的”信息(如年龄、性别、职业、所在地、第一次购买还是第二次购买等)将一个市场划分为多个市场,进而制定不同的价格;而前者是一种特殊的市场结构,多数并非人为造成(朱振中,2006)。再次,价格歧视方法不同。后者是按照不同需求价格弹性进行区分的,而前者由于很容易区分两组不同的用户,很容易制定不同的价格。最后,价格水平不同。前者可能对一方用户收取低于边际成本的价格,通过向另一方用户收取高价来补偿,而后者对任何一个市场都收取高于边际成本的价格。

2. 非价格竞争策略

双边平台企业常见的非价格策略主要包括以下几种:

(1)重叠业务策略,指不同双边平台同时为两边用户提供(部分)相同的服务,如当当和亚马逊都提供图书服务,房屋中介企业同时提供中档服务的信息等。

(2)搭售策略,即平台企业将自身的某种商品(有形的产品或无形的服务)绑定在两边用户的交易行为中,如当当和亚马逊的免运费服务、办理信用卡时赠送的礼物等。

(3)广告策略,即平台企业试图传递某一信息,或者改变平台企业的声誉或者某一方用户的声誉而采取的策略,如前程无忧网和“梦想中国”都在中央电视台打广告。

(4)战略联盟策略,即多个平台企业通过结盟、兼并等方式,实现优势互补或者强强联合,如亚马逊收购卓越就是优势互补。

(5)技术创新,即通过技术的革新来吸引更多的用户,如沸点和 PPLive 媒体播放器,由于前者视频更新速度慢,目前已基本被市场淘汰,而 PPLive 由于能够及时更新视频,用户使用量在不断地增加。

(6)运营模式,如阿里巴巴是 B2B 的经营模式,而当当和亚马逊是 B2C 的经营模式。此外,还有技术创新、品牌构建、营销手段等其他非价格竞争策略。

考虑到本书篇幅及后三种非价格竞争策略需要特殊的技术手段,本研究选择研究双边平台企业常见的前三种非价格竞争策略,即重叠业务策略、搭售策略和广告策略,主要就这三种非价格竞争策略的有效性展开研究。

3.4　双边市场价格策略

本节阐述 Rochet & Tirole(2003,2006a)和 Armstrong(2006)给出的一般定价模型;然后,构建以加入双边平台企业次数为歧视标准的双边平台企业价格歧视竞争模型,对平台企业实施价格歧视策略的有效性展开分析。

3.4.1　一般定价策略概述

定价模式是一般价格策略的主要研究内容。Rochet & Tirole(2003,2006a)和 Armstrong(2006)在双边平台企业的定价方面作出了开创性的贡献。其后,很多学者都是在这三篇论文的基础上扩展的。目前,双边平台企业一般性定价方面的研究已经取得了不少成果。

Rochet & Tirole(2003)对成员外部性和使用外部性及与之相应的会员费和交易费进行了严格区分。所谓的成员外部性(Membership Externality)是指平台企业拥有的一边用户数量对平台企业另一边用户带来的潜在价值增值。例如,作为现代人交流的必备即时通讯工具 QQ(最高同时在线用户为 1.36 亿),正是因为拥有庞大的客户基,腾讯才不断地开发出衍生产品(如 QQ 商城、QQ 拍卖等)。而使用外部性(Usage Externality)是指平台企业一边用户的需求选择决策将对另一边用户的剩余产生影响,并影响另一边用户的成本和收益,但在做出选择决策时,每一边用户又不会考虑这种影响。如对于习惯在亚马逊或京东商城网上购物的用户而言,使用网络购物平台自然会给他们带来正的使用外部性,否则他们会选择实体店购买。

Rochet & Tirole(2003)基于使用费用的角度研究了垄断平台的价格结构问题。文中假设:两边用户 $i \in (B,S)$,a^B 和 a^S 分别为买方用户(Buyer)和卖方用户(Seller)从交易中获取的最终剩余,平台处理每笔交易的成本为 c,p^B 和 p^S 分别为平台对两边用户收入的平台使用费,两边用户交易中获得的剩余为$(a^i - p^i)N^i$,则双边用户对平台服务的需求为 $N^i = Pr(a^i > p^i) = D^i(p^i)$,两边用户交易总量为 $D^B(p^B)D^S(p^S)$,如图3.3所示。通过求解,得出主要结论:

(1)垄断平台两边用户使用费总价格水平 $p = p^B + p^S$ 满足 Lerner 公式,即$\frac{p-c}{p} = \frac{1}{\eta}$,式中 η 为两边用户对平台价格需求弹性之和。

(2)垄断平台双边价格结构的比例等于相应的平台需求价格弹性的比例,即$\frac{p^B}{p^S} = \frac{\eta^B}{\eta^S}$;也就是说,平台在一边的定价与该边的价格弹性成正比。此外,该文通过引入"单平台使用指数(Single-homing Index)",将该定价理论扩展到不同经营目标的平台,即盈利型平台和非盈利型平台。

基于成员外部性和使用外部性双边平台企业定价模型如图3.3所示。

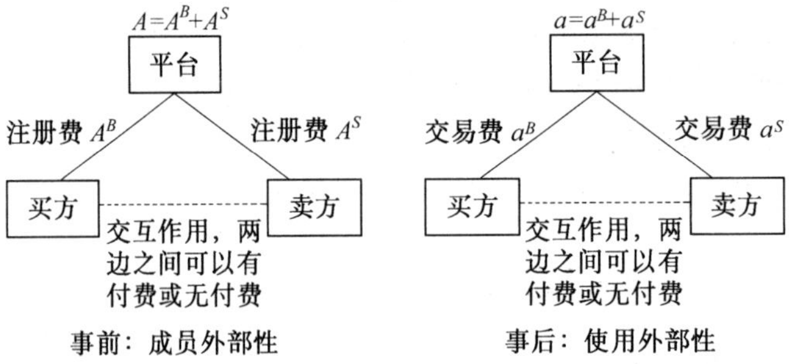

图3.3 基于成员外部性和使用外部性双边平台企业定价模型

Armstrong(2006)以 Hotelling 模型为基础,建立了一个基于会员费的垄断平台和竞争平台定价模型,平台对两边收取注册费或者实行两步收费价格,其重要贡献就是解释了平台为什么对一边用户免费甚至提供补贴。该研究得出结论:平台企业的均衡价格主要取决于两边用户交叉网络效应的相对强度、平台总量收费或单位定价收费的模式选择以及用户是单平台接入还是多平台接入;同时,与传统单边市场竞争情形相比,双边平台企业竞争对市场份额的争夺更为激烈。

Rochet & Tirole(2006a)对 Armstrong(2006)和 Rochet & Tirole(2003)的模型进行了拓展,综合了上述两篇文章的研究角度,从会员费和使用费两个角度研究了垄断平台的价格结构问题。该文主要贡献表明:在满足一定的假设下,垄断双边平台企业的定价,无论是从会员费的角度定价还是从使用费的角度,其本质上是一致的,都可以统一在 Lerner 公式的框架中。

需要特别指出的是,Schiff(2003) 在 Armstrong(2006),Rochet & Tirole(2003) 和 Rochet & Tirole(2006a) 的基础上,运用更为简单的数学模型,研究了垄断双边平台分别选择会员费和使用费情形下的最优定价和次优定价问题,该文清晰明了地揭示了双边市场和传统单边市场的差异。

3.4.2　价格歧视竞争策略模型

1. 模型结构

假设市场上只存在两个具有水平差异化双边平台企业,记为 $k(k=1,2)$,分别位于线段$[0,1]$的两端,且平台企业1位于端点0处,而平台企业2位于端点1处。每个平台企业面临两组不同的最终用户,记为 $i(i=A,B)$。每边最终用户可以在平台中多次交易,且交易次数越多,平台企业收取的进入价格越低。距离双边平台企业 k 为 x 的最终用户 i 的效用函数为:

$$u_{ik} = v_i - p_{ik}^m - t_i x + \alpha_i n_{jk}, i,j = A,B \text{ 且 } i \neq j \tag{3.1}$$

式中:v_i 表示内在收益(Intrinsic Benefit),即最终用户 i 无论加入哪个平台企业均可获得的基本收益;p_{ik}^m 表示最终用户 i 在平台企业 k 中第 $m(m=1,2,\cdots,n)$ 次交易所需支付的一次性进入价格;t_i 表示最终用户到达平台企业 k 所耗运输成本;α_i 表示两边最终用户间的交叉网络外部性强度;n_{jk} 表示最终用户 i 唯一地加入平台企业 k 时另一端最终用户 j 唯一选择 k 的实际数量(n_{jk} 表示最终用户 i 预测到加入同一平台企业 k 的另一边最终用户 j 的数量,考虑到理性最终用户在实现均衡时必有 $(n_{jk})_{\text{Expect}} = (n_{jk})_{\text{Real}}$,因此,本书对此不做区分,认为 n_{jk} 为实际数量)。

此外,需要说明的是:

(1) 不论交易次数是多少,两边最终用户的总量不变,即研究一种比较静态情形下的价格歧视竞争模型。令 n_{i1} 和 n_{i2} 分别表示最终用户 i 在平台企业1和平台企业2的市场份额,则恒有 $n_{i1} + n_{i2} = 1$。

(2) 两边最终用户均为单归属,即最多只能选择加入一个双边平台企业。该假设只是为了简化问题,在以后的研究中可以放宽到两边用户是多归属的情形。

(3) 价格歧视实施的依据是最终用户在平台企业中交易的次数。显然,$\partial p_{ik}^m / m < 0$ 成立,即随着交易次数的不断增加,平台对该用户征收的价格不断地下降。不妨令 $p_{ik}^m = [1-(m-1)r_k]p_{ik}$,其中,$p_{ik}$ 是平台企业 k 为最终用户 i 制定的基准价格,该基准价格不随交易次数的变化而变化;m 是最终用户 i 的交易次数;r_k 表示边际价格歧视比率,即最终用户每多交易一次,进入平台企业 k 的价格减少量。

(4) 两平台企业处于成熟期竞争,即吸引单位最终用户的所发生的边际成本均为零。同时,考虑到固定成本仅影响均衡值的绝对值,而对竞争并无实质影响,因而设固定成本为零。此外,设两平台企业能够瞬间获得最终用户交易的完全信息,且忽略资金的时间价值,即贴现率为零。

2. **平台企业角度**

根据标准 Hotelling 模型,最终用户 i 基于效用最大化原则选择双边平台企业 k。因此,对于距离双边平台企业 k 为 x 的最终用户 i 而言,若在两个平台企业均进行 m 次交易,则均衡时必有:

$$\sum_{m=1}^{n} u_{A1}(p_{A1},x,n_{B1},m)=\sum_{m=1}^{n} u_{A2}(p_{A2},1-x,n_{B2},m),n=1,2,\cdots \tag{3.2}$$

否则,最终用户 i 会不断调整,直到在两平台企业 m 次交易获得相等的效用为止。令 $x=n_{i1}$,表示加入平台企业 1 的最终用户 i 的市场需求,即市场份额。因而,$1-x=1-n_{i1}$ 表示加入平台企业 2 的最终用户 i 的市场份额。求解式(3.2),可得两平台企业两边最终用户各自的需求函数,即式(3.3)。

$$n_{ik}=\frac{1}{2}-\frac{\alpha_i(p_{jk}-p_{js})+t_j(p_{ik}-p_{is})}{2(t_At_B-\alpha_A\alpha_B)}+(m-1)\frac{\alpha_i(r_kp_{jk}-r_sp_{js})+t_j(r_kp_{ik}-r_sp_{is})}{4(t_At_B-\alpha_A\alpha_B)} \tag{3.3}$$

式中:$k,s=1,2$ 且 $k\neq s$。

式(3.3) 前两项与下文 5.2.2 中两平台企业均不选择搭售时的最终用户的需求函数完全相同,第三项表示由于价格歧视策略所造成的加入平台企业的最终用户市场份额的变化。显然,加入平台企业的最终用户的市场份额随自身价格歧视比率的增加而增加,随竞争对手的价格歧视比率的减少而减少,而与最终用户交易次数的关系均不确定。特别地,当 $m=1$ 时,即不存在价格歧视策略时,式(3.3) 与 Armstrong(2006) 所阐述的一般性定价模型相同。

平台企业在追求利润最大化战略目标过程中,存在着追求短期利润最大化和长期利润最大化两种情形。前者意味着追求所有最终用户每次交易的利润之和最大化,而后者意味着追求一定时期内最终用户一定交易次数的利润总和的最大化。据此,构建即期利润最大化函数和长期利润最大化函数,即:

$$\begin{cases}\pi_k^m=p_{Ak}^m n_{Ak}^m+p_{Bk}^m n_{Bk}^m & \text{ST}\\ \pi_k=\sum_{m=1}^{n}\pi_k^m=\sum_{m=1}^{m}(p_{Ak}^m n_{Ak}^m+p_{Bk}^m n_{Bk}^m) & \text{LT}\end{cases} \tag{3.4}$$

式(3.4) 中,ST 表示短期,即平台企业追求每期利润最大化;而 LT 表示长期,即平台企业追求 m 总体利润最大化。

将式(3.3) 代入式(3.4),通过求解$\frac{\partial\pi_k^m}{\partial p_{ik}}=0$或$\frac{\partial\pi_k}{\partial p_{ik}}=0$,即可获得均衡解。由于在长期情形下,$\sum_{m=1}^{n}\pi_k^m$ 值太过复杂,很难对精确均衡解展开分析。因而,本研究通过对各个变量

赋值，比较三组交易次数下两种情形的均衡解。各变量的赋值均随机给定，但需要满足 $t_k > \alpha_k$，这意味着竞争效应较交叉网络外部性更为重要。变量的初始赋值如表 3.3 所示。

表 3.3　变量的初始赋值

变量	v_A	v_B	α_A	α_B	t_A	t_B	r_1	r_2
赋值	2	2.5	0.4	0.3	0.9	0.7	0.05	0.06

计算所得两种情形下的均衡解，如表 3.4 所示。

表 3.4　两种情形下均衡结果

变量	无价格歧视	价格歧视					
		即期情形			长期情形		
	$m=1$	$m=3$	$m=5$	$m=7$	$m=3$	$m=5$	$m=7$
p_{A1}	0.600 0	0.631 6	0.666 7	0.705 9	0.614 8	0.629 5	0.644 0
p_{A2}	0.600 0	0.638 3	0.681 8	0.731 7	0.617 8	0.635 6	0.653 3
p_{B1}	0.300 0	0.315 8	0.333 4	0.352 9	0.307 4	0.314 8	0.322 1
p_{B2}	0.300 0	0.319 1	0.340 9	0.365 9	0.308 9	0.317 8	0.326 6
n_{A1}^m	0.500 0	0.500 0	0.500 0	0.500 0	0.497 1	0.493 6	0.489 6
n_{A2}^m	0.500 0	0.500 0	0.500 0	0.500 0	0.502 9	0.506 4	0.510 4
n_{B1}^m	0.500 0	0.500 0	0.500 0	0.500 0	0.497 5	0.494 7	0.491 3
n_{B2}^m	0.500 0	0.500 0	0.500 0	0.500 0	0.502 5	0.505 3	0.508 7
$\sum_{m=1}^{n}\pi_1^m$	0.450 0	1.314 7	2.128 2	2.884 5	1.314 0	2.124 0	2.872 1
$\overline{\pi}_1$	0.450 0	0.438 2	0.425 6	0.412 1	0.438 0	0.424 8	0.410 3
$\sum_{m=1}^{n}\pi_2^m$	0.450 0	1.307 4	2.101 5	2.823 3	1.306 7	2.098 0	2.813 6
$\overline{\pi}_2$	0.450 0	0.435 8	0.420 3	0.403 3	0.435 6	0.419 8	0.401 9

说明：① 即期情形下的基准进入价格 p_{ik} 均为第 m 次交易均衡时的均衡进入价格，而长期情形下的基准进入价格是每一次交易实现均衡时的均衡进入价格。② 即期情形下第 m 次交易均衡时的市场份额为近似值，只是二者差距相当小，近似相等。如，当 $m=3$ 时，$n_{B1}=0.500\ 000\ 001\ 0 > n_{B2}=0.499\ 999\ 999\ 5$。

命题 3.1　双寡头双边平台企业竞争，若两平台企业均采取价格歧视策略且 $r_1 < r_2$，则：

(a) 无论是追求即期利润最大化还是长期利润最大化，p_{ik} 均随 m 的增加而增加且 $p_{i2} > p_{i1}$；同时，有 $p_{ik}|_{ST} > p_{ik}|_{LT}$；

(b) 当两平台企业追求长期利润最大化时，n_{Ak}^m 随 m 的增加而减少，而 n_{Bk}^m 随 m 的增加而增加，且 $n_{i2}^m > n_{i1}^m$；

(c) 无论是追求即期利润最大化还是长期利润最大化，$\sum_{m=1}^{n}\pi_1^m > \sum_{m=1}^{n}\pi_2^m$，$\overline{\pi}_1 > \overline{\pi}_2$ 且平均利润随 m 的增加而减少；同时，有 $\sum_{m=1}^{n}\pi_k^m\big|_{ST} > \sum_{m=1}^{n}\pi_k^m\big|_{LT}$ 且 $\overline{\pi}_k|_{ST} > \overline{\pi}_k|_{LT}$。

证明　横向比较表 3.4 中 2 ~ 5 行，可得命题 3.1(a)。类似地，纵向比较表 3.4 中 6 ~9 行和 10 ~ 13 行，可分别得到命题 3.1(b) 和 3.1(c)。

命题 3.1 表明，双边平台企业无论是追求即期利润最大化还是长期利润最大化，实施较大价格歧视比率的平台企业 2 制定较高的基准进入价格 p_{ik}，但获得的累积利润小于平台企业 1 获得的累积利润，且每次交易的平均利润也小于平台企业 1 的每次交易平均利润。也就是说，同等竞争条件下，价格歧视比率较大的平台企业将会处于不利竞争地位。其原因在于，由于平台企业根据实际进入价格获得利润，即 $p_{ik}^m = [1-(m-1)r_k]p_{ik}$。当 $r_2 > r_1$ 时，$p_{i2}^m < p_{i1}^m$，由于占主导地位的是最终用户的实际进入价格而不是市场份额，所以尽管价格歧视率较大的企业在市场份额上占据优势，但获得的利润较小，即 $\sum_{m=1}^{n}\pi_1^m > \sum_{m=1}^{n}\pi_2^m$。同时，命题 3.1(b) 表明，采取较大价格折扣率且追求长期利润最大化的策略，较容易在短期内突破在位企业的阻碍，成功进入市场。此外，该命题还表明，对于平台企业而言，追求即期利润将比追求长期利润有利，且用户交易次数越多，对平台企业 2 越不利。当 $m \to \infty$，平台企业 2 可能出现负利润，即价格歧视策略并不总是有效的，应当将最终用户的交易次数限定在一定范围内或者通过降低价格歧视比率实现控制。

3. 社会福利角度

社会福利可通过平台企业利润和两侧最终用户效用之和来衡量。对于交易 m 次的最终用户 A 而言，其通过加入平台企业获得的总效用为：

$$U_A = \sum_{m=1}^{n}\int_0^{n_{A1}}\{v_A - [1-(m-1)r_1]p_{A1} - t_A x + \alpha_A n_{B1}\}\,dx + \sum_{m=1}^{n}\int_{n_{A1}}^{1}\{v_A - [1-(m-1)r_2]p_{A2} - t_A(1-x) + \alpha_A n_{B2}\}\,dx \tag{3.5}$$

同理，最终用户 B 通过加入平台企业获得的总效用为：

$$U_B = \sum_{m=1}^{n}\int_0^{n_{B1}}\{v_B - [1-(m-1)r_1]p_{B1} - t_B x + \alpha_B n_{A1}\}\,dx + \sum_{m=1}^{n}\int_{n_{B1}}^{1}\{v_B - [1-(m-1)r_2]p_{B2} - t_B(1-x) + \alpha_B n_{A2}\}\,dx \tag{3.6}$$

因而，社会总福利为：

$$W = \sum_{i=1}^{2} \pi_i + U_A + U_B \tag{3.7}$$

将表3.4所得均衡解及式(3.5)和式(3.6)代入式(3.7),可得两种情形下的社会福利,计算结果如表3.5所示。

表3.5　两种情形下社会福利

变量	无价格歧视	价格歧视					
		即期情形			长期情形		
	$m=1$	$m=3$	$m=5$	$m=7$	$m=3$	$m=5$	$m=7$
$\sum_{m=1}^{n} U_A^m$	1.375 0	4.177 0	7.055 2	10.019 8	4.178 0	7.060 3	10.034 6
$\overline{U}_A$	1.375 0	1.392 3	1.411 0	1.431 4	1.392 7	1.412 1	1.433 5
$\sum_{m=1}^{n} U_B^m$	2.175 0	6.552 9	10.972 1	15.437 0	6.551 5	109 676	15.429 6
$\overline{U}_B$	2.175 0	2.184 3	2.194 4	2.205 3	2.183 8	2.193 5	2.204 2
$\sum_{m=1}^{n} W^m$	4.450 0	13.352 2	22.257 2	31.164 8	13.350 0	22.250 0	31.149 9
$\overline{W}$	4.450 0	4.450 7	4.451 4	4.452 1	4.450 0	4.450 0	4.450 0

说明:长期情形下m次交易的平均社会福利为近似值,只是二者差距相当小,近似相等。

命题3.2　双寡头双边平台企业竞争,若两平台均采取价格歧视策略且$r_1 < r_2$,有$\sum_{m=1}^{n} U_A^m \big|_{ST} < \sum_{m=1}^{n} U_A^m \big|_{LT}$,$\sum_{m=1}^{n} U_B^m \big|_{ST} > \sum_{m=1}^{n} U_B^m \big|_{LT}$和$\sum_{m=1}^{n} W^m \big|_{ST} > \sum_{m=1}^{n} W^m \big|_{LT}$,且$\overline{U}_A$、$\overline{U}_B$和$\overline{W}$随$m$的增加而增加。

证明　证明过程类似于命题3.1。

命题3.2表明,双边平台企业实施价格歧视策略,无论是追求即期利润最大化还是长期利润最大化,均不会损害社会福利,且最终用户i每次交易的平均效用$\overline{U}_i$和相应的平均社会福利$\overline{W}$均随交易次数的增加而增加。也就是说,当平台企业实施价格歧视策略时,能够减少交易成本,有利于社会福利的改善。同时发现,平台企业追求即期利润最大化所增加的社会福利大于其追求长期利润最大化所增加的社会福利。

命题3.1和命题3.2表明:

(1)当双边平台企业采取价格歧视策略时,追求长期利益最大化的思想并不适用,反而追求每一期利润最大化对平台企业有利。

(2)不论价格歧视比率高与低,也不论平台企业追求长期利润最大化还是短期利润最大化,价格歧视策略总是不利于平台企业,而有利于两边用户。

(3)对双边平台企业而言,价格歧视策略并不总是有效的,应当将最终用户的交易次数限定在一定范围内或者通过降低价格歧视比率实现控制。

4. 结果讨论

本节构建的基于交易次数的双边平台企业价格歧视竞争模型是最简单的模型,所得结论暗含着其他一些条件,如所有用户都选择相同的交易次数、两边最终用户都是完全单归属、贴现率为零、最终用户对平台企业的偏好不随交易次数的变化而变化、平台企业能够完美地得到最终用户交易次数的信息等。通过不断引入这些隐含的条件,可以得出更加符合现实的双边平台企业价格歧视竞争模型。尽管如此,命题 3.1 和命题 3.2 所得结论,对双边平台企业采取价格歧视策略具有一定的启示。如,折扣率并非越高越好,实施价格歧视的时间也并非越长越好,"功利主义"思想适用于双边平台企业的运营等等。

另外,尽管该模型基于交易次数而构建,但并不拘泥于此。通过改变利润函数,可以扩展到消费积分制、交易量等类型的价格歧视策略。下面 5.3 节中静态搭售模型可以演变为基于最终用户不同偏好的双边平台价格歧视模型。

本 章 小 结

本章首先界定了双边市场的概念,即继续沿用 Rochet & Tirole(2006a)给出的定义,指出了双边市场的三个特征,并给出了双边平台企业的五种分类方法;其次,阐述了双边市场的基本理论,并对与之相关的理论,诸如网络外部性理论、单边市场理论、中间层理论、双边匹配理论、多产品定价理论等进行了区别;第三,给出了本研究将双边平台企业竞争策略按照价格竞争策略和非价格策略分类的依据,并给出了两种策略包含的一些常见策略;最后,简单地介绍了一般性定价模型,并基于此构建了基于交易次数的双边平台企业价格歧视竞争模型,得出追求长期利益最大化的思想并不适合于平台企业,且价格歧视策略总是不利于平台企业而有利于两边用户的结论。

第4章　双边平台企业的重叠业务策略

重叠业务策略(Overlapping Operations Strategy)是现实中众多企业都采取的一种竞争策略。在双边平台企业中,重叠业务的本质在于通过改变同侧最终用户的数量而追求利润最大化,其结果往往表现为最终用户的多归属。然而,平台企业的业务重叠并不等同于最终用户的多归属。本章首先对重叠业务策略进行阐述,并辨析了与之相近的概念;之后,从短期角度构建一次性静态博弈模型,研究短期内重叠业务策略对最终用户均衡进入价格、均衡市场份额、平台企业利润及社会福利所产生的影响;之后,运用动态微分博弈方法,将静态模型扩展为动态模型。

4.1　重叠业务策略

4.1.1　策略阐述

完全无差异或者完全差异化的双边平台企业在现实中并不常见,更为普遍的情形是:经营(部分)重叠业务的平台企业。如房屋租赁中介平台企业,某些中介企业只能提供高中档房屋的信息,而另一些中介企业则只能提供中低档房屋的信息,因而,中档房屋的信息就是中介平台企业的重叠业务;再如家乐福和沃尔玛、亚马逊和当当、人民日报和光明日报、交通银行的各类信用卡(太平洋信用卡、世博信用卡、上海旅游卡、白金信用卡等)及招商银行的各类信用卡(无限卡、白金卡、标准信用卡等12个系列)等,这些双边平台(企业)都经营重叠业务或部分重叠业务。平台企业选择重叠业务策略,自然地将两边同侧的最终用户分为三类:一是自身忠诚的最终用户,二是可竞争的最终用户,三是不可获得的最终用户,该策略的本质就是在持续保有第一类最终用户的基础上,尽可能最大限度地获得第二类最终用户,进而增加潜在的市场份额,实现利润最大化。该策略不仅可以解决平台企业自身面临的“鸡蛋相生”问题(Caillaud & Jullien,2002;Sun & Tse,2007),且还可以减少竞争对手的客户基,进而达到遏制竞争对手的目的。

根据重叠业务比例多少的不同,可将其分为三类:

(1)无重叠业务策略,即重叠业务比例 $r=0$。如各种专卖店、专题展览会、学术期刊及经营独家代理的商店等,彼此经营完全不同的产品或业务。

(2)部分重叠业务策略,即重叠业务比例 $0<r<1$。如谷歌和百度、各类信用卡、Windows 和 Unix 等,其基本业务都是相同的,但其衍生业务有所不同,甚至差异较大。

(3)完全重叠业务策略,即重叠业务比例 $r=1$。该情形在现实中并不常见,与大型超市比较,校园内的小仓买(即小商店)可近似为是经营完全重叠业务的平台企业。从某个角度而言,完全差异化策略等同于完全无重叠业务策略,而完全无差异策略等同于完全重叠业务策略。

4.1.2　相关概念

1. 多归属性

Evans(2003a)通过一系列的例子指出,多归属是双边平台企业的一个特征。所谓多归属(Multi-homing)是指同侧最终用户可以同时加入一个、两个或者更多的平台企业。与之相对的是单归属(Single-homing),即同侧最终用户只加入一个平台企业。前者如在大型超市中某些商品的独家经销权,消费者只选择 Windows 而不选择 Unix 等;后者如信用卡平台中,消费者持有多张信用卡以及商家接受所有银联的卡等。现实中,两边最终用户均为单归属的情形较少,一些双边平台可近似地认为属于该类情形,如房屋中介所、婚介所、酒吧等。

若某两个存在水平差异化的平台企业经营重叠业务,则在同侧三类最终用户中,理性的第一类和第三类最终用户必然选择单归属,而理性的第二类用户有可能选择(部分)多归属;若某两个存在垂直差异化的平台企业经营重叠业务时,在同侧三类最终用户中,理性的第一类和第三类最终用户必然选择多归属,而理性的第二类用户有可能选择单归属。可见,多归属与重叠业务间存在直接联系,多归属是重叠业务比例的外在衡量指标,即通过最终用户的多归属(垂直差异情形)或者单归属(水平差异情形)占同侧总的最终用户的比例来衡量。可见,平台企业的业务重叠并不等同于最终用户的多归属。二者的区别在于:

(1)研究角度不同。重叠业务是从平台企业的角度展开研究,隶属于企业战略规划层面的研究内容,因而,属于管理学中战略管理的研究范畴;而多归属则以最终用户为研究出发点,从最终用户的福利及社会总福利的角度展开分析,属于经济学中消费者理论和福利经济学的研究范畴。

(2)存在的范围不同。重叠业务是一种常见的经济现象,不仅存在于双边市场中,而且在传统单边市场中也存在。如企业的多元化运营(海尔和康佳的白色家电业务、移动业务等)、大量生产同质产品企业的存在等。而多归属则是双边市场独有的特性,即时间上的共存。也就是说,最终用户可以选择同时加入两个以上的平台企业,而单边市场中的用户同时只能选择一家企业。

(3)二者之间存在“因果”关系。重叠业务策略是属于企业战略层面的研究内容,正是由于该策略的实施,才导致最终用户可能同时选择多个平台企业。显然,多归属(单归属)则是重叠业务策略的结果。

2. 产品差异化

由于伯川德悖论(Bertrand Paradox)的存在,即生产完全可替代产品的企业会面对无约束的价格竞争,最终均衡价格等于边际成本,经济利润为零(Hotelling,1929),因此,各企业往往实行产品差异化策略,以建立自身特定的消费群获取超额利润。所谓产品差异化策略,是指企业在所提供的产品上造成足以引起购买者偏好的特殊性,使购买者将它与其他企业提供的同类产品相区别,以达到在市场竞争中占据有利地位的目的。常将其分为水平差异化(Horizontal Differentiation)和垂直差异化(Vertical Differentiation)两种类型,前者是指生产出与其他竞争对手具有不同特性的产品,如包装、口味、偏好等;后者是指生产出比其他竞争对手更好的产品,主要是指产品的质量以及产品的升级方面。

重叠业务策略与产品差异化策略的差异表现为以下几个方面:

(1)使用范围不用。重叠业务策略和产品差异化策略都既出现于双边市场,也出现于传统单边市场。但重叠业务策略往往用于描述双边平台企业,而产品差异化策略往往适用于单边市场,二者很少交叉使用。

(2)提供的"产品"不同。二者都是企业战略层面的研究内容,但产品差异化策略往往提供的是实体产品(当然也包含一些无形的服务,如保险公司提供的各类保单),而双边平台企业只提供无形的服务。

(3)产品范围不同。企业采用产品差异化策略,其所经营的产品往往属于范围经济(Economies of Scope)内容,即产品之间存在着纵向及横向联系;而双边平台企业间的服务,可以跨越众多门类,没有相关的限制。如在亚马逊和当当等 B2C 可以买到种类繁多且不相关的商品。

4.2　静态博弈模型

通过构建一个拥有部分重叠业务的水平差异化双边平台企业静态博弈模型,围绕平台企业利润以及社会福利两个角度,对平台企业的均衡价格及均衡市场份额展开分析,进而对重叠业务策略的有效性进行了研究。

4.2.1　模型结构

假设市场上只存在两个拥有部分重叠业务的水平差异化双边平台企业,记为 $k(k=1,2)$,分别位于线段$[0,1]$的两端,且平台企业1总在平台企业2的左端,即平台企业1位于端点0处,而平台企业2位于端点1处。每个双边平台企业面临两组不同的最终用户,记为 $i(i=A,B)$。每个成员异质并只能在平台中展开交易且交易一次。由于双边平台企业 k 之间具有部分重叠业务,因此必有一边最终用户是部分多归属。不妨设部分最终用户 B 必然是部分多归属且属于外生变量,而最终用户 A 是否是部分多归属尚不能确定。

市场结构如图 4.1 所示。

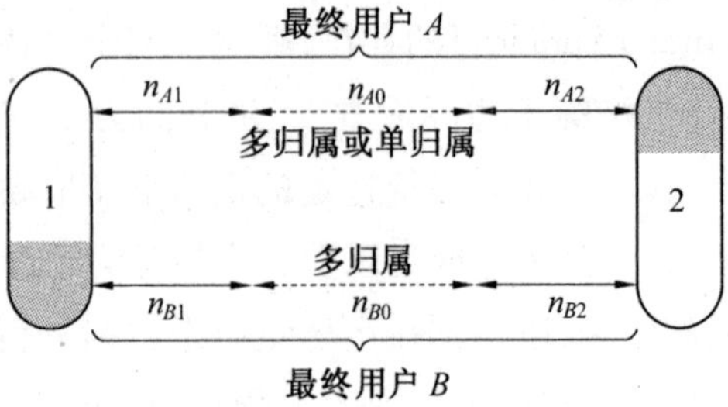

图 4.1　市场结构

距离双边平台企业 k 为 x 的最终用户 i 的效用函数为：

$$u_{ik}=\begin{cases}v_i-p_{ik}-t_ix+\alpha_i(n_{jk}+n_{j0}) & \text{SH}\\ v_i-p_{i1}-p_{i2}-t_i+\alpha_i & \text{MH}\end{cases},i,j=A,B\text{ 且 }i\neq j \tag{4.1}$$

式中：n_{jk} 表示最终用户 i 唯一地加入平台企业 k 时另一端最终用户 j 唯一选择 k 的实际数量；n_{j0} 表示选择同时加入两个平台企业的最终用户 i 的数量；特别地当 $n_{j0}=0$ 表示最终用户 i 是完全单归属，$n_{j0}=1$ 表示最终用户 i 是完全多归属。为了计算方便，将 n_{jk} 单位化处理，即 $n_{jk}(0\leqslant n_{jk}\leqslant 1)$ 表示加入平台企业 k 的最终用户 j 占总的最终用户 j 的市场比例，因而 $n_{A1}+n_{A2}+n_{A0}=1$ 和 $n_{B1}+n_{B2}+n_{B0}=1$。其余变量的含义与前文相同。

4.2.2　平台利润分析

1. 一边单归属一边部分多归属

为了保证最终用户 A 为完全单归属而最终用户 B 为部分多归属的双边市场存在以及均衡解的存在及合理，还需有如下假设：① $t_A>\alpha_A$ 和 $t_B<\alpha_B$（Poolsombat & Gianluigi，2006）；② $4t_At_B>(\alpha_A+\alpha_B)^2$（Armstrong，2006）。其中，假设①保证当双边平台企业 k 在收取非负价格时，最终用户 A 是完全单归属，而最终用户 B 是部分多归属；假设②确保利润函数 π_k 是凹函数且存在纳什均衡解。

根据标准 Hotelling 模型，最终用户 i 基于效用最大化原则选择双边平台企业 k。因此，对于最终用户 A 而言，均衡时必有：

$$u_{A1}(p_{A1},x,n_{B1})=u_{A2}(p_{A2},1-x,n_{B2})$$

即：

$$v_A-p_{A1}-t_Ax+\alpha_A(n_{B1}+\bar{n}_{B0})=v_A-p_{A2}-t_A(1-x)+\alpha_A(n_{B2}+\bar{n}_{B0}) \tag{4.2}$$

否则最终用户 A 会不断调整直到在两个双边平台企业获得相等的效用为止。令 $x=n_{A1}$，表示加入平台企业 1 的最终用户 A 的市场需求。进而 $1-x=1-n_{A1}$，表示加入平台企业 2 的最终用户 A 的市场需求。

最终用户 B 也满足类似的均衡条件：

$$u_{B1}(p_{B1},y,n_{A1})=u_{B2}(p_{B2},1-y-\bar{n}_{B0},n_{A2})$$

即：

$$v_B-p_{B1}-t_By+\alpha_Bn_{A1}=v_B-p_{B2}-t_B(1-y-\bar{n}_{B0})+\alpha_Bn_{A2} \tag{4.3}$$

令 $y=n_{B1}$，表示加入双边平台企业1的最终用户 B 的市场需求；$1-y-\bar{n}_{B0}=n_{B2}$，表示加入平台企业2的最终用户 B 的市场需求。

联立式(4.2)与式(4.3)，可得：

$$\begin{cases}n_{A1}=\dfrac{1}{2}-\dfrac{\alpha_A(p_{B1}-p_{B2})+t_B(p_{A1}-p_{A2})}{2(t_At_B-\alpha_A\alpha_B)}\\ n_{B1}=\dfrac{1}{2}(1-\bar{n}_{B0})-\dfrac{\alpha_B(p_{A1}-p_{A2})+t_A(p_{B1}-p_{B2})}{2(t_At_B-\alpha_A\alpha_B)}\end{cases}$$

进而，可得：

$$\begin{cases}n_{A2}=\dfrac{1}{2}-\dfrac{\alpha_A(p_{B2}-p_{B1})+t_B(p_{A2}-p_{A1})}{2(\alpha_A\alpha_B-t_At_B)}\\ n_{B2}=\dfrac{1}{2}(1-\bar{n}_{B0})-\dfrac{\alpha_B(p_{A2}-p_{A1})+t_A(p_{B2}-p_{B1})}{2(t_At_B-\alpha_A\alpha_B)}\end{cases}$$

双边平台企业 k 的利润函数分别为：

$$\begin{cases}\pi_1=(p_{A1}-c_{A1})n_{A1}+(p_{B1}-c_{B1})(n_{B1}+\bar{n}_{B0})\\ \pi_2=(p_{A2}-c_{A2})n_{A2}+(p_{B2}-c_{B2})(n_{B2}+\bar{n}_{B0})\end{cases} \tag{4.4}$$

其中，c_{ik} 表示双边平台企业 k 每接受一个最终用户 i 所支出的成本。Rochet & Tirole(2003)认为，研究两双边平台企业因接受两边最终用户所耗费的成本有较大的差异而产生的价格歧视是无意义的。据此，同时为了计算方便，令 $c_{A1}=c_{A2}=c_A$ 和 $c_{B1}=c_{B2}=c_B$。

命题4.1　在最终用户 A 是完全单归属而最终用户 B 是部分多归属的双寡头平台企业竞争情形下，若多归属部分为 $\bar{n}_{B0}$，则均衡时双边平台企业 k 将按照如下的方式定价，即：

$$p_{Ak}=t_A+c_A-\alpha_B(1+\bar{n}_{B0}),p_{Bk}=t_B(1+\bar{n}_{B0})+c_B-\alpha_A$$

证明　将 n_{A1}、n_{A2}、n_{B1} 和 n_{B2} 分别代入 π_k，并联立求解 $\partial\pi_k/\partial p_{ik}=0$，可得。

需要注意命题4.1的成立暗含着一个前提：v_i 是一个较大的正数，能保证所有最终用户都至少加入一个平台，即市场完全覆盖。很显然，双边平台企业 k 对最终用户 i 索取相等的价格。其中，对最终用户 A 的索价等于豪特林价格(Hotelling Price)t_A 加上 c_A(Hotelling,1929)减去交叉网络外部性所产生的影响 $\alpha_B(1+\bar{n}_{B0})$。对最终用户 B 的索

价等于豪特林价格 $t_B(1+\bar{n}_{B0})+c_B$ 减去交叉网络外部性所产生的影响 α_A。

当多归属部分为 $\bar{n}_{B0}$，即重叠业务比例为 $\bar{n}_{B0}$，双寡头双边平台企业均实施均衡价格时，有：

$$n_{Ak}=\frac{1}{2},n_{Bk}=\frac{1}{2}(1-\bar{n}_{B0})$$

$$\pi_k=\frac{1}{2}t_B(1+\bar{n}_{B0})^2-\frac{1}{2}(\alpha_A+\alpha_B)(1+\bar{n}_{B0})+\frac{1}{2}t_A$$

这意味着，实现均衡时，两个双边平台企业将平分两边最终用户，且获得相等的利润。也就是说，双边平台企业 k 每接受一个最终用户 i 所支出的成本 c_{ik} 仅仅影响双边平台企业制定的均衡价格，但不影响其相应的市场份额和利润所得。

命题 4.2　在最终用户 A 是完全单归属而最终用户 B 是部分多归属的双寡头平台企业竞争情形下，若多归属部分为 $\bar{n}_{B0}$ 且实现均衡时，p_{Ak} 随 $\bar{n}_{B0}$ 的增加而降低，p_{Bk} 随 $\bar{n}_{B0}$ 的增加而升高，但 p_{Ak} 与 p_{Bk} 之间的关系不定。

证明　求 p_{Ak} 和 p_{Bk} 对 $\bar{n}_{B0}$ 的一阶导数即可。

命题4.2前半部分说明：部分重叠业务对最终用户 A 有利，而对最终用户 B 不利。其原因在于，部分重叠业务一方面降低了双边平台企业间的差异化程度，增加了各平台企业中最终用户 B 的市场规模，使得平台企业对最终用户 A 的争夺更为激烈，而降价不失为一种有效竞争手段，最终导致 p_{Ak} 随着 $\bar{n}_{B0}$ 的增加而减少。这意味着“价格战”容易发生在单归属方且重叠业务较为严重的双边平台企业中。现实生活中，大型超市容易发生“价格战”的原因就在于此。另一方面，部分重叠业务的本质是增加了两双边平台企业间的距离，即由单位1增加为 $1+\bar{n}_{B0}$，相应地，交通费用由 t_B 变为 $t_B(1+\bar{n}_{B0})$。为了补偿额外支出的交通成本，相应地 p_{Bk} 将增加 $t_B\bar{n}_{B0}$，因而导致 p_{Bk} 随着 $\bar{n}_{B0}$ 的增加而增加。命题4.2后半部分说明：双边平台企业并不总是对多归属部分制定较高的价格。这与Armstrong(2006)得出的，平台企业总是对多归属一方制定较高价格获取利润，而对单归属方实施补贴的结论相背离。其原因在于：该情形下的均衡价格受 t_k、c_k、α_k 和 $\bar{n}_{B0}$ 的共同影响。尽管 $\bar{n}_{B0}$ 的增加会导致 p_{Ak} 降低，p_{Bk} 增加，但 t_k、c_k 和 α_k 之间的关系并不能确定，所以 p_{Ak} 与 p_{Bk} 之间的关系不定，即不能得出平台企业总是对多归属一方制定较高价格获取利润，而对单归属方实施补贴的结论。

特别地，若 $\bar{n}_{B0}=0$，该模型将退化为两边最终用户均为单归属的完全差异的双寡头平台企业竞争模型；若 $n_{B1}=n_{B2}=0$，该模型将退化为最终用户 A 为单归属而最终用户 B 为无差异的多归属双寡头平台企业竞争模型,即"竞争瓶颈(Competitive Bottlenecks)"模型。这两种情形与 Armstrong(2006) 的分析一致。若 $n_{B2}=0$(或 $n_{B1}=0$),即双边平台企业1(或双边平台企业2) 的规模足够大以至于能够经营所有种类的产品,即覆盖整个市场,而平台企业2(或平台企业1) 由于规模小或者市场定位等原因,只经营平台企业1(或平台企业1) 中的部分产品,即覆盖部分市场。下面将着重分析第三种情形。

若 $n_{B2}=0$ 且 $\bar{n}_{B0}\neq 0$,对于最终用户 A 而言,依然按照效用最大化原则选择双边平台企业 k,即:

$$v_A - p_{A1} - t_A x + \alpha_A = v_A - p_{A2} - t_A(1-x) + \alpha_A \bar{n}_{B0} \tag{4.5}$$

同样,令 $x=n_{A1}$,则 $1-x=1-n_{A1}$,可得:

$$\begin{cases} n_{A1} = \dfrac{1}{2} + \dfrac{(p_{A2}-p_{A1}) + \alpha_A(1-\bar{n}_{B0})}{2t_A} \\[2ex] n_{A2} = \dfrac{1}{2} + \dfrac{(p_{A1}-p_{A2}) - \alpha_A(1-\bar{n}_{B0})}{2t_A} \end{cases} \tag{4.6}$$

将式(4.6) 带入式(4.4),可得命题4.3。

命题4.3　在最终用户 A 是完全单归属而最终用户 B 是部分多归属的双寡头平台企业竞争情形下,若多归属部分为 $\bar{n}_{B0}$,且平台企业2覆盖部分市场($n_{B2}=0$),则均衡时双边平台企业 k 将按照如下的方式定价:

$$p_{A1} = t_A + c_A + \frac{1}{3}\alpha_A(1-\bar{n}_{B0})$$

$$p_{A2} = t_A + c_A - \frac{1}{3}\alpha_A(1-\bar{n}_{B0})$$

p_{kB} 无均衡解

证明　p_{A1} 与 p_{A2} 的证明同命题4.1。

p_{Bk} 的证明:根据 Tirole(1997) 对产品空间的论述,当 $\max p_{B1} < v_B - t_B + \alpha_B$ 时,平台企业1将完全覆盖最终用户 B;而当且仅当 $\min p_{B2} > v_B - t_B + \alpha_B$ 时,平台企业2才能覆盖部分最终用户 B。$p_{B1} \cap p_{B2} = \varnothing$,即双边平台企业1与双边平台企业2在最终用户 B 是完全独立决策的,因而无均衡解。命题4.3证毕。

在该情形下,很显然,有 $p_{A1} > p_{A2}$,$p_{B2} > p_{B1}$,$n_{A1} > n_{A2}$,$n_{B1} > n_{B2}$,$\pi_{A1} > \pi_{A2}$。即平台企业1在完全覆盖最终用户 B 且平台企业2覆盖部分最终用户 B 的情形下,平台企业1可以对最终用户 A 索取高价,并且获得较高的市场份额和较大的利润,而 π_{B1} 与 π_{B2} 的关系不定。当 $p_{B1} > p_{B2}\bar{n}_{B0} - c_B(1-\bar{n}_{B0})$ 时,平台企业1在最终用户 B 市场也获得较大的利润;

反之，将获得较小的利润。此外，p_{A1} 与 $\bar{n}_{B0}$ 呈反向关系，而 p_{A2} 与 $\bar{n}_{B0}$ 呈正向关系。该模型可以解释为何校园中的大超市总是可以制定较高的价格，而不必担心购买人群的减少；而小仓买制定低价却不能吸引更多的顾客。

2. 两边均为部分多归属

同样，为了保证最终用户 i 均为部分多归属的双边市场的存在及均衡解的存在和合理，须满足如下假设：③$t_A < \alpha_A$ 和 $t_B < \alpha_B$（Poolsombat & Gianluigi，2006），④$\alpha_A^2 + \alpha_B^2 + 6\alpha_A\alpha_B > 8t_At_B$；⑤$t_A + c_A < (\alpha_A + \alpha_B)(1 + \bar{n}_{0B})/2 < 2t_A + c_A$；其中，假设③与假设④的作用与前文假设①与假设②的作用相同，而假设⑤确保最终用户 A 中多归属部分的市场份额介于(0,1)之间。

最终用户 i 仍然基于效用最大化原则选择双边平台企业 k。因此，对最终用户 A 而言，均衡时必有 $u_{A1}(p_{A1},x,1-n_{B2}) = u_{A2}(p_{A2},1-n_{A0}-x,1-n_{B1}) = u_{A0}(p_{A1},p_{A2},n_{A0})$，即最终用户 i 选择单归属和多归属所获得的效用也相同。

$$v_A - p_{A1} - t_Ax + \alpha_A(n_{B1} + \bar{n}_{B0}) = v_A - p_{A2} - t_A(1 - x - n_{A0}) + \alpha_A(n_{B2} + \bar{n}_{B0}) = v_A - p_{A1} - p_{A2} - t_A + \alpha_A(1 + \bar{n}_{B0}) \tag{4.7}$$

同样，令 $x = n_{A1}$，则 $1 - x = n_{A2} + n_{A0}$。

对最终用户 B，则有：

$$u_{B1}(p_{B1},x,1-n_{A2}) = u_{B2}(p_{B2},1-x-\bar{n}_{B0},1-n_{A1})$$

即：

$$v_B - p_{B1} - t_By + \alpha_B(1 - n_{A2}) = v_B - p_{B2} - t_B(1 - y - \bar{n}_{B0}) + \alpha_B(1 - n_{A1}) \tag{4.8}$$

同样，令 $y = n_{B1}$，则 $1 - y - \bar{n}_{B0} = n_{B2}$。

联立式(4.7)与式(4.8)，可得：

$$\begin{cases} n_{A1} = 1 - \dfrac{\alpha_A(1+\bar{n}_{B0}) - p_{A2}}{2t_A} + \dfrac{t_A\alpha_A(p_{B1} - p_{B2}) + \alpha_A\alpha_Bp_{A1} - t_At_Bp_{A2}}{2t_A(\alpha_A\alpha_B - t_At_B)} \\ n_{A2} = 1 - \dfrac{\alpha_A(1+\bar{n}_{B0}) - p_{A1}}{2t_A} + \dfrac{t_A\alpha_A(p_{B2} - p_{B1}) + \alpha_A\alpha_Bp_{A2} - t_At_Bp_{A1}}{2t_A(\alpha_A\alpha_B - t_At_B)} \\ n_{B1} = \dfrac{1}{2}(1 - \bar{n}_{B0}) + \dfrac{\alpha_B(p_{A1} - p_{A2}) + t_A(p_{B1} - p_{B2})}{2(\alpha_A\alpha_B - t_At_B)} \end{cases}$$

进而，可得：

$$\begin{cases} n_{A0} = \dfrac{\alpha_A(1+\bar{n}_{B0}) - t_A - (p_{A1} + p_{A2})}{t_A} \\ n_{B2} = \dfrac{1}{2}(1 - \bar{n}_{B0}) + \dfrac{\alpha_B(p_{A2} - p_{A1}) + t_A(p_{B2} - p_{B1})}{2(\alpha_A\alpha_B - t_At_B)} \end{cases}$$

双边平台企业 k 的利润函数分别为：

$$\begin{cases}\pi_1 = (p_{A1} - c_A)(1 - n_{A2}) + (p_{B1} - c_B)(1 - n_{B2}) \\ \pi_2 = (p_{A2} - c_A)(1 - n_{A1}) + (p_{B2} - c_B)(1 - n_{B1})\end{cases} \tag{4.9}$$

命题 4.4　在两边最终用户均为部分多归属，且最终用户 B 的重叠业务比例为 $\bar{n}_{B0}$ 的双寡头平台企业竞争情形下，均衡时双边平台企业 k 将按照如下的方式定价：

$$p_{Ak} = \frac{1}{2}c_A + \frac{1}{4}(1 + \bar{n}_{B0})(\alpha_A - \alpha_B)$$

$$p_{Bk} = c_B + (1 + \bar{n}_{B0})t_B + \frac{2c_A\alpha_A - (1 + \bar{n}_{B0})(3\alpha_A\alpha_B + \alpha_A^2)}{4t_A}$$

证明　同命题 4.1 的证明。

该命题的成立同样需要 v_i 是一个较大的正数，能保证所有最终用户都至少加入一个平台，即市场完全覆盖的假定。很显然，双边平台企业 k 仍然对最终用户 i 索取相等的价格。其中，对最终用户 A 的索价等于 $c_A/2$ 加上直接网络外部性产生的影响 $\alpha_A(1 + \bar{n}_{B0})/4$，再减去间接网络外部性产生的影响 $\alpha_B(1 + \bar{n}_{B0})/4$。对最终用户 B 的索价等于豪特林价格 $t_B(1 + \bar{n}_{B0}) + c_B$ 加上间接网络外部性所产生的影响 $[2c_A\alpha_A - \alpha_A^2(1 + \bar{n}_{B0})]/4t_A$，再减去直接网络外部性所产生的影响 $3\alpha_A\alpha_B(1 + \bar{n}_{B0})/4t_A$。

两边最终用户均为部分多归属且最终用户 B 的重叠业务比例为 $\bar{n}_{B0}$ 的双寡头双边平台企业制定均衡价格时，有：

$$n_{Ak} = 1 - \frac{(\alpha_A + \alpha_B)(1 + \bar{n}_{B0}) - 2c_A}{4t_A}$$

$$n_{A0} = \frac{(\alpha_A + \alpha_B)(1 + \bar{n}_{B0}) - 2c_A - 2t_A}{2t_A}$$

$$n_{Bk} = \frac{1}{2}(1 - \bar{n}_{B0})$$

$$\pi_k = \frac{[8t_At_B - 4\alpha_A\alpha_B - (\alpha_A + \alpha_B)^2](1 + \bar{n}_{B0})^2 + 4c_A^2}{16t_A}$$

即均衡时，两个双边平台企业依然将平分两边最终用户，且获相等的利润。

命题 4.5　当两边最终用户均为部分多归属，且最终用户 B 的重叠业务比例为 $\bar{n}_{B0}$ 的双寡头平台企业竞争实现均衡时，若 $\alpha_A < \alpha_B + 4(t_At_B - \alpha_A\alpha_B)/\alpha_A$，$p_{Ak}$ 随着 $\bar{n}_{B0}$ 的增加而减少，p_{Bk} 随着 $\bar{n}_{B0}$ 的增加而增加；若 $\alpha_B + 4(t_At_B - \alpha_A\alpha_B)/\alpha_A < \alpha_A < \alpha_B$，$p_{Ak}$ 和 p_{Bk} 均随着

$\bar{n}_{B0}$ 的增加而减少；若 $\alpha_A > \alpha_B$，p_{Ak} 随着 $\bar{n}_{B0}$ 的增加而增加，p_{Bk} 随着 $\bar{n}_{B0}$ 的增加而减少。p_{Ak} 与 p_{Bk} 之间的关系不确定。

证明　求 p_{Ak} 和 p_{Bk} 对 $\bar{n}_{B0}$ 的一阶导数即可。

命题4.5说明，在两边最终用户均为部分多归属的情形下，p_{Ak} 和 p_{Bk} 与 $\bar{n}_{B0}$ 之间的关系较为复杂。其原因在于增加重叠业务比例 $\bar{n}_{B0}$ 不仅导致间接网络外部性的变化，而且还导致直接网络外部性的变化，最终结果取决于二者之间的总效应。而 p_{Ak} 与 p_{Bk} 之间的关系不确定的原因同前文。

若 $\bar{n}_{B0}=0$，该模型将退化为最终用户 B 是完全单归属而最终用户 A 是部分多归属的双寡头平台企业竞争模型，与前一节相同；若 $n_{B2}=0$（或 $n_{B1}=0$），双边平台企业1（或双边平台企业2）将覆盖整个最终用户 B，而平台企业2（或平台企业1）只能覆盖部分最终用户 B；若 $\bar{n}_{B0}=1$，该模型将退化为最终用户 A 为部分多归属而最终用户 B 为完全多归属的双寡头平台企业竞争模型。对第二种和第三种两类极端情形的分析可得命题4.6。

命题4.6　在两边最终用户均为部分多归属，且最终用户 B 的重叠业务比例为 $\bar{n}_{B0}$ 的双寡头平台企业竞争情形下：

（a）若平台企业2没有经营特色产品（$n_{B2}=0$），均衡时双边平台企业 k 将按照如下的方式定价：

$$p_{A1}=\frac{c_A+\alpha_A}{2}$$

$$p_{A2}=\frac{c_A+\alpha_A\bar{n}_{B0}}{2}$$

p_{Bk} 无均衡解

（b）若最终用户 B 为完全多归属（$\bar{n}_{B0}=1$），均衡时双边平台企业 k 将按照如下的方式定价：

$$p_{ik}=\frac{c_A+\alpha_A}{2}$$

$$p_{Bk}=t_B+c_B$$

证明　（a）若 $n_{B2}=0$，则对于最终用户 A 而言，有：

$$v_A-p_{A1}-t_Ax+\alpha_A=v_A-p_{A2}-t_A(1-x-n_{A0})+\alpha_A\bar{n}_{B0}=$$
$$v_A-p_{A1}-p_{A2}-t_A+\alpha_A(1+\bar{n}_{B0}) \tag{4.10}$$

同样,令 $x = n_{A1}$,则 $1 - x - n_{A0} = n_{A2}$。

求解,可得:

$$n_{A1} = 1 - \frac{\alpha_A \bar{n}_{B0} - p_{A2}}{t_A}$$

$$n_{A2} = 1 - \frac{\alpha_A - p_{A1}}{t_A}$$

$$n_{A0} = \frac{\alpha_A(1 + \bar{n}_{B0}) - t_A - (p_{A1} + p_{A2})}{t_A}$$

将上式带入式(4.9),并联立求解 $\partial\pi_k/\partial p_{ik} = 0$,可得命题 4.6(a)。

(b) 若 $n_{B2} = 1$,对于最终用户 A 而言,有:

$$v_A - p_{A1} - t_A x + \alpha_A = v_A - p_{A2} - t_A(1 - x - n_{A0}) + \alpha_A = v_A - p_{A1} - p_{A2} - t_A + 2\alpha_A \quad (4.11)$$

同样,令 $x = n_{A1}$,则 $1 - x - n_{A0} = n_{A2}$。

求解式(4.11) 可得:

$$n_{A1} = 1 - \frac{\alpha_A - p_{A2}}{t_A}$$

$$n_{A2} = 1 - \frac{\alpha_A - p_{A1}}{t_A}$$

$$n_{A0} = \frac{2\alpha_A - t_A - (p_{A1} + p_{A2})}{t_A}$$

将上式带入式(4.9),并联立求解 $\partial\pi_k/\partial p_{ik} = 0$,可得命题 4.6(b)。命题 4.6 证毕。

命题 4.6 需要满足 $t_i < \alpha_i$ 和 $\max[\frac{c_A}{\bar{n}_{B0}}, \frac{2(t_A + c_A)}{1 + \bar{n}_{B0}}] < \alpha_A < 2t_A + c_A$,否则均衡解不存在。前者是保证最终用户 A 存在部分多归属,而后者保证其多归属部分介于(0,1)。很显然,在 $n_{B2} = 0$ 时,实现均衡时仍然有 $p_{A1} > p_{A2}$,$p_{B2} > p_{B1}$,$n_{A1} > n_{A2}$,$\pi_{A1} > \pi_{A2}$,即在最终用户 A 为部分多归属的情形下,规模大、品种齐全的平台企业在竞争中仍然是有利的,而最终用户 B 则不存在均衡解。这与最终用户 A 是完全单归属而最终用户 B 是部分多归属的双寡头平台企业竞争情形下所得结论相类似。而在 $\bar{n}_{B0} = 1$ 时,实现均衡时两个双边平台企业将平分两边最终用户,获得相同市场份额和利润。

3. 数值仿真

为了更直观地表现具有重叠业务的双寡头双边平台企业在两种不同情形下的竞争机理,以及清晰地呈现各个均衡变量之间的关系和影响因素对其作用的强度,利用 Maple 对前一节的理论模型做简单的数值仿真。

表 4.1 给出了一些变量的初始赋值。变量初始赋值的选取是任意的,但需满足前文

的假设。表4.1中描述了两组不同的赋值，其中赋值Ⅰ描述的是$\alpha_A < \alpha_B$的情形，而赋值Ⅱ描述的是$\alpha_A > \alpha_B$的情形，所得结果如图4.2～4.4所示。图中粗实线均表示最终用户A是单归属时的均衡价格、市场份额和利润，而细实线则均表示最终用户A是部分多归属时的均衡价格、市场份额和利润；十字虚线均表示的是最终用户A是单归属且$n_{B2}=0$时的均衡价格、市场份额和利润，而实心圆点虚线均表示的是最终用户A是部分多归属且$n_{B2}=0$时的均衡价格、市场份额和利润。此外，最终用户A是部分多归属且$\bar{n}_{B0}=1$时的图形由于仅仅是一个点，图中均未予标出。

表4.1　变量的初始赋值

变量	α_A	α_B	c_A	c_B	t_A（一）	t_A（二）	t_B	$\bar{n}_{0B}$
赋值(a)	0.3	0.5	0.3	0.15	0.6	0.2	0.4	(0,1)
赋值(b)	0.6	0.3	0.3	0.15	0.9	0.4	0.3	(0,1)

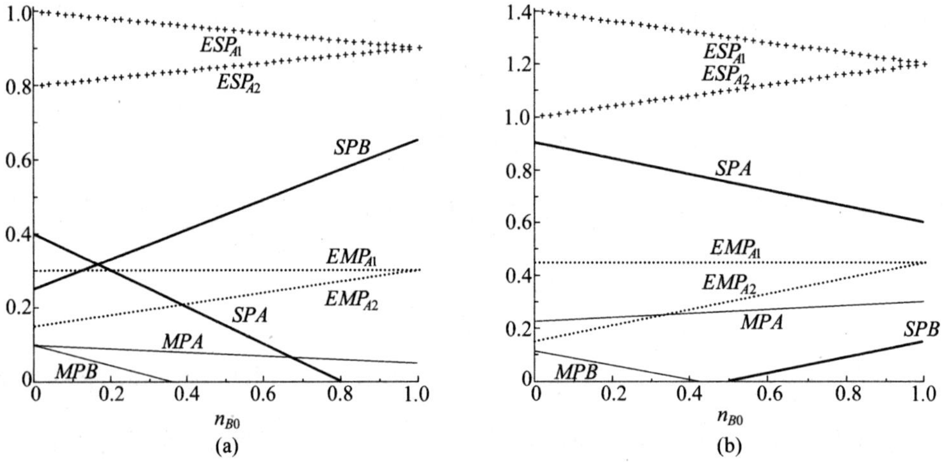

图4.2　价格仿真图

通过对图4.2、图4.3、图4.4及表4.1的分析，可以得出以下几个结论：

（1）在最终用户A是单归属的情形下，不论是在图(a)还是在(b)中，p_{Ak}与$\bar{n}_{B0}$是负相关，而p_{Bk}与$\bar{n}_{B0}$是正相关；而在最终用户A是部分多归属的情形下，p_{Bk}与$\bar{n}_{B0}$是负相关，但p_{Ak}不具备一致单调性，在图4.2(a)中是负相关，在图4.2(b)中却是正相关。这表明交叉网络外部性对平台企业进入价格的制定产生重要影响。此外，Sn_{Ak}与$\bar{n}_{B0}$不相关，而Mn_{Ak}与$\bar{n}_{B0}$负相关，表明重叠业务对完全单归属的最终用户A不产生任何影响。然而，一旦最终用户A存在部分多归属，随着重叠业务比例的增加，各个平台企业的忠诚客户将逐渐减少，最终消失。$S\pi_k$与$\bar{n}_{B0}$是正相关，而$M\pi_k$与$\bar{n}_{B0}$是负相关，表明当最终用户A是完全单归属时，重叠业务策略有利于平台企业，而不利于最终用户；当最终用户A是部分多归属时，重叠业务策略不利于平台企业，而有利于最终用户。

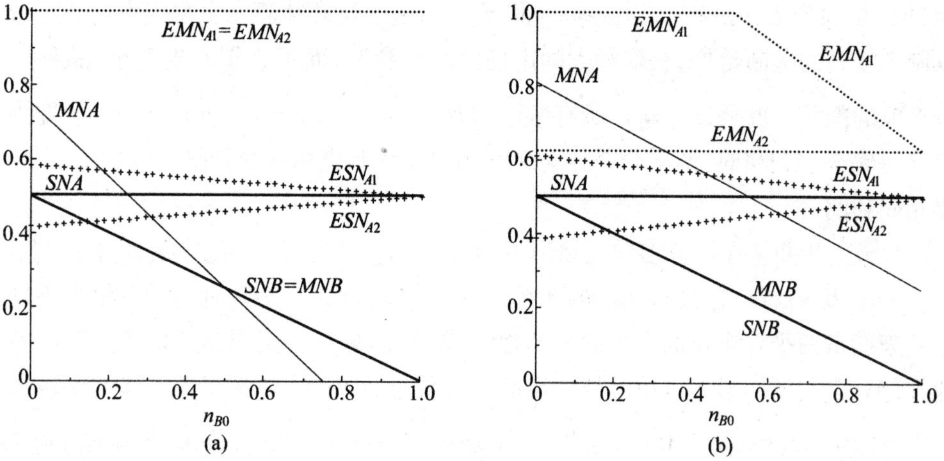

图 4.3　市场份额仿真图

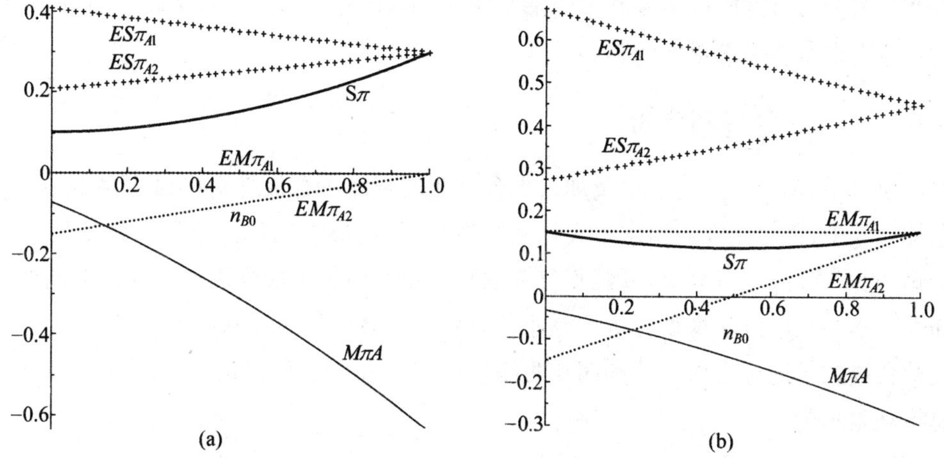

图 4.4　利润仿真图

(2) 无论最终用户 A 是完全单归属还是部分多归属，分别经营特色产品的双寡头平台企业实现均衡时，有 $p_{i1}=p_{i2}, n_{i1}=n_{i2}$ 和 $\pi_1=\pi_2$。但 p_{Ak} 与 p_{Bk} 及 n_{Ak} 与 n_{Bk} 之间的关系较为复杂，即平台企业均衡时制定相同的价格，平分两边的市场和获得相同利润，但并不总是对多归属最终用户制定较高价格，且占据较小的市场份额；而对单归属的最终用户制定低价，占据较大的市场份额。在图 4.2(a) 中，最终用户 A 是完全单归属情形下，当 $\bar{n}_{B0}<0.17$，则 $p_{Ak}>p_{Bk}$；当 $\bar{n}_{B0}>0.17$，则 $p_{Ak}<p_{Bk}$；若最终用户 A 是部分多归属，当 $\bar{n}_{B0}>0.67$，则 $p_{Ak}>p_{Bk}$；当 $\bar{n}_{B0}<0.67$，则 $p_{Ak}<p_{Bk}$。但是在图 4.2(b) 中，若最终用户 A 是完全单归属，则恒有 $p_{Ak}>p_{Bk}$；若最终用户 A 是部分多归属，当 $\bar{n}_{B0}<0.19$，则 $p_{Ak}<p_{Bk}$，当 $\bar{n}_{B0}>0.19$，则 $p_{Ak}>p_{Bk}$。类似地，可以得出在图 4.3 中，n_{Ak} 与 n_{Bk} 之间的详细关系。

(3) 若双边平台企业 2 没有经营特色产品，即 $n_{B2}=0$，当实现均衡时，不论是图(a) 还是图(b),均表现为:$p_{A1} \geqslant p_{A2}$,$n_{A1} \geqslant n_{A2}$ 和 $\pi_{A1} \geqslant \pi_{A2}$。这意味着完全覆盖市场的平台企业可以制定较高的垄断价格,获取较大的市场份额和利润,而不必担心规模小、品种较少的平台企业的削价。此外,$\bar{n}_{B0} = 1$,所有情形均有 $p_{A1} = p_{A2}$,$n_{A1} = n_{A2}$ 和 $\pi_{A1} = \pi_{A2}$。即当最终用户 B 是完全多归属时,两平台企业对最终用户 A 均制定相同的价格,并将平分市场 A 和获得相同利润。

(4) 最终用户 A 在部分多归属情形下的 p_{Ak} 和 p_{Bk} 以及 n_{Ak} 和 n_{Bk} 与完全单归属情形下的 p_{Ak} 和 p_{Bk} 及 n_{Ak} 和 n_{Bk} 没有明确的关系,但恒有 $S\pi_k > M\pi_k$。可通过两种情形下均衡价格之差来衡量两平台企业的竞争激烈的程度,若 $Sp_{Ak} > Mp_{Ak}$ 总是成立时,意味着:两平台企业在部分多归属情形下可以维持较高的均衡价格,即平台企业间竞争程度比较弱。在图 4.2(a) 中,恒有 $Sp_{Bk} > Mp_{Bk}$,而若 $\bar{n}_{B0} < 0.67$,则 $Sp_{Ak} > Mp_{Ak}$;若 $\bar{n}_{B0} > 0.67$,则 $Sp_{Ak} < Mp_{Ak}$。在图 4.2(b) 中,恒有 $Sp_{Ak} > Mp_{Ak}$,而 Sp_{Bk} 与 Mp_{Bk} 不具有可比性。显然,部分多归属与竞争激烈程度之间的关系并不明确。此外,恒有 $S\pi_k > M\pi_k$,意味着多归属不利于理性的双边平台企业追求更大的利润。

4.2.3　社会福利分析

该模型中,两个平台企业以及加入平台企业的两侧所有最终用户,共同组成了一个经济系统。其中,平台企业以追求最大化利润为目标,而最终用户谋求最大化效用,三者相互影响,相互依存,不可分离。因而,仅考虑平台企业而忽视最终用户的管理学视角,具有片面性。本节从经济学视角分析重叠业务策略对社会福利的影响。

社会福利可通过平台企业利润和两侧最终用户效用之和来衡量。因而,该系统的社会总福利表示为:

$$W = \sum_{i=1}^{2} \pi_i + \sum_{i=1}^{2} U_{Ai} + \sum_{i=1}^{2} U_{Bi} \tag{4.12}$$

1. 一边单归属而一边部分多归属

该情形下,加入平台企业 1 和平台企业 2 的最终用户 A 和 B 的总效用函数为:

$$\begin{cases} U_{A1} = \int_0^x v_A - p_{A1} - t_A x + \alpha_A(n_{B1} + \bar{n}_{B0})\mathrm{d}x \\ U_{A2} = \int_x^1 v_A - p_{A2} - t_A(1-x) + \alpha_A(n_{B2} + \bar{n}_{B0})\mathrm{d}x \end{cases} \tag{4.13}$$

$$\begin{cases} U_{B1} = \int_0^y v_B - p_{B1} - t_B y + \alpha_B n_{A1}\mathrm{d}y + \int_y^{y+\bar{n}_{B0}} v_B - p_{B1} - p_{B2} - t_B + \alpha_B \mathrm{d}y \\ U_{B2} = \int_y^{y+\bar{n}_{B0}} v_B - p_{B1} - p_{B2} - t_B + \alpha_B \mathrm{d}y + \int_{y+\bar{n}_{B0}}^1 v_B - p_{B2} - t_B(1-y) + \alpha_B n_{A2}\mathrm{d}y \end{cases} \tag{4.14}$$

其中，$x = n_{A1}$，$y = n_{B1}$。特别地，最终用户 B 中多归属部分，即 $\bar{n}_{B0}$ 的最终用户，将同时在平台企业 1 和平台企业 2 获得效用，即产生相应的社会福利。

根据前文，在最终用户 A 是完全单归属而最终用户 B 是部分多归属的双寡头平台企业竞争情形下，均衡时有：

$$p_{Ak} = t_A + c_A - \alpha_B(1 + \bar{n}_{B0}), p_{Bk} = t_B(1 + \bar{n}_{B0}) + c_B - \alpha_A$$

$$n_{Ak} = \frac{1}{2}, n_{Bk} = \frac{1}{2}(1 - \bar{n}_{B0})$$

将式(4.13)和式(4.14)以及相关的均衡解分别代入式(4.12)，经过化简，可得：

$$\begin{aligned} W = {} & v_A + (1 + \bar{n}_{B0})v_B - 0.5(t_A + t_B - \alpha_A - \alpha_B) - (c_A + c_B) - \\ & \bar{n}_{B0}(3c_B - 2.5\alpha_A + 2t_B\bar{n}_{B0} + 3.5t_B - 1.5\alpha_B) \end{aligned} \tag{4.15}$$

命题 4.7　在最终用户 A 是完全单归属而最终用户 B 是部分多归属的双寡头平台企业竞争情形下，社会总福利与 v_i 和 α_i 正相关，与 t_i 和 c_i 负相关，而业务重叠比例对社会福利的影响不确定。

证明　对 W 与 v_i，α_i，t_i 和 c_i 之间关系的证明，求对应的一阶导数，即可。下面给出 W 与 $\bar{n}_{B0}$ 之间关系的分析：

$$\frac{\partial W}{\partial \bar{n}_{B0}} = v_B + 1.5\alpha_B - 3.5t_B + 2.5\alpha_A - 3c_B - 4t_B\bar{n}_{B0}$$

当 $\frac{2v_B + 3\alpha_B - 7t_B + 5\alpha_A - 6c_B}{8t_B} < 0$ 时，$\frac{\partial W}{\partial \bar{n}_{B0}} < 0$，即社会福利随重叠业务比例的增加而减少；当 $0 < \frac{2v_B + 3\alpha_B - 7t_B + 5\alpha_A - 6c_B}{8t_B} < 1$ 时，则社会福利随重叠业务比例的增加而减少；当 $\frac{2v_B + 3\alpha_B - 7t_B + 5\alpha_A - 6c_B}{8t_B} > 1$ 时，则社会福利随重叠业务比例的增加而增加。命题 4.7 证毕。

命题 4.7 表明，在最终用户 A 是完全单归属而最终用户 B 是部分多归属的双寡头平台企业竞争情形下，提高最终用户加入平台的基本效用、降低交通成本和进入平台的成本均可以提高社会总福利，这与交易成本理论相吻合。而重叠业务是否能够提高社会福利，取决于 v_B，α_A，α_B，c_B 和 t_B 这五个变量之间的相互关系。

2. 两边均为部分多归属

类似地，该情形下，加入平台企业 1 和平台企业 2 的最终用户 A 和 B 的总效用函数分别为：

$$\begin{cases} U_{A1} = \int_0^x v_A - p_{A1} - t_A x + \alpha_A(n_{B1} + \overline{n}_{B0})\mathrm{d}x + \int_x^{x+n_{A0}} v_A - p_{A1} - p_{A2} - t_A + \alpha_A(1 + \overline{n}_{B0})\mathrm{d}x \\ U_{A2} = \int_x^{x+n_{A0}} v_A - p_{A1} - p_{A2} - t_A + \alpha_A(1 + \overline{n}_{B0})\mathrm{d}x + \int_{x+n_{A0}}^1 v_A - p_{A2} - t_A(1-x) + \alpha_A(n_{B2} + \overline{n}_{B0})\mathrm{d}x \end{cases} \tag{4.16}$$

$$\begin{cases} U_{B1} = \int_0^y v_B - p_{B1} - t_B y + \alpha_B(1 - n_{A2})\mathrm{d}y + \int_y^{y+\overline{n}_{B0}} v_B - p_{B1} - p_{B2} - t_B + \alpha_B(1 + n_{A0})\mathrm{d}y \\ U_{B2} = \int_y^{y+\overline{n}_{B0}} v_B - p_{B1} - p_{B2} - t_B + \alpha_B(1 + n_{A0})\mathrm{d}y + \int_{y+\overline{n}_{B0}}^1 v_B - p_{B2} - t_B(1-y) + \alpha_B(1 - n_{A1})\mathrm{d}y \end{cases} \tag{4.17}$$

式中：$x = n_{A1}, n_{A0} = 1 - n_{A1} - n_{A2}, y = n_{B1}$。除了最终用户 B 中 $\overline{n}_{B0}$ 的最终用户外，最终用户 A 中有 n_{A0} 的最终用户也将同时在平台企业 1 和平台企业 2 产生社会福利。

根据前文，在两边最终用户均为部分多归属情形下，各个变量的均衡值分别为：

$$p_{Ak} = \frac{1}{2}c_A + \frac{1}{4}(1 + \overline{n}_{B0})(\alpha_A - \alpha_B), p_{Bk} = c_B + (1 + \overline{n}_{B0})t_B + \frac{2c_A\alpha_A - (1 + \overline{n}_{B0})(3\alpha_A\alpha_B + \alpha_A^2)}{4t_A}$$

$$n_{Ak} = 1 - \frac{(\alpha_A + \alpha_B)(1 + \overline{n}_{B0}) - 2c_A}{4t_A}, n_{A0} = \frac{(\alpha_A + \alpha_B)(1 + \overline{n}_{B0}) - 2c_A - 2t_A}{2t_A}$$

$$n_{Bk} = \frac{1}{2}(1 - \overline{n}_{B0})$$

将其代入式(4.12)，经过化简，可得：

$$\begin{aligned} W = {} & (1 + r)[v_B - c_B - 1.25(\alpha_A + \alpha_B)] + 2.5c_A - 2rc_B + t_A - t_B(3.5r + 0.5 + 2r^2) + \\ & \frac{(1 + r)[v_A + (1 + 2r)(\alpha_A + \alpha_B)] - c_A(4 + 6r)}{2t_A}(\alpha_A + \alpha_B) + \\ & \frac{c_A(2c_A - v_A) + r(1 + r)\alpha_A\alpha_B}{t_A} \end{aligned} \tag{4.18}$$

命题 4.8　两边最终用户均为部分多归属，社会总福利与 v_B 正相关，与 t_B 和 c_B 负相关，不能确定与其他变量的关系。

证明　类似命题 4.7 的证明，通过求解 W 与 $v_i, \alpha_i, t_i, \overline{n}_{B0}$ 和 c_i 之间的偏导数，即可证明。

命题 4.8 表明，在两边最终用户均为部分多归属的情形下，由于各个变量之间相互作用,社会福利的变化更为复杂,很难确定其最终变化。

3. 数值算例

以表4.1中各个变量的赋值为基础,通过数值算例来分析各个变量对社会福利的影响。此外,令 $v_A = v_B = 1.5$,所得结果如图4.5所示。图中粗实线均表示最终用户 A 是单归属时的社会总福利,最终用户 A 的总福利以及最终用户 B 的总福利;而细实线则均表示最终用户 A 是部分多归属时的社会总福利,最终用户 A 的总福利以及最终用户 B 的总福利。

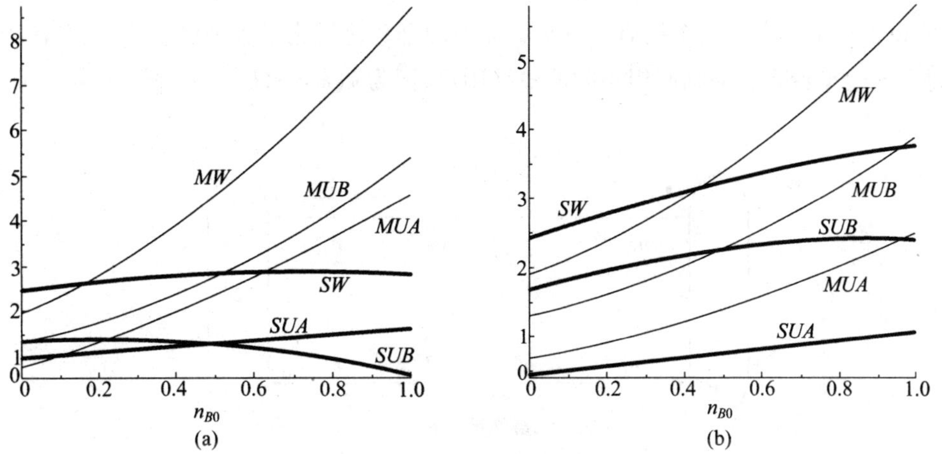

图4.5　社会福利仿真图

通过对图4.5的分析,可以得出以下几个结论:

(1) 最终用户 A 是单归属的情形下,最终用户 A 获得的总效用与重叠业务比例呈正相关,而社会总福利和最终用户 B 获得的总效用与重叠业务比例之间关系不明确;而当最终用户 A 存在多归属的情形下,社会总福利、最终用户 A 获得的总效用及最终用户 B 获得的总效用与重叠业务比例均正相关。在图4.5(a)中,当 $\bar{n}_{B0} < 0.72$,W 与 $\bar{n}_{B0}$ 是正相关;当 $\bar{n}_{B0} > 0.72$,W 与 $\bar{n}_{B0}$ 是负相关;而在图4.5(b)中,W 与 $\bar{n}_{B0}$ 是单调正相关。同样,在图4.5(a)中,当 $\bar{n}_{B0} < 0.21$,U_B 与 $\bar{n}_{B0}$ 是正相关,当 $\bar{n}_{B0} > 0.21$,U_B 与 $\bar{n}_{B0}$ 是负相关;而在图4.5(b)中,当 $\bar{n}_{B0} < 0.92$,U_B 与 $\bar{n}_{B0}$ 是正相关;当 $\bar{n}_{B0} < 0.92$,U_B 与 $\bar{n}_{B0}$ 是负相关。

(2) 相对于单归属而言,没有证据表明多归属有利于提高社会总福利、最终用户 A 获得的总效用及最终用户 B 获得的总效用。在图4.5(a)中,当 $\bar{n}_{B0} < 0.16$ 时,$SW > MW$;当 $\bar{n}_{B0} < 0.08$ 时,$SU_A > MU_A$;反之,则相反。同时,在该情形下,恒有 $SU_B < SU_B$。在图4.5(b)中,当 $\bar{n}_{B0} < 0.43$ 时,$SW > MW$;当 $\bar{n}_{B0} < 0.49$ 时,$SU_B > SU_B$;反之,则相反。同时,在该情形下,恒有 $SU_A < SU_A$。

(3) 当重叠业务比例较大时,两方均为多归属的情形比其中一方为单归属的情形获得较大的社会总福利及较高的最终用户总效用。

4.3 动态微分博弈模型

在 Sun & Tse(2007) 和 Chen & Tse(2008) 的基础上,利用微分博弈方法,从理论上构建了一个具有垂直差异化,且拥有重叠业务的双寡头双边平台企业动态竞争模型。

4.3.1 模型结构

假设市场上只存在两个拥有部分重叠业务的垂直差异化双边平台企业,记为 $i(i=1,2)$,每个双边平台企业面临两组不同的最终用户,记为 $k(k=A,B)$。市场结构如图 4.6 所示。

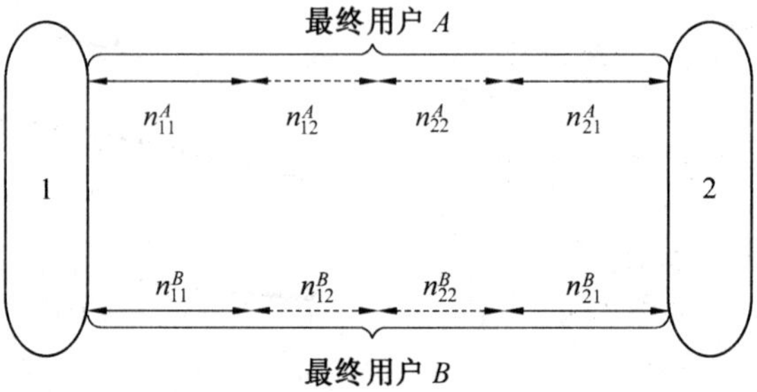

图 4.6 市场结构

其中,$n_{i1}^k(t)(k=A,B;i=1,2)$ 表示 t 时刻选择平台企业 i 的排他性业务而加入平台企业的实际最终用户的数量,即第一类最终用户的实际数量;$n_{i2}^k(t)$ 表示 t 时刻选择平台企业 i 的重叠业务而加入平台企业的实际最终用户的数量,即第二类最终用户;$N_{i1}^k(t)$ 表示 t 时刻第一类最终用户的潜在数量;$N_{i2}^k(t)$ 表示 t 时刻第二类最终用户的潜在数量。

该模型与前文模型的不用之处在于:

(1) 平台企业差异化方式不同。前者两个平台企业具有水平差异化,即经营业务相似度较高;而该模型中的两平台企业则表现为垂直差异化,即所经营业务有明显的质量差异。

(2) 最终用户的度量不同。前者通过市场份额来衡量加入各个平台企业的最终用户的数量,而该模型通过实际加入平台企业的最终用户数量来衡量。

(3) 最终用户 A 的结构不同。前者最终用户 A 以单归属为主,多归属为辅;而后者恰恰相反,以多归属为主,而单归属为辅。

(4) 采用的方法不同。前者采用静态博弈的方法,主要分析均衡解的存在性以及各个变量对均衡值的影响,后者是采用的是微分博弈的方法,侧重于分析均衡解的长期稳定性。

4.3.2　模型分析

假设加入平台企业 i 的最终用户 k 的扩展速度与最终用户的潜在进入数量与实际进入数量之差呈正比（Sun & Tse，2007；Chen & Tse，2008），即动态扩展方程为：

$$\dot{n}_{ij}^{k} = \theta_{ij}^{k}[N_{ij}^{k}(t) - n_{ij}^{k}(t)], i,j = 1,2, k = A,B \tag{4.19}$$

式(4.19)称之为状态方程。该式意味着，若最终用户 k 的潜在加入数量大于实际加入数量，即 $N_{ij}^{k}(t) > n_{ij}^{k}(t)$，加入平台企业 i 的最终用户 k 将以 $\theta_{ij}^{k}(0 < \theta < 1)$ 的速度增加；反之，若最终用户 k 的潜在加入数量小于实际加入数量，即 $N_{ij}^{k}(t) < n_{ij}^{k}(t)$，加入平台企业 i 的最终用户 k 也将以 θ_{ij}^{k} 的速度减少。

此外，根据需求理论以及外部性理论，加入平台企业的潜在最终用户的数量（即潜在最终用户的需求曲线）满足如下条件：

$$\frac{dN_{ij}^{k}}{dp_{i}^{k}} < 0, \frac{dN_{ij}^{k}}{d(\sum N_{i}^{-k})} > 0, \frac{dN_{i1}^{k}}{dr} < 0, \frac{dN_{i2}^{k}}{dr} > 0$$

第一式表示潜在最终用户的数量与进入平台企业的价格成反向关系，即进入价格越高，加入平台企业的最终用户越少；这与经济学中一般需求理论相一致。第二式则衡量了交叉网络外部性，即加入平台企业 i 的最终用户 $-k$（与最终用户 k 相对的另一方最终用户）的潜在数量越大，加入平台企业 i 的最终用户 k 的数量也越多；第三式和第四式阐明了重叠业务的比例对不同类别的最终用户的影响，即第一类最终用户与 r 成反比，而第二类最终用户与 r 成正比。第三式和第四式意味着，当重叠业务比例为零（$r=0$）时，最终用户 A 呈完全多归属，而最终用户 B 呈完全单归属；而当 $r=1$ 时，则相反，最终用户 A 呈完全单归属，而最终用户 B 呈完全多归属。

类似于前文，平台企业 i 的利润函数为：

$$\pi_{i} = \sum_{j=1}^{2} n_{ij}^{A}(t)[p_{i}^{A}(t) - c_{ij}^{A}(t)] + \sum_{j=1}^{2} n_{ij}^{B}(t)[p_{i}^{B}(t) - c_{ij}^{B}(t)] \tag{4.20}$$

各变量的含义均类似于前文，与前文的唯一不同之处在于：所有变量均随时间 t 的变化而变化。

因而，拥有重叠业务的双边平台企业的现值最优控制问题可以表示为：

$$\max_{p_i^k} \int_{0}^{\infty} e^{-\rho t}\left\{\sum_{j=1}^{2} n_{ij}^{A}(t)[p_{i}^{A}(t) - c_{i}^{A}(t)] + \sum_{j=1}^{2} n_{ij}^{B}(t)[p_{i}^{B}(t) - c_{i}^{B}(t)]\right\} \quad \text{s.t.} \tag{4.21}$$

$$\dot{n}_{ij}^{k} = \theta_{ij}^{k}[N_{ij}^{k}(t) - n_{ij}^{k}(t)] \tag{4.19}$$

$$n_{ij}^{k}(0) = n_{ij}^{k}\big|_{t=0} \tag{4.22}$$

其中，式(4.22)表示 $t=0$ 时，n_{ij}^{k} 的初始值；ρ 表示贴现率。

该问题可以转换为相应的现值汉密尔顿函数（Current-Value Hamiltonian Function）求解，即：

$$H_i = \sum_{j=1}^{2} n_{ij}^A(t)[p_i^A(t) - c_{ij}^A] + \sum_{j=1}^{2} n_{ij}^B(t)[p_i^B(t) - c_{ij}^B] + \sum_{k=A}^{B}\sum_{i=1}^{2}\sum_{j=1}^{2} \lambda_{ij}^k(t)\theta_{ij}^k[N_{ij}^k(t) - n_{ij}^k(t)] \tag{4.23}$$

其中,$\lambda_{ij}^k(t) = \mu_{ij}^k(t)e^{-\rho t}$,表示该问题由式(4.20)变为式(4.24)的转移条件。另外,还有$\lim\limits_{t\to\infty}\mu_{ij}^k(t)e^{-\rho t} = 0$和$0 < \rho < 1$。

该现值汉密尔顿函数的求解,除了需要满足式(4.19)和式(4.22)外,还需满足下面的条件:

$$\frac{\partial H_i}{\partial p_i^k} = 0 \tag{4.24}$$

$$\dot{\lambda}_{ij}^k = \rho\lambda_{ij}^k - \frac{\partial H_i}{\partial n_{ij}^k} \tag{4.25}$$

其中,式(4.24)称为正则方程;式(4.25)称为伴随方程,而λ_{ij}^k称为伴随变量。

因而,如果给出所有N_{ij}^k的表达式,上述现值最优控制问题可以得出具体结果。根据Sun & Tse(2007)和Chen & Tse(2008)的研究并结合本书的研究目的,本书假设N_{ij}^k的表达式如式(4.26)~(4.33)所示。

$$N_{11}^A = a_{11}^A - b_{11}^A(p_1^A)^2 + d_{11}^A\sqrt{n_{11}^B + n_{12}^B + n_{22}^B}\,\frac{n_{11}^B + n_{12}^B + n_{22}^B}{n_{11}^B + n_{12}^B + n_{22}^B + n_{21}^B} - e_{11}^A r\sqrt{n_{11}^A + n_{21}^A} \tag{4.26}$$

$$N_{12}^A = a_{12}^A - b_{12}^A(p_1^A)^2 + d_{12}^A\sqrt{n_{11}^B + n_{12}^B + n_{22}^B} + e_{12}^A r\sqrt{n_{11}^A + n_{21}^A} + f_{12}^A(p_2^A)^2 \tag{4.27}$$

$$N_{21}^A = a_{21}^A - b_{21}^A(p_2^A)^2 + d_{21}^A\sqrt{n_{21}^B + n_{12}^B + n_{22}^B}\,\frac{n_{21}^B + n_{12}^B + n_{22}^B}{n_{11}^B + n_{12}^B + n_{22}^B + n_{21}^B} - e_{21}^A r\sqrt{n_{11}^A + n_{21}^A} \tag{4.28}$$

$$N_{22}^A = a_{22}^A - b_{22}^A(p_2^A)^2 + d_{22}^A\sqrt{n_{21}^B + n_{12}^B + n_{22}^B} + e_{22}^A r\sqrt{n_{11}^A + n_{21}^A} + f_{22}^A(p_1^A)^2 \tag{4.29}$$

$$N_{11}^B = a_{11}^B - b_{11}^B(p_1^B)^2 + d_{11}^B\sqrt{n_{11}^A + n_{12}^A + n_{21}^A} - e_{11}^B\sqrt{n_{12}^B + n_{22}^B} \tag{4.30}$$

$$N_{12}^B = a_{12}^B - b_{12}^B(p_1^B)^2 + d_{12}^B\sqrt{n_{11}^A + n_{12}^A + n_{21}^A}\,\frac{n_{11}^A + n_{12}^A + n_{21}^A}{n_{11}^A + n_{12}^A + n_{22}^A + n_{21}^A} + e_{12}^B\sqrt{n_{12}^B + n_{22}^B} + f_{12}^B(p_2^B)^2 \tag{4.31}$$

$$N_{21}^B = a_{21}^B - b_{21}^B(p_2^B)^2 + d_{21}^B\sqrt{n_{11}^A + n_{22}^A + n_{21}^A} - e_{21}^B\sqrt{n_{12}^B + n_{22}^B} \tag{4.32}$$

$$N_{22}^B = a_{22}^B - b_{22}^B(p_2^B)^2 + d_{22}^B\sqrt{n_{11}^A + n_{22}^A + n_{21}^A}\,\frac{n_{11}^A + n_{22}^A + n_{21}^A}{n_{11}^A + n_{12}^A + n_{22}^A + n_{21}^A} + e_{22}^B\sqrt{n_{12}^B + n_{22}^B} + f_{22}^B(p_1^B)^2 \tag{4.33}$$

其中,$a_{ij}^k > 0$是一个较大的正数,表示最大的潜在市场容量;$b_{ij}^k > 0$表示自身进入价格的敏感度；$f_{i2}^{k}>0$ 表示对竞争对手进入价格的敏感度；$d_{ij}^{k}>0$ 表示交叉网络外部性强度；$e_{ij}^{k}>0$ 表示重叠业务效应。

式(4.26)～(4.33)中，第三项均表示交叉网络外部性对潜在需求函数的影响，即加入平台企业的另一侧最终用户 $-k$ 的数量对加入平台企业最终用户 k 的数量的影响。开方根表示，相对于进入价格对潜在总需求的影响而言，交叉网络外部性影响较小，变化较慢。表达式 $\frac{n_{11}^{B}+n_{12}^{B}+n_{22}^{B}}{n_{11}^{B}+n_{12}^{B}+n_{22}^{B}+n_{21}^{B}}$，$\frac{n_{21}^{B}+n_{12}^{B}+n_{22}^{B}}{n_{11}^{B}+n_{12}^{B}+n_{22}^{B}+n_{21}^{B}}$，$\frac{n_{11}^{A}+n_{12}^{A}+n_{21}^{A}}{n_{11}^{A}+n_{12}^{A}+n_{22}^{A}+n_{21}^{A}}$ 和 $\frac{n_{11}^{A}+n_{22}^{A}+n_{21}^{A}}{n_{11}^{A}+n_{12}^{A}+n_{22}^{A}+n_{21}^{A}}$ 依次表示加入平台企业1的最终用户 B 的市场份额，加入平台企业2的最终用户 B 的市场份额，加入平台企业1的最终用户 A 的市场份额和加入平台企业2的最终用户 A 的市场份额。第四项表示重叠业务比例对潜在总需求曲线的影响。显然，N_{i1}^{k} 是 r 的减函数，而 N_{i2}^{k} 是 r 的增函数，其中，$r=\frac{n_{12}^{B}+n_{22}^{B}}{n_{11}^{B}+n_{12}^{B}+n_{22}^{B}+n_{21}^{B}}$。式(4.27)、式(4.39)、式(4.31)和式(4.33)中第五项表示多归属对潜在需求造成的影响，即此时两平台企业围绕第二类最终用户展开竞争。

将式(4.26)～(4.33)代入式(4.23)，并联立式(4.19)、式(4.22)、式(4.24)和式(4.25)，得出28个未知变量和28个常微分方程构成的常微分方程组。显然，在理论上该方程组存在符号解，但运用Maple并不能解出该方程组的符号解。同时，通过对一些变量赋值，由于奇异点(Singularity)的存在，也无法求解该方程组的数值解。因而，本研究只是给出理论模型，并未对模型进行求解。

4.4　应用实例

同现金和支票相比较，信用卡(Credit Card)这种支付工具由于其独有的特性，如携带方便、安全、优惠、时尚等，已经普遍成为很多国家经济中必不可少的交换手段。从双边市场理论的角度而言，信用卡是典型的双边市场，其两边最终用户分别是信用卡持有人和接受信用卡的商家，而平台企业是发卡行(或者是接收行)。其中，接受信用卡的商家必定具有多归属性，而信用卡持有人有可能是多归属。本节试图通过中国七大银行(见前文)各自发行的信用卡所经营的币种范围，对本章所研究的双边平台企业重叠业务策略进行佐证。中国七大银行信用卡主卡(普通卡)年费标准及经营币种，见表4.2。

从各个银行所经营币种的角度考虑，中国银行发行的中银双币信用卡经营六种货币业务，是业务范围最广的信用卡；之后是中国工商银行发行的牡丹双币贷记卡，经营四种货币业务，其余五家银行发行的信用卡只经营两种货币业务，即人民币和美元。也就是说，中国农业银行、中国建设银行、交通银行、招商银行以及光大银行具有完全重叠业务。

同时，相对于中国银行和中国工商银行而言，上述五家银行只是拥有重叠业务，而没有特色业务。

从七大银行对信用卡持卡人收取年费的绝对数值来看，交通银行收取的年费最高(+23)，其次是招商银行(+17)，接着是中国工商银行、中国农业银行和中国银行，三家银行收取相同的信用卡年费，之后是中国建设银行(-53)，收取年费最便宜的是光大银行(-67)。

因而，单纯地比较各个银行所经营币种及年费之间的关系，我们可以得出：① 在完全重叠业务条件下，五家银行收取的年费按照如下的顺序递减，交通银行、招商银行、中国农业银行、中国建设银行、光大银行。② 在部分重叠业务条件下，即与中国银行和中国工商银行相比，交通银行和招商银行的收费较高，光大银行和中国建设银行的收费较低，而中国农业银行与他们二者的收费相等。

表 4.2　中国七大银行信用卡年费标准和经营币种

信用卡	年费(RMB)	解　释	经营币种
中国工商银行牡丹双币贷记卡	100	免首年年费，其间刷卡 5 次或 5 000 元以上免次年年费。不激活，一年后收年费	人民币、美元、欧元、港币
中国农业银行金穗双币贷记卡	100	免首年年费，其间刷卡 5 次免次年年费。不激活，一年后收年费	人民币、美元
中国建设银行龙卡贷记卡	80 (133)	免首年年费，其间刷卡 3 次免次年年费。不激活，一年后收年费	人民币、美元
中国银行中银双币信用卡	100	免首年年费，其间刷卡 5 次免次年年费。不激活，一年后收年费	人民币、美元、日元、英镑、欧元、港币
交通银行太平洋双币信用卡	140 (117)	免首年年费，其间刷卡 6 次免次年年费。不激活，一年后收年费	人民币、美元
招商银行信用卡	100 (83)	以信用卡批核成功当月为起始月的一年内刷 6 笔(每笔不限金额，不限交易类型)，豁免次年年费	人民币、美元
光大银行信用卡	100 (167)	免首年年费，普卡刷卡 3 次免次年年费。不激活，一年后收年费	人民币、美元

注：①由于中国人民银行对商家支付给信用卡发卡行的折扣率进行了规定(详见《中国银联入网机构银行卡跨行交易收益分配办法》)，因此，仅对信用卡持有人这一方最终用户的进入价格展开分析。②表中第二列括号中数据，表示折算为“刷卡 5 次免次年年费”应该收取的年费。以中国建设银行为例，“刷卡 5 次免次年年费”应收取年费是 133 元，即此时才等同于工行收取的 100 元年费。也就是说，中国

建设银行信用卡的年费小于中国工商银行信用卡的年费。

数据来源：各个银行网站和 http://baike.baidu.com/。

显然，案例中仅有部分结论与命题 4.6 相同，即与中国银行和中国工商银行相比，光大银行和中国建设银行的收费较低，其余结论与本章命题 4.2 和命题 4.6 以及 Armstrong (2006) 得出的结论并不相符。造成这一结果的原因可能在于：

(1) 在现实生活中，各个银行制定的信用卡年费是在考虑多种成本因素，综合多种策略的基础上，制定的一个"折中价格"或"平均价格"，而本书所建模型是高度抽象的双寡头竞争模型，且仅仅考虑了重叠业务策略对进入价格的影响。

(2) 根据图 4.2，最终用户的多归属性对进入价格有很大的影响，然而在案例分析中，我们无法识别信用卡持卡人是单归属还是多归属，只是忽略持卡人的归属性，笼统地将其比较。

(3) 本章所建模型并没有考虑平台企业间的地位对进入价格的影响。

尽管该案例所得结论与本章命题有些不同，但毫无疑问，该案例证明了现实生活中，重叠业务的广泛存在性以及重要性。

本章小结

本章首先阐述了重叠业务策略的含义，指出了双边平台企业采取重叠业务策略的目的，并与多归属、产品差异化等相近的概念进行了辨析；其次，构建了静态重叠业务策略模型，从平台企业利润和社会福利两个角度对模型展开了分析。研究发现，在存在完全单归属最终用户的情形下，单归属最终用户的均衡价格与重叠业务比例呈负相关，而部分多归属最终用户的均衡价格与重叠业务比例呈正相关，"价格战"容易发生在单归属最终用户方且重叠业务较为严重的双边平台企业中；分别经营特色产品双寡头双边平台企业，无论另一边最终用户是单归属还是部分多归属，实现均衡时，同侧最终用户的均衡价格、市场份额、获得的利润均相等。但两边最终用户的均衡价格之间的关系没有定论，较复杂；若某双边平台企业没有经营特色产品，则有特色产品的平台企业将对另一边最终用户制定高价，获得较高的市场份额利润，而另一边最终用户不存在纳什均衡解；若一边最终用户是完全多归属，另一边最终用户无论是单归属还是部分多归属，同侧最终用户的均衡价格、市场份额、获得的利润均相等，且多归属将加剧竞争。之后，将静态模型扩展到动态模型，运用微分博弈的方法，从理论上构建了动态微分重叠业务竞争模型。最后，通过中国七大银行信用卡主卡(普通卡)年费标准及经营币种的实例对文中内容进行了验证。

第 5 章　双边平台企业的搭售策略

搭售(Tie-in Sales)策略是现实中双边平台企业普遍采取的另一种非价格竞争策略。该策略的本质是:通过改变最终用户加入平台所获得的基本效用,来影响加入平台企业的最终用户的数量,进而试图追寻最大化利润,实现平台战略目标。本章首先从经济学角度界定了合法搭售的概念,阐述了传统单边市场搭售理论,并对双边平台企业中常见的搭售方式进行了分类;其次,分别从长期和短期两个角度,构建了动态演化博弈模型和静态博弈模型,研究了搭售策略对双边平台企业竞争产生的影响,并围绕该策略的有效性展开分析。

5.1　搭售策略

5.1.1　概念界定

美国的《知识产权许可反托拉斯指南》(*Antitrust Guidenlines for the Licensing of the Intellectual Property*)中对搭售的定义是:“一方出售一种产品的协议……条件是购买人还要购买不同的(或搭售的)产品,或至少同意将其不从任何其他的供应商处购买该不同(搭售)的产品。”

我国现行法律规范中并未对搭售行为作出具体的界定。《中华人民共和国反不正当竞争法》只对搭售做出了一般性的界定,“经营者销售商品,不得违背购买者的意愿搭售商品或者附加其他不合理的条件。”《<反不正当竞争法>释义》对搭售做了进一步解释:搭售或附加其他不合理的条件是指:经营者利用其经济优势,违背购买者的意愿,在销售一种商品(或提供一种服务)时,要求购买者以购买另一种商品(或接受另一种服务)为条件,或就商品(或服务)的价格、销售对象、销售地区等进行不合理的限制。其中,经营者是指市场交易的主体,如供应商(生产厂家)、批发商或零售商等;搭售或附加不合理条件的行为是经营者对购买者的纵向控制行为,即供应商对批发商、批发商对零售商、零售商对顾客的控制行为;经济优势是指经营者的产品必须具有某种独特的性质,能使购买者产生对它的特殊需求,并且已经形成了一定的市场支配力;搭售或附加不合理条件的行为必须在违背购买者意愿的情况下才是被禁止的。如果购买者自愿接受经营者的附加条件,那么就属于当事人之间协议的组成部分,不存在不正当竞争的问题。

上述两国对搭售的界定主要从不正当竞争的角度出发,运用法律规范手段规定其作为非法竞争策略的成立条件。然而,近年来,一些学者对搭售行为研究表明,并非所有搭售行为都属于不正当竞争，恰当的搭售策略不仅能够提高企业的利润，而且有利于社会福利的改善（Whinston，1990）。

结合有关法律规定、目前相关研究进展及本书研究目的，本书对搭售行为做出如下界定，搭售是指某个商品（包括有形的实体产品和无形的服务）的出售者要求购买者在购买该商品的同时，须购买其指定的另一种（或多种）商品的经济行为。其中，购买者原本意欲购买的商品称为搭售商品（Tying Product），而其必须同时购买的另一种商品称为被搭售商品（Tied Product）。可见，本研究是从经济理论角度研究该商业行为，而不涉及与之相关的，诸如法律、社会公平等规范问题。

需要特别指出，捆绑销售（Bundling Sale，是指经营者将两种以上的商品作为一个销售单位而一次性销售给消费者的行为）与搭售尽管有时通用（如，Microsoft 将 IE Explorer 和 Media 捆绑在 Windows 操作系统销售、当当和亚马逊的免运费服务及送货上门服务、中国移动的剩余话费通知服务等，都既可以认作是捆绑销售，又可以认作是搭售），但二者在产品搭配比例、产品性质、产品的效用等方面仍有所区别（Evans & Salinger，2005；王健，2003）。

5.1.2　搭售类型

搭售的实施在现实中是多种多样的，不同领域的学者出于研究目的和角度的不同，对其有不同的分类方法。

王健（2003）从法律的角度将搭售分为三类：

（1）显性搭售和隐性搭售。前者指搭售非常明确，一看便知；而后者是指并不明显的搭售行为。

（2）契约式搭售和事实性搭售。前者是指明确以契约方式固定下来的搭售；后者是指虽然没有搭售契约，但通过一系列事实可以推定搭售事实存在。

（3）封闭式搭售和开放式搭售。前者是指卖方要求买方必须同时购买被搭售商品，才愿意出售搭售商品；后者是指当竞争者所提供的被搭售商品在品质与价格上与卖方所提供的被搭售商品相同（或类似）时，卖方有有限交易的权利。

Egli（2007）从经济学的角度，根据被搭售商品是否可以变化，将其分为固变比例搭售（Fixed Proportions Tying）和可变比例搭售（Variable Proportions Tying）。

此外，从知识产权的角度而言，可分为一揽子搭售（Bundling Tying）和有必要条件的搭售（Requirements Tying）。前者是指将一系列知识产权保护的产品打包，被许可人只能购买一揽子技术；后者是指将受知识产权保护的部件或产品与不受知识产权保护的产品进行搭售。

5.1.3　搭售实施条件

1. 理论演进

经济学中关于搭售理论的研究是在法院与经济学家的争论中发展起来的（Cai & Kock, 2009；郑西纯, 2003）。从经济学角度来看，搭售理论的发展经历了三个阶段或者三个流派：古典学派（Classic School）、芝加哥学派（Chicago School）和后芝加哥学派（Post-Chicago School）。

古典学派理论的核心是杠杆原理（Leverage Principle，指企业利用其在一个市场上的垄断力量来获得在另一个市场上的垄断力量）。该学派认为：在一个产品（搭售商品）上具有垄断地位的公司，能够通过搭售的方式，将其垄断势力传递到另一个产品（被搭售商品）的市场，进而蚕食该市场消费者的效用。显然，该学派认为搭售行为是非法的，属于不正当竞争，不利于市场经济的发展。芝加哥学派是在批判古典学派理论的基础上逐步产生的。该学派认为，在搭售商品市场和被搭售商品市场同时实现垄断是不可能的，因为杠杆原理必须考虑增加了被搭售商品后，整体商品价格的提高对需求的影响。最终，搭售将降低消费者的交易成本，为消费者提供更低水平的价格和更高水平的产出，而实施搭售的企业不仅不能增加利益，反而会减少利润。同时，该学派认为，如果搭售策略是作为价格歧视的一种手段来促销商品，那么该搭售策略就是合法的。后芝加哥学派对芝加哥学派的批评归纳为五点（Cai & Kock, 2009）：模型过分简单，判断案件时过分依赖经济理论，过分相信市场自律，过分缩小效率的概念，对市场力量着眼过于狭隘的观点。后芝加哥学派从本质上讲与芝加哥学派并没有智识上的分歧。后芝加哥学派基本是对芝加哥学派的搭售理论进行修正，并且引入博弈论分析方法，认为搭售行为能产生限制竞争的后果。

此外，从搭售产生的效能角度而言，古典学派认为搭售具有限制竞争的效果，包括排除竞争对手、提高竞争对手的成本、促进与竞争者的共谋、增加进入障碍、掠夺性定价、逃避价格管制等。而在芝加哥学派看来，搭售不仅没有限制竞争，反而认为搭售普遍存在是有其合理原因的。搭售可以减少成本，增加产出或配置的效率、保证品质、降低产品的销售风险、分担新产品和新市场的风险等。后芝加哥学派与芝加哥学派在搭售产生的效能方面基本持一致的观点。

2. 搭售实施条件

理论上，任何性质上独立的并且完全不同的两类产品，均可以相互搭售。然而，各个企业在实施搭售时，需要考虑是否会构成非法搭售，要尽可能避免造成非法搭售的可能性。在传统经济形态下，非法搭售行为的构成要件包括：经营者具有市场支配地位，存在两种或多种相互独立的可分产品，经营者滥用其市场支配地位的强迫购买行为，损害市场竞争的后果（李剑, 2007）。因此，只要企业的拟采取的搭售方式不满足非法搭售的要件，企业就可以实施该搭售行为。对双边平台企业而言,不论是平台企业还是两边用户中的卖方,在实施搭售过程中仍然需要遵循该原则。此外,双边平台企业中,被搭售的商品不仅包括有形的实体商品(如大型超市提供的免费包装袋,办理信用时获得的赠品),还可以包括无形的服务(如当当和亚马逊的免运费和送货上门服务,家乐福提供的免费班车服务)。

5.1.4　双边平台企业常见搭售方式

双边市场中的搭售行为除了具有传统单边市场搭售的特性外,还表现出一些独特的性质:

1. 实施主体不同

传统单边市场实施搭售的主体是卖方,既可能是生产商,也可能是下游销售商;而双边市场中搭售行为的实施主体除了卖方外,还有可能是平台企业。如当当和亚马逊的免运费策略,就属于平台企业提供的一种搭售行为。

2. 受益对象不同

传统单边市场中,搭售行为的主要受益主体是卖方,即将更多的消费者剩余由消费者转移到卖方;而在双边市场中,不论搭售行为实施的主体是卖方还是平台企业,受益主体除了买方和卖方外,平台企业也将受益。

3. 策略的有效性不同

传统单边市场中,搭售行为的实施主体总能从该行为中获得好处,不论是合法的还是非法的;然而,在下文的分析中,发现该结论在双边市场中并不总是成立。

Amelio & Jullien(2007)将双边平台企业的搭售行为分为三类:第一类是伴随平台服务提供免费的赠品,如大型超市的免费购物袋、当当和亚马逊的免运费服务等;第二类是与垄断产品相关的产品的绑定,如 Microsoft 将 IE Explorer 和 Media 绑定在操作系统上;第三类是为平台的某一侧最终用户提供免费服务,如雅虎和谷歌为广大的网络用户提供的免费搜索服务。

5.2　动态演化博弈模型

模型基本结构类似于本书4.2节,即基于标准 Hotelling 模型构建一个双寡头双边平台企业竞争模型。不同之处在于,本节将主要从演化博弈的角度研究平台企业采取搭售策略对平台企业长期竞争的影响,研究的情形主要集中于两侧最终用户均为单归属,而多归属情形下的搭售行为类似于单归属的研究思路,可以在本节的基础上扩展。

5.2.1 模型结构

假定双边平台企业实施合法的搭售策略，且只有一方最终用户可以购买被搭售商品（现实中，两侧最终用户同时购买被搭售商品的情形也存在，如最终用户一旦在当当或亚马逊达成了交易，他们自然同时选择了特定公司提供的运送服务）。不妨设最终用户 A 可以购买被搭售商品，而最终用户 B 不能购买。距离双边平台企业 k 为 x 的最终用户 A 的效用函数为

$$\begin{cases} u_{Ak} = v_A - p_{Ak} - t_A x + \alpha_A n_{Bk} & \text{不搭售} \\ u_{Ak} = v_A + \theta v_A - p_{Ak} - t_A x + \alpha_A n_{Bk} & \text{搭售} \end{cases} \tag{5.1}$$

其中，$\theta v_A (0 < \theta < 1)$ 是由于最终用户 A 购买平台企业所提供的被搭售商品，获得的额外基本效用；p_{Ak} 是被搭售商品价格与最终用户 A 的进入价格之和。其余变量的含义类似于前文。

距离双边平台企业 k 为 y 的最终用户 B 的效用函数为

$$u_{Bk} = v_B - p_{Bk} - t_B y + \alpha_B n_{Ak} \tag{5.2}$$

同样，式(5.2)中各个变量的含义类似于前文。

此外，需要做出如下说明：

(1) 该模型仅仅考虑搭售主体是双边平台企业的情形，而卖方（即一侧最终用户）作为搭售主体的情形并不适用于本模型。

(2) 被搭售商品是平台企业绑定在交易上的固定比例搭售，即一旦平台企业选择搭售策略，最终用户 A 只能接受被搭售商品。

(3) v_i 足够大，以至于能够覆盖所有最终用户市场。该条件保证了两个平台企业均不会形成局部垄断，而是根据 Hotelling 模式对两侧最终用户展开竞争。

(4) $t_i > \alpha_j (i, j = A, B)$。该条件意味着相对于网络外部性而言，运输成本更为重要（Armstrong，2006）。同时，该假设将排除角点解，即排除均衡时所有同侧最终用户选择加入同一个平台企业的情形。进一步可以得到：$\Gamma = 3t_A t_B - 2\alpha_A \alpha_B - \alpha_B^2 > 0$，$\Delta = 9t_A t_B - \alpha_A \alpha_B - 2(\alpha_A + \alpha_B)^2 > 0$ 和 $\Delta > \Gamma$。

(5) $c_i > 0$，表示被搭售商品的成本。为了简化分析，令最终用户加入平台企业而导致平台企业成本的增加为零，同时令 $c_A = c_B = c$ 且 $c < (\Delta - \Gamma)/t_B$，即两个平台企业在相同搭售成本条件下，可以提供不同效用的被搭售商品。

整个博弈过程是三阶段博弈：第一阶段，平台企业选择是否实施搭售策略；第二阶段，平台企业同时决定两侧最终用户的进入价格，若平台企业选择搭售策略，则被搭售商品的价格包含在进入价格中；第三阶段，两侧最终用户决定加入哪个平台企业。下文的分析将首先构建一次性静态博弈，在此基础上，通过所得利益矩阵进行演化博弈分析，寻找演化稳定策略（ESS）。

5.2.2　一次性博弈

1. 两平台企业均选择不搭售

每个最终用户 i 同样基于效用最大化原则选择双边平台企业 k。因此，对于最终用户 i 而言，均衡时必有 $u_{i1}(p_{i1},x,n_{j1}) = u_{i2}(p_{i2},1-x,n_{j2})$，即

$$v_i - p_{i1} - t_i x + \alpha_i n_{j1} = v_i - p_{i2} - t_i(1-x) + \alpha_i n_{j2} \tag{5.3}$$

否则最终用户 i 会不断调整直到实现在两个双边平台企业获得相等的效用为止。令 $x = n_{i1}$，表示加入平台企业 1 的最终用户 i 的市场需求；$1 - x = 1 - n_{i1}$，表示加入平台企业 2 的最终用户 i 的市场需求。

求解方程(5.3)，可得

$$n_{ik} = \frac{1}{2} + \frac{p_{im} - p_{ik} + \alpha_i(n_{jk} - n_{jm})}{2t_i}, i,j = A,B \text{ 且 } i \neq j,\ k,m = 1,2 \text{ 且 } k \neq m \tag{5.4}$$

上式表明，最终用户 i 的市场份额 n_{ik}，即需求函数，与另一侧最终用户 j 的市场份额 n_{jk} 成正比，而与竞争平台企业的另一侧最终用户 j 的市场份额 n_{jm} 成反比。二者变化的速率均为 $\alpha_i/2t_i$。与标准 Hotelling 模型相比，由于网络外部性的存在 $\alpha_i(n_{jk} - n_{jm})$，最终用户 i 的需求函数对 n_{jk} 和 n_{jm} 变化更为敏感。

双边平台企业 k 的利润函数分别为

$$\pi_k = p_{Ak} n_{Ak} + p_{Bk} n_{Bk} \tag{5.5}$$

将式(5.4) 代入式(5.5)，通过求解一阶偏导数，可以得到

$$p_{ik}^{NN} = t_i - \alpha_j, i,j = A,B \text{ 且 } i \neq j \tag{5.6}$$

命题 5.1　完全单归属情形下的双寡头双边平台企业竞争，若两平台企业均不采取搭售策略，将存在唯一的对称均衡解，且均衡时两平台企业平分两侧最终用户。

该命题，与 Rochet & Tirole(2003,2006a) 和 Armstrong(2006) 所得结论一致，即均衡价格仅仅与运输成本 t_i 和交叉网络外部性强度 α_j 相关。其中，与 t_i 正相关，而与 α_j 负相关。当交叉网络外部性足够大时，均衡价格有可能是负值(Amelio & Jullien,2007)，即平台企业通过对一侧最终用户征收较高价格，而对另一侧最终用户实施补贴。但是根据前面说明(4)，限制了这种情形的出现。

均衡时，两平台企业相应的利润函数为

$$\pi_k^{NN} = \frac{t_A + t_B - \alpha_A - \alpha_B}{2} \tag{5.7}$$

显然，两平台企业的利润与运输成本成正相关，而与交叉网络外部性强度成负相关。

2. 一个平台企业选择搭售

若其中一个平台企业选择搭售，不妨假设平台企业 1 选择了搭售策略，均衡时必有 $u_{A1}(p_{A1},x,n_{B1},\theta_1)=u_{A2}(p_{A2},1-x,n_{B2})$ 和 $u_{B1}(p_{B1},y,n_{A1})=u_{B2}(p_{B2},1-y,n_{A2})$；同时，平台企业 1 的利润函数将变为 $\pi_1=(P_{A1}-c)n_{A1}+p_{B1}n_{B1}$，而平台企业 2 的利润函数仍然保持不变。通过分析，可以得命题 5.2。

命题 5.2 完全单归属情形下的双寡头双边平台企业竞争，若平台企业 1 采取搭售策略而平台企业 2 不采取搭售策略，实现均衡时，两平台企业也存在唯一均衡解。其中，均衡价格分别为

$$\begin{cases}p_{A1}^{TN}=p_{A1}^{NN}+c+\dfrac{\Gamma(\theta_1 v_A-c)}{\Delta}\\ p_{A2}^{TN}=p_{A2}^{NN}-\dfrac{\Gamma(\theta_1 v_A-c)}{\Delta}\end{cases},\begin{cases}p_{B1}^{TN}=p_{B1}^{NN}+\dfrac{t_B(\theta_1 v_A-c)(\alpha_B-\alpha_A)}{\Delta}\\ p_{B2}^{TN}=p_{B2}^{NN}-\dfrac{t_B(\theta_1 v_A-c)(\alpha_B-\alpha_A)}{\Delta}\end{cases}\tag{5.8}$$

均衡市场份额分别为

$$\begin{cases}n_{A1}^{TN}=n_{A1}^{NN}+\dfrac{3t_B(\theta_1 v_A-c)}{2\Delta}\\ n_{A2}^{TN}=n_{A2}^{NN}-\dfrac{3t_B(\theta_1 v_A-c)}{2\Delta}\end{cases},\begin{cases}n_{B1}^{TN}=n_{B1}^{NN}+\dfrac{t_B(\theta_1 v_A-c)(2\alpha_A+\alpha_B)}{2\Delta}\\ n_{B2}^{TN}=n_{B2}^{NN}-\dfrac{t_B(\theta_1 v_A-c)(2\alpha_A+\alpha_B)}{2\Delta}\end{cases}\tag{5.9}$$

式(5.8)和式(5.9)表明，在平台企业 1 选择搭售策略而平台企业 2 选择不搭售策略的情形下，尽管两平台企业仍存在唯一均衡价格，但不再是对称的。此外，与均不采取搭售策略情形下的均衡价格和均衡市场份额相比，除了恒有 $P_{A1}^{TN}>p_{A1}^{NN}$ 外，其余均衡价格及均衡市场份额均存在不确定性关系，取决于 $\theta_1 v_A-c$ 和 $\alpha_B-\alpha_A$。其中，$\theta_1 v_A-c$ 表示最终用户 A 通过被搭售商品获得的净额外效用；而 $\alpha_B-\alpha_A$ 表示不对称网络外部性强度的差异。如果 $\theta_1 v_A<c$，则有 $p_{A1}^{TN}-p_{A1}^{NN}<c$，$0<p_{A2}^{TN}-p_{A2}^{NN}<c$，$n_{A1}^{TN}<n_{A1}^{NN}$，$n_{A2}^{TN}>n_{A2}^{NN}$，$n_{B1}^{TN}<n_{B1}^{NN}$ 和 $n_{B2}^{TN}>n_{B2}^{NN}$，即当被搭售商品的效用小于被搭售商品的成本时，对平台企业 1 而言，向最终用户 A 制定的进入价格并不能补偿被搭售商品的成本，且搭售策略并不能吸引更多最终用户 A 和最终用户 B 的加入；而对平台企业 2 而言，可以向最终用户 A 制定较高的进入价格，且获得较高的市场份额。p_{Bk}^{TN} 与 p_{Bk}^{NN} 之间关系较为复杂，除了受 $\theta_1 v_A-c$ 影响，还受 $\alpha_B-\alpha_A$ 影响。特别地，若 $\alpha_A=\alpha_B$，显然有 $p_{B1}^{TN}=p_{B1}^{NN}$，即是否采取搭售策略对最终用户 B 的进入价格并无影响。如果 $\theta_1 v_A>c$，则有 $p_{A1}^{TN}-p_{A1}^{NN}>c$，$p_{A2}^{TN}-p_{A2}^{NN}<0$，$n_{A1}^{TN}>n_{A1}^{NN}$，$n_{A2}^{TN}<n_{A2}^{NN}$，$n_{B1}^{TN}>n_{B1}^{NN}$ 和 $n_{B2}^{TN}<n_{B2}^{NN}$。

命题 5.2 意味着，在平台企业 1 采取搭售策略而平台企业 2 不采取搭售策略的情形下，搭售并不能保证该平台企业 1 在竞争中总是获得有利地位，即制定较高的进入价格，

获取较大的市场份额和较大的利润；平台企业2也并不总是处于劣势地位，当净额外效用小于零时，选择不搭售策略的平台企业2反而在竞争中处于有利地位。

进一步，可以得到该情形均衡时两平台企业的利润函数。同样由于 $\theta_1 v_A - c$ 和 $\alpha_B - \alpha_A$ 关系的不确定，π_k^{TN} 与 π_k^{NN} 之间的关系也不确定。

$$\begin{cases} \pi_1^{TN} = \pi_1^{NN} + (\theta_1 v_A - c)\dfrac{\Delta - \Gamma + t_B(\alpha_A - \alpha_B + \theta_1 v_A - c)}{2\Delta} \\ \pi_2^{TN} = \pi_2^{NN} - (\theta_1 v_A - c)\dfrac{\Delta - \Gamma - t_B(\alpha_B - \alpha_A + \theta_1 v_A - c)}{2\Delta} \end{cases} \tag{5.10}$$

类似地，我们可以得到当平台企业1采取不搭售而平台企业2采取搭售情形下的均衡价格、均衡市场份额和利润。

$$\begin{cases} p_{A1}^{NT} = p_{A1}^{NN} - \dfrac{\Gamma(\theta_2 v_A - c)}{\Delta} \\ P_{A2}^{NT} = p_{A2}^{NN} + c + \dfrac{\Gamma(\theta_2 v_A - c)}{\Delta} \end{cases}, \begin{cases} p_{B1}^{NT} = p_{B1}^{NN} - \dfrac{t_B(\theta_2 v_A - c)(\alpha_B - \alpha_A)}{\Delta} \\ p_{B2}^{NT} = p_{B2}^{NN} + \dfrac{t_B(\theta_2 v_A - c)(\alpha_B - \alpha_A)}{\Delta} \end{cases} \tag{5.11}$$

$$\begin{cases} n_{A1}^{NT} = n_{A1}^{NN} - \dfrac{3t_B(\theta v_A - c)}{2\Delta} \\ n_{A2}^{NT} = n_{A2}^{NN} + \dfrac{3t_B(\theta v_A - c)}{2\Delta} \end{cases}, \begin{cases} n_{B1}^{NT} = n_{B1}^{NN} - \dfrac{t_B(\theta_2 v_A - c)(2\alpha_A + \alpha_B)}{2\Delta} \\ n_{B2}^{NT} = n_{B2}^{NN} + \dfrac{t_B(\theta_2 v_A - c)(2\alpha_A + \alpha_B)}{2\Delta} \end{cases} \tag{5.12}$$

$$\begin{cases} \pi_1^{NT} = \pi_1^{NN} - (\theta_2 v_A - c)\dfrac{\Delta - \Gamma - t_B(\alpha_B - \alpha_A + \theta_2 v_A - c)}{2\Delta} \\ \pi_2^{NT} = \pi_2^{NN} + (\theta_2 v_A - c)\dfrac{\Delta - \Gamma + t_B(\alpha_A - \alpha_B + \theta_2 v_A - c)}{2\Delta} \end{cases} \tag{5.13}$$

3. 两平台均选择搭售

若两个平台企业均选择搭售策略，均衡时必有 $u_{B1}(p_{B1}, y, n_{A1}) = u_{B2}(p_{B2}, 1 - y, n_{A2})$ 和 $u_{A1}(p_{A1}, x, n_{B1}, \theta_1) = u_{A2}(p_{A2}, 1 - x, n_{B2}, \theta_2)$，且两平台企业的利润函数将都变为 $\pi_k = (p_{Ak} - c)n_{Ak} + p_{Bk}n_{Bk}$。同样的求解过程和分析过程，可得命题5.3。

命题5.3 完全单归属情形下的双寡头双边平台企业竞争，若两平台企业同时采取搭售策略，实现均衡时，两平台企业依然存在唯一均衡解。其中，均衡价格分别为

$$p_{Ak}^{TT} = p_{Ak}^{NN} + c + \frac{(\theta_k - \theta_m)v_A\Gamma}{\Delta}, p_{Bk}^{TT} = p_{Bk}^{NN} + \frac{(\theta_k - \theta_m)v_A t_B(\alpha_B - \alpha_A)}{\Delta} \tag{5.14}$$

均衡市场份额分别为

$$n_{Ak}^{TT} = n_{Ak}^{NN} + (\theta_k - \theta_m)v_A\frac{3t_B}{2\Delta}, n_{Bk}^{TT} = n_{Bk}^{NN} + (\theta_k - \theta_m)v_A\frac{t_B(2\alpha_A + \alpha_B)}{2\Delta} \tag{5.15}$$

式中：$k, m = 1,2$ 且 $k \neq m$。

命题5.3意味着，两平台企业均采取搭售策略的情形下，均衡价格和均衡市场份额同样具有不确定性，原因在于 $\theta_k - \theta_m$ 和 $\alpha_B - \alpha_A$ 不确定。其中，$\theta_k - \theta_m$ 表示在被搭售商品成本相同的条件下，两个平台企业提供被搭售商品的净效用之差。若 $\theta_1 > \theta_2$，即平台企业1提供的被搭售商品所产生的效用大于平台企业2提供的被搭售商品的效用，则有 $p_{Ak}^{TT} - p_{Ak}^{NN} > c$，$n_{Ak}^{TT} > n_{Ak}^{NN}$ 和 $n_{Bk}^{TT} > n_{Bk}^{NN}$。也就是说，平台企业在竞争中，提供较大效用的被搭售商品将对最终用户 A 制定较高价格，同时在两侧最终用户市场获得较大的市场份额。同样由于受 $\alpha_B - \alpha_A$ 的影响，最终用户 B 的进入价格依然具有不确定性。

该情形下，两平台企业的利润函数为

$$\pi_k^{TT} = \pi_k^{NN} + (\theta_k - \theta_m)v_A \frac{\Delta - \Gamma + t_B[\alpha_A - \alpha_B + (\theta_k - \theta_m)v_A]}{2\Delta} \tag{5.16}$$

4. **一次性博弈模型分析**

将四种情形下的两平台企业的利润函数，即式(5.7)、式(5.10)、式(5.13)和式(5.16)放置在同一矩阵中，可得一次性博弈的利润函数矩阵，见表5.1。同时，考虑到利润函数受太多变量影响，在下文的分析中，将集中研究 $\alpha_A = \alpha_B$ 时，即两平台企业具有对称交叉网络外部性，两平台企业的一次性搭售行为。

表5.1 一次性博弈的利润矩阵

平台企业2

平台企业1	不搭售	搭售
不搭售	π_1^{NN}, π_2^{NN}	π_1^{NT}, π_2^{NT}
搭售	π_1^{TN}, π_2^{TN}	π_1^{TT}, π_2^{TT}

命题5.4 完全单归属情形下的双寡头双边平台企业竞争，若每个平台企业均可采取两种策略，搭售与不搭售，那么，在一次性博弈的规则下，有：

(a) 若 $2\theta_2 - \theta_1 \geqslant B$ 且 $\theta_1 < A$，或 $2\theta_2 - \theta_1 < B$，$\theta_1 > A$ 且 $\theta_2 > A$，或 $\theta_2 < A$ 且 $2\theta_1 - \theta_2 \geqslant B$，则(搭售，搭售)策略将是唯一纳什均衡；

(b) 若 $\theta_1 < A$ 且 $\theta_2 < A$，则(不搭售，不搭售)策略将是唯一纳什均衡；

(c) 若 $\theta_1 < A$，$\theta_2 > A$ 且 $2\theta_2 - \theta_1 < B$，或 $2\theta_1 - \theta_2 \leqslant B$，$2\theta_2 - \theta_1 \geqslant B$ 且 $\theta_1 > A$，则(不搭售，搭售)策略将是唯一纳什均衡；

(d) 若 $2\theta_1 - \theta_2 \geqslant B$，$2\theta_2 - \theta_1 \leqslant B$ 且 $\theta_2 > A$，或 $2\theta_1 - \theta_2 < B$，$\theta_1 > A$ 且 $\theta_2 < A$，则(搭售，不搭售)策略将是唯一纳什均衡；

(e) 若 $2\theta_2 - \theta_1 > B$ 且 $2\theta_1 - \theta_2 > B$，则(搭售，不搭售)和(不搭售，搭售)策略将同时是纳什均衡；

(f) 当 $\theta_1 = A(\theta_2 = A)$，搭售策略对于平台企业1(平台企业2)而言，与不搭售策略无差异；若 $\theta_1 = A$ 且 $\theta_2 > A$（$\theta_2 = A$ 且 $\theta_1 > A$），搭售策略是平台企业 2（平台企业 1）的占优策略；若 $\theta_1 = A$ 且 $\theta_2 < A$（$\theta_2 = A$ 且 $\theta_1 < A$），不搭售策略是平台企业 2（平台企业 1）的占优策略。

其中，$A = \frac{c}{v_A}$，$B = \frac{c}{v_A} + \frac{\Delta - \Gamma}{t_B v_A}$。

证明　当 $\alpha_A = \alpha_B$ 时，根据式(5.7)、式(5.10)、式(5.13)和式(5.16)，很容易得出如下关系式：

$$\pi_1^{TN} - \pi_1^{NN} = (\theta_1 v_A - c)\frac{\Delta - \Gamma + t_B(\theta_1 v_A - c)}{2\Delta}$$

$$\pi_1^{TT} - \pi_1^{NT} = (\theta_1 v_A - c)\frac{\Delta - \Gamma + t_B(\theta_1 v_A - 2\theta_2 v_A + c)}{2\Delta}$$

$$\pi_2^{NT} - \pi_2^{NN} = (\theta_2 v_A - c)\frac{\Delta - \Gamma + t_B(\theta_2 v_A - c)}{2\Delta}$$

$$\pi_2^{TT} - \pi_2^{TN} = (\theta_2 v_A - c)\frac{\Delta - \Gamma - t_B(2\theta_1 v_A - \theta_2 v_A - c)}{2\Delta}$$

将 $\theta_1 = A$，$\theta_2 = A$，$2\theta_2 - \theta_1 = B$ 和 $2\theta_1 - \theta_2 = B$ 放入同一坐标轴下。同时，由于前文假设 $0 < c < (\Delta - \Gamma)/t_B$，即 $\Delta - \Gamma + t_B(\theta_k v_A - c) < 0$，因而，可以得图 5.1。其中，点 M 的坐标为 (B,B)，l_1 表示直线 $2\theta_2 - \theta_1 = B$，l_2 表示直线 $2\theta_1 - \theta_2 = B$。

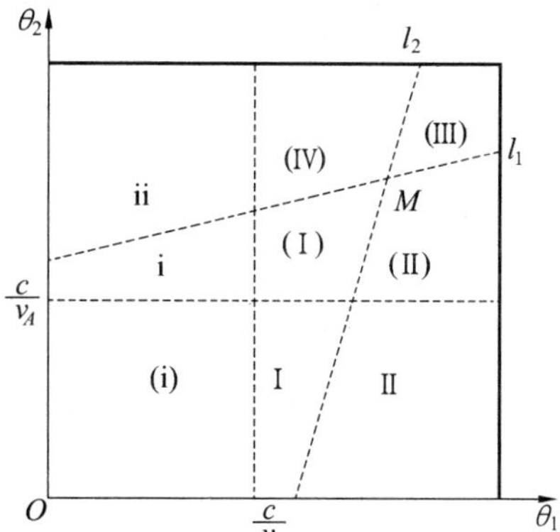

图 5.1　平台企业在四种情形下利润相互关系

根据图 5.1，可以讨论得出 $\pi_1^{TN} - \pi_1^{NN}$，$\pi_1^{TT} - \pi_1^{NT}$，$\pi_2^{NT} - \pi_2^{NN}$ 和 $\pi_2^{TT} - \pi_2^{TN}$ 之间 8 种详细的关系。

① 若 $\theta_1 v_A - c > 0$ 且 $\theta_2 v_A - c > 0$，则恒有 $\pi_1^{TN} > \pi_1^{NN}$ 和 $\pi_2^{NT} > \pi_2^{NN}$；同时，在区域(I)有 $\pi_1^{TT} > \pi_1^{NT}$ 和 $\pi_2^{TT} > \pi_2^{TN}$；在区域(II)有 $\pi_1^{TT} > \pi_1^{NT}$ 和 $\pi_2^{TT} < \pi_2^{TN}$；在区域(III)有 $\pi_1^{TT} < \pi_1^{NT}$ 和 $\pi_2^{TT} < \pi_2^{TN}$；在区域(IV)有 $\pi_1^{TT} < \pi_1^{NT}$ 和 $\pi_2^{TT} > \pi_2^{TN}$。

② 若 $\theta_1 v_A - c > 0$ 且 $\theta_2 v_A - c < 0$，则在区域 I 有 $\pi_1^{TN} > \pi_1^{NN}$，$\pi_1^{TT} > \pi_1^{NT}$，$\pi_2^{NT} < \pi_2^{NN}$ 和 $\pi_2^{TT} < \pi_2^{TN}$；在区域 II 有 $\pi_1^{TN} > \pi_1^{NN}$，$\pi_1^{TT} > \pi_1^{NT}$，$\pi_2^{NT} < \pi_2^{NN}$ 和 $\pi_2^{TT} > \pi_2^{TN}$。

③ 若 $\theta_1 v_A - c < 0$ 且 $\theta_2 v_A - c > 0$，则在区域 i 有 $\pi_1^{TN} < \pi_1^{NN}$，$\pi_1^{TT} < \pi_1^{NT}$，$\pi_2^{NT} > \pi_2^{NN}$ 和 $\pi_2^{TT} > \pi_2^{TN}$；在区域 ii 有 $\pi_1^{TN} < \pi_1^{NN}$，$\pi_1^{TT} > \pi_1^{NT}$，$\pi_2^{NT} > \pi_2^{NN}$ 和 $\pi_2^{TT} > \pi_2^{TN}$。

④ 若 $\theta_1 v_A - c < 0$ 且 $\theta_2 v_A - c < 0$，则在区域(i)有 $\pi_1^{TN} < \pi_1^{NN}$，$\pi_1^{TT} < \pi_1^{NT}$，$\pi_2^{NT} < \pi_2^{NN}$

和 $\pi_2^{TT} < \pi_2^{TN}$。

⑤ 若 $\theta_1 v_A - c = 0$，则有 $\pi_1^{TN} = \pi_1^{NN}$ 和 $\pi_1^{TT} = \pi_1^{NT}$，即对平台企业 1 而言，搭售策略与不搭售策略是无差异的；在此基础上，若 $\theta_2 v_A - c > 0$，则有 $\pi_2^{NT} > \pi_2^{NN}$ 和 $\pi_2^{TT} > \pi_2^{TN}$；若$\theta_2 v_A - c < 0$，则有 $\pi_2^{NT} < \pi_2^{NN}$ 和 $\pi_2^{TT} < \pi_2^{TN}$。

⑥ 若 $\theta_2 v_A - c = 0$，则有 $\pi_2^{NT} = \pi_2^{NN}$ 和 $\pi_2^{TT} = \pi_2^{TN}$，即对平台企业 2 而言，搭售策略与不搭售策略是无差异的；在此基础上，若 $\theta_1 v_A - c > 0$，则有 $\pi_1^{TN} > \pi_1^{NN}$ 和 $\pi_1^{TT} > \pi_1^{NT}$；若$\theta_2 v_A - c < 0$，则有 $\pi_1^{TN} < \pi_1^{NN}$ 和 $\pi_1^{TT} < \pi_1^{NT}$。

⑦ 若 $l_1 = 0$ 且 $\theta_1 v_A - c < 0$，则有 $\pi_1^{TN} < \pi_1^{NN}$，$\pi_1^{TT} = \pi_1^{NT}$，$\pi_2^{NT} > \pi_2^{NN}$ 和 $\pi_2^{TT} > \pi_2^{TN}$；若 $l_1 = 0$ 且 $A < \theta_1 < B$，则有 $\pi_1^{TN} > \pi_1^{NN}$，$\pi_1^{TT} = \pi_1^{NT}$，$\pi_2^{NT} > \pi_2^{NN}$ 和 $\pi_2^{TT} > \pi_2^{TN}$；若 $l_1 = 0$ 且$\theta_1 > B$，则有 $\pi_1^{TN} > \pi_1^{NN}$，$\pi_1^{TT} = \pi_1^{NT}$，$\pi_2^{NT} > \pi_2^{NN}$ 和 $\pi_2^{TT} < \pi_2^{TN}$。

⑧ 若 $l_2 = 0$ 且 $\theta_2 v_A - c < 0$，则有 $\pi_1^{TN} > \pi_1^{NN}$，$\pi_1^{TT} > \pi_1^{NT}$，$\pi_2^{NT} < \pi_2^{NN}$ 和 $\pi_2^{TT} = \pi_2^{TN}$；若 $l_2 = 0$ 且 $A < \theta_2 < B$，则有 $\pi_1^{TN} > \pi_1^{NN}$，$\pi_1^{TT} > \pi_1^{NT}$，$\pi_2^{NT} > \pi_2^{NN}$ 和 $\pi_2^{TT} = \pi_2^{TN}$；若 $l_2 = 0$ 且$\theta_2 > B$，则有 $\pi_1^{TN} > \pi_1^{NN}$，$\pi_1^{TT} < \pi_1^{NT}$，$\pi_2^{NT} > \pi_2^{NN}$ 和 $\pi_2^{TT} = \pi_2^{TN}$。

根据画线法，很容易得出纳什均衡解。命题 5.4 证毕。

命题5.4 给出了 θ_1 和 θ_2 同时是可变变量时，各种纯策略纳什均衡解（Pure-strategy Nash Equilibrium）存在的条件。很显然，该结果比较复杂。事实上，命题 5.4 中所描述的各种情形均存在混合策略纳什均衡（Mixed-Strategy Nash Equilibrium），但混合策略纳什均衡在演化博弈中不可能是演化稳态策略（Cai & Knock，2009），因此，在本研究中忽略混合策略均衡解。

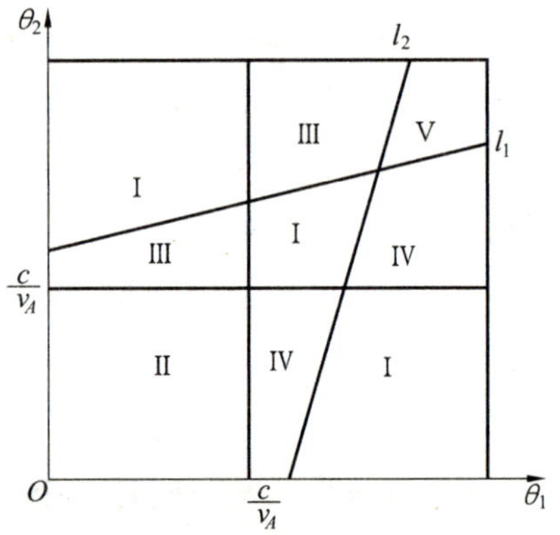

图 5.2　纯策略纳什均衡分布图

将命题 5.4 表现在同一坐标轴下，如图 5.2 所示。其中区域 I，II，III，IV 和 V 依次代表命题 5.4（a），5.4（b），5.4（c），5.4（d）和 5.4（e）。

从命题5.4 和图5.2 发现，平台企业选择较大效用的被搭售商品并不能保证在竞争中处于优势地位；反之，选择较小效用的被搭售商品在竞争中并不总是处于劣势地位。命题 5.4（e）意味着当两个平台企业都选择搭售较大效用的商品，（搭售，不搭售）策略和（不搭售，搭售）策略将同时是纳什均衡解，即出现多重均衡。在 v_A 和 c 固定的情形下，较小的 θ_k 意味着最终用户 A 从被搭售商品获得较小的额外效用。较小的 θ_1 且较大的 θ_2 或者较大的 θ_1 且较小的 θ_2 将会导致纳什均衡解（搭售，搭售）策略的出现，该均衡解优于命题 5.4（e）。命题 5.4（f）给出了不存在纳什均衡的条件，但该情形存在占优策略。所谓占优策略(或称为上策)就是指无论竞争对手选择何种策略,某一策略都是该企业最佳选择的竞争策略的策略(谢识予,2002)。如果 $\theta_1=A$ 且 $\theta_2>A$,搭售策略将是平台企业 2 的占优策略;如果 $\theta_1=A$ 且 $\theta_2<A$,不搭售策略将是平台企业 2 的占优策略。同样地,我们可以得到平台企业 1 的占优策略:若 $\theta_2=A$ 且 $\theta_1>A$,搭售策略是平台企业 1 的占优策略;若 $\theta_2=A$ 且 $\theta_1<A$,不搭售策略是平台企业 1 的占优策略。

在图 5.2 中,当竞争对手选择搭售策略时,直线 l_1 和 l_2 是搭售策略与不搭售策略的无差异曲线。若 $l_1=0$ 且 $\theta_1<A$,(搭售,搭售)策略是唯一的纳什均衡解;若 $l_1=0$ 且 $A<\theta_1<B$,(不搭售,搭售)策略将是唯一的纳什均衡解;若 $l_1=0$ 且 $\theta_1>B$,(搭售,不搭售)策略将是唯一的纳什均衡解。类似地,若 $l_2=0$ 且 $\theta_2<A$,(搭售,搭售)策略是唯一的纳什均衡解;若 $l_2=0$ 且 $A<\theta_2<B$,(搭售,不搭售)策略将是唯一的纳什均衡解;若 $l_2=0$ 且 $\theta_2>B$,(不搭售,搭售)策略将是唯一的纳什均衡解。

5. 数值仿真

为了清晰地表现出上述结论,现通过一个数值算例来说明。假定不论平台企业 1 还是平台企业 2,最终用户 A 所获得的基本基本效用 $v_A=4$ 足够大,能够覆盖两侧最终用户市场;最终用户 A 的运输成本 $t_A=0.6$ 小于最终用户 B 的运输成本 $t_B=1$;最终用户 A 与最终用户 B 的交叉网络外部性强度为 $\alpha_A=\alpha_B=0.2$。被搭售商品的成本 $c=0.4$。很显然,可以得到 $\Delta=5.08>\Gamma=1.68$ 和 $c=0.4<(\Delta-\Gamma)/t_B=3.36$。即该数值分析满足该模型所有条件。给出了 $\theta_2=0.6$ 时,四种情形下的所有利润函数随 $\theta_1\in[0,1]$ 的变化图,所得结果如图 5.3 所示。类似地,可以得出 θ_2 为其他数值时相应的图像。

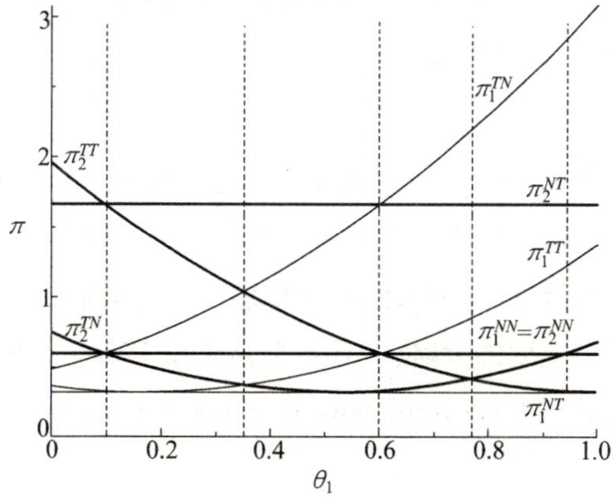

图 5.3　$\theta_2=0.6$ 时的均衡利润

从图 5.3 发现,π_2^{TT} 是 θ_1 的单调减函数,而 π_1^{TN} 是 θ_1 的单调增函数。也就是说,在两平台企业均选择搭售策略时,平台企业 1 被搭售商品的效用越高,对平台企业 2 越不利;而在平台企业 1 选择搭售策略平台企业 2 选择不搭售策略的情形下,平台企业 1 被搭售商品的效用越高,平台企业 1 越有利。π_1^{TT} 和 π_2^{TN} 与 θ_1 不具有单调性,均随 θ_1 先减少后增加。当

$\theta_1 < 0.18$ 时，π_1^{TT} 是 θ_1 的减函数；当 $\theta_1 > 0.18$ 时，π_1^{TT} 是 θ_1 的增函数。当 $\theta_1 < 0.52$ 时，π_2^{TN} 是 θ_1 的减函数；当 $\theta_1 > 0.52$ 时，π_2^{TN} 是 θ_1 的增函数。同时图5.3也表明，π_1^{NT} 和 π_2^{NT} 与 θ_1 无关，这是由于平台企业1选择不搭售造成的。

比较图5.3中各种情形下利润之间的关系，可将其转化为纯策略纳什均衡分布图，如图5.4所示。

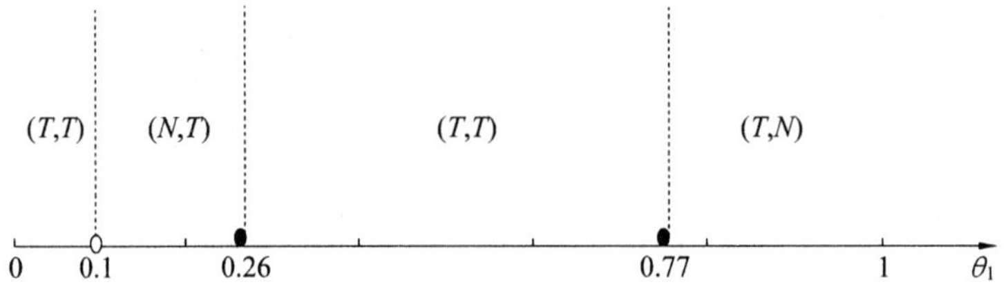

图5.4 $\theta_2 = 0.6$ 时纯策略纳什均衡分布图

需要说明的是，在图5.4中，当 $\theta_1 = 0.1$ 时，将不存在纯策略纳什均衡解，但搭售策略是平台企业2的占优策略；当 $\theta_1 = 0.26$ 时，(不搭售，搭售)策略是唯一的纯策略纳什均衡解；当 $\theta_1 = 0.26$ 时，(搭售，搭售)策略是唯一的纯策略纳什均衡解。

图5.4只是描述了图5.2的一部分，其区域位于 $0.5B < \theta_2 < B$。类似地，我们可以通过改变 θ_2 的数值，得到图5.2其他区域的图像。即该数值仿真结果验证了命题5.4的成立。

5.2.3 演化博弈

在上一节所得一次性博弈利益矩阵的基础上，运用演化博弈的方法，对双边平台企业的长期搭售行为进行分析，并对相关影响因素作了敏感性分析。

1. 演化分析

在演化博弈模型中，博弈参与方是有限理性的，即两个平台企业由于认识上的缺陷或者技术水平的不足等并不拥有博弈所需的全部知识。两个平台企业可以通过不断地学习和模仿来不断地选择有利策略，进而最终实现优胜劣汰，达到稳态。所谓有利策略是指该策略的适应度超过平均适应度的策略(Taylor & Jonker, 1978)。不失一般性，本研究利用演化博弈中常用的复制动态方程(Replicator Dynamic Equations)来描述两个平台企业不断地学习的过程。

设 s_k 是平台企业 $k(k=1,2)$ 采取搭售策略的概率，因而 $1-s_k$ 表示平台企业 k 采取不搭售策略的概率。在表5.1所示的利润矩阵中，平台企业1采取搭售策略的动态复制方程为

$$\frac{ds_1}{dt} = s_1(\pi_1^T - \overline{\pi}_1) \tag{5.17}$$

式中：$\pi_1^N = (1-s_2)\pi_1^{NN} + s_2\pi_1^{NT}$ 表示平台企业1选择不搭售策略时的平均利润，也称之为

适应度；$\pi_1^T=(1-s_2)\pi_1^{TN}+s_2\pi_1^{TT}$ 表示平台企业1选择搭售策略时的平均利润；$\overline{\pi_1}=(1-s_1)\pi_1^N+s_1\pi_1^T$ 表示平台企业1的平均利润，也称之为平均适应度；$\frac{ds_1}{dt}$ 表示平台企业1选择搭售策略的比例随时间变化的动态方程。当 $\pi_1^T-\overline{\pi_1}>0$ 时，平台企业1选择搭售策略的比例将以 $|\pi_1^T-\overline{\pi_1}|$ 的一定比例增加。也就是说，有 $s_1|\pi_1^T-\overline{\pi_1}|$ 的平台企业1由选择不搭售策略转变为选择搭售策略，直到 $\pi_1^T-\overline{\pi_1}=0$ 为止。同样地，当 $\pi_1^T-\overline{\pi_1}<0$ 时，有 $s_1|\pi_1^T-\overline{\pi_1}|$ 的平台企业1由选择搭售策略转变为选择不搭售策略。

将式(5.7)、式(5.10)、式(5.13)和式(5.16)代入式(5.17)，可以得到平台企业1选择搭售策略时的动态复制方程

$$\frac{ds_1}{dt}=(\theta_1v_A-c)s_1(1-s_1)\left[\frac{\Delta-\Gamma+t_B(\theta_1v_A-c)}{2\Delta}-s_2\frac{t_B(\theta_2v_A-c)}{\Delta}\right] \tag{5.18}$$

同样地，可以得到平台企业2选择搭售策略时的动态复制方程

$$\frac{ds_2}{dt}=(\theta_2v_A-c)s_2(1-s_2)\left[\frac{\Delta-\Gamma+t_B(\theta_2v_A-c)}{2\Delta}-s_1\frac{t_B(\theta_1v_A-c)}{\Delta}\right] \tag{5.19}$$

令 $\frac{ds_1}{dt}=0$ 和 $\frac{ds_2}{dt}=0$，求解可以得到该动态复制系统的五个可能均衡点 $E_1(0,0)$，$E_2(0,1)$，$E_3(1,0)$，$E_4(1,1)$ 和 $E_5\left(\frac{\Delta-\Gamma+t_B(\theta_2v_A-c)}{2t_B(\theta_1v_A-c)},\frac{\Delta-\Gamma+t_B(\theta_1v_A-c)}{2t_B(\theta_2v_A-c)}\right)$。其中，$E_5$ 只有当同时满足 $\frac{\Delta-\Gamma+t_B(\theta_1v_A-c)}{2t_B(\theta_2v_A-c)}\in(0,1)$ 和 $\frac{\Delta-\Gamma+t_B(\theta_2v_A-c)}{2t_B(\theta_1v_A-c)}\in(0,1)$ 时，才存在。

定义5.1　对于所有 $s,s^*\in[0,1]$ 且 $s\neq s^*$，如果策略 $(s^*,1-s^*)$ 是一个演化稳态均衡(ESS)，则存在：

(i) $(s^*,1-s^*)A(s^*,w)(s^*,1-s^*)^T\geqslant(s,1-s)A(s^*,w)(s^*,1-s^*)^T$；

(ii) 如果(i)取等号，则有 $(s^*,1-s^*)A(s,w)(s,1-s)^T\geqslant(s,1-s)A(s,w)\cdot(s,1-s)^T$。

其中，$A=\begin{vmatrix}\pi_1^{NN} & \pi_1^{NT}\\ \pi_1^{TN} & \pi_1^{TT}\end{vmatrix}$ 或 $A=\begin{vmatrix}\pi_2^{NN} & \pi_2^{NT}\\ \pi_2^{TN} & \pi_2^{TT}\end{vmatrix}$，表示平台企业1或平台企业2的利润矩阵。

根据定义5.1，如果策略 $(s^*,1-s^*)$ 是ESS，那么，$(s^*,1-s^*)$ 必定是纳什均衡；反之，则不成立。此外，比例 s_k 与概率是不同的两个概念，表现为两方面：① 前者强调的是种群数量中选择某一策略的种群数量，而后者强调的是选择某一策略的随机性；② 比例 s_k 的变化反映的是群体策略的演进过程，而概率变动反映的是个体目标或者信仰的变化(Xiao & Chen,2009)。

根据定义5.1,进一步分析,可得命题5.5。

命题5.5　完全单归属情形下的双寡头双边平台企业竞争,若每个平台企业均有两种策略:搭售与不搭售,那么,从演化博弈的角度分析有:

(a) 若 $\theta_1 < A$ 且 $\theta_2 < A$, $E_1(0,0)$ 是唯一 ESS;

(b) 若 $\theta_1 < A, \theta_2 > A$ 且 $2\theta_2 - \theta_1 < B$,或 $2\theta_1 - \theta_2 < B, 2\theta_2 - \theta_1 > B$ 且 $\theta_1 > A$, $E_2(0,1)$ 是唯一 ESS;

(c) 若 $2\theta_1 - \theta_2 > B, 2\theta_2 - \theta_1 < B$ 且 $\theta_2 > A$,或 $2\theta_1 - \theta_2 < B, \theta_1 > A$ 且 $\theta_2 < A$, $E_3(1,0)$ 是唯一 ESS;

(d) 若 $\theta_1 < A$ 且 $2\theta_2 - \theta_1 > B$,或 $2\theta_1 - \theta_2 < B, 2\theta_2 - \theta_1 < B, \theta_2 > A$ 且 $\theta_1 > A$,或 $\theta_2 < A$ 且 $2\theta_1 - \theta_2 > B$, $E_4(1,1)$ 是唯一 ESS;

(e) 即使 E_5 存在,也不是 ESS;

(f) 若 $\theta_1 = A$,或 $\theta_2 = A$,或 $2\theta_1 - \theta_2 = B$,或 $2\theta_2 - \theta_1 = B$,均不存在 ESS。

证明　根据 Hofbauer & Sigmund(1998) 给出的雅克比矩阵(Jacobian Matrix) 线性求解方法,可得,由式(5.18) 和(5.19) 所构成的复制动态系统的雅克比矩阵如式(5.20) 所示。

$$J = \begin{bmatrix} \dfrac{\partial \frac{ds_1}{dt}}{\partial s_1} & \dfrac{\partial \frac{ds_1}{dt}}{\partial s_2} \\ \dfrac{\partial \frac{ds_2}{dt}}{\partial s_1} & \dfrac{\partial \frac{ds_2}{dt}}{\partial s_2} \end{bmatrix} =$$

$$\begin{bmatrix} (1-2s_1)(\theta_1 v_A - c)\left[\dfrac{\Delta - \Gamma + t_B(\theta_1 v_A - c)}{2\Delta} - s_2 \dfrac{t_B(\theta_2 v_A - c)}{\Delta}\right] & -(\theta_1 v_A - c)s_1(1-s_1)\dfrac{t_B(\theta_2 v_A - c)}{\Delta} \\ -(\theta_2 v_A - c)s_2(1-s_2)\dfrac{t_B(\theta_1 v_A - c)}{\Delta} & (1-2s_2)(\theta_2 v_A - c)\left[\dfrac{\Delta - \Gamma + t_B(\theta_2 v_A - c)}{2\Delta} - s_1 \dfrac{t_B(\theta_1 v_A - c)}{\Delta}\right] \end{bmatrix} \tag{5.20}$$

该复制动态系统的局部稳定性由雅克比矩阵 J 的行列式值和迹决定。对该系统的任意可能均衡点 $E_n(n = 1,2,3,4,5)$,当 $\det J|_{E_n} > 0$ 且 $\mathrm{tr}\, J|_{E_n} < 0$ 时, E_n 是该系统的 ESS;当 $\det J|_{E_n} > 0$ 且 $\mathrm{tr}\, J|_{E_n} > 0$ 时, E_n 是该系统的不稳定点;当 $\det J|_{E_n} < 0$ 且 $\mathrm{tr}\, J|_{E_n} > 0$ 时,或 $\det J|_{E_n} < 0$ 且 $\mathrm{tr}\, J|_{E_n} < 0$ 时, E_n 是该系统的鞍点。由于结果比较复杂,本研究仅关注 ESS,而对鞍点及不稳定均衡点未作考虑。

对于式(5.20) 所示的雅克比矩阵的行列式值和迹依次为

$$\det J = (\theta_1 v_A - c)(\theta_2 v_A - c)(1 - 2s_1)(1 - 2s_2)\left[\frac{\Delta - \Gamma + t_B(\theta_1 v_A - c)}{2\Delta} - \right.$$

$$s_2 \frac{t_B(\theta_2 v_A - c)}{\Delta}][\frac{\Delta - \Gamma + t_B(\theta_2 v_A - c)}{2\Delta} - s_1 \frac{t_B(\theta_1 v_A - c)}{\Delta}] -$$

$$s_1 s_2 (1 - s_1)(1 - s_2) \frac{t_B^2 (\theta_1 v_A - c)^2 (\theta_2 v_A - c)^2}{\Delta^2}$$

$$\mathrm{tr}\, \boldsymbol{J} = (\theta_1 v_A - c)(1 - 2s_1)[\frac{\Delta - \Gamma + t_B(\theta_1 v_A - c)}{2\Delta} - s_2 \frac{t_B(\theta_2 v_A - c)}{\Delta}] +$$

$$(\theta_2 v_A - c)(1 - 2s_2)[\frac{\Delta - \Gamma + t_B(\theta_2 v_A - c)}{2\Delta} - s_1 \frac{t_B(\theta_1 v_A - c)}{\Delta}]$$

对 $E_n(n = 1,2,3,4)$ 的 $\det \boldsymbol{J}$ 和 $\mathrm{tr}\, \boldsymbol{J}$ 进行讨论，所得结果如图 5.5 所示。

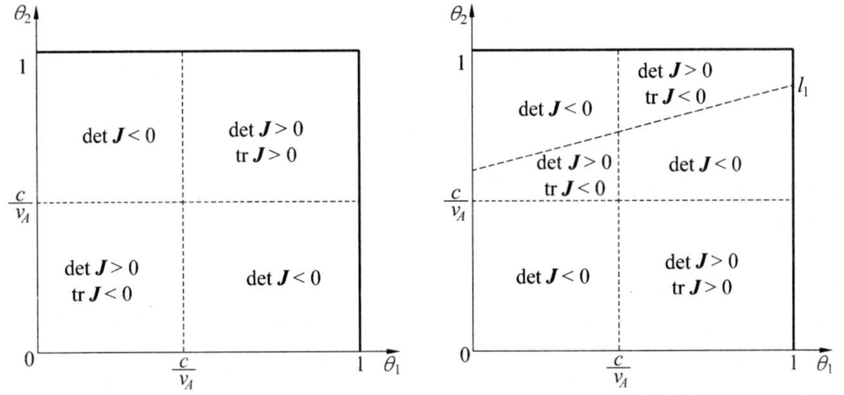

(a)E_1的讨论结果　(b)E_2的讨论结果

(c)E_3的讨论结果　(d)E_4的讨论结果

图 5.5　不同可能均衡值下雅克比矩阵的行列式值和迹

对于 E_5 而言，由于该可能均衡解的存在需要满足：$\frac{\Delta - \Gamma + t_B(\theta_1 v_A - c)}{2t_B(\theta_2 v_A - c)} \in (0,1)$，$\frac{\Delta - \Gamma + t_B(\theta_2 v_A - c)}{2t_B(\theta_1 v_A - c)} \in (0,1)$ 和 $\Delta - \Gamma + t_B(\theta_k v_A - c) > 0$，即 $\Delta - \Gamma + t_B(\theta_1 v_A - 2\theta_2 v_A + c) < 0$ 和 $\Delta - \Gamma + t_B(\theta_2 v_A - 2\theta_1 v_A + c) < 0$，因而，有 $\det \boldsymbol{J} < 0$ 和 $\mathrm{tr}\, \boldsymbol{J} = 0$，即 E_5 不是 ESS。

对 $E_n(n=1,2,3,4,5)$ 的结果进行总结，可以得到命题 5.5。命题 5.5 证毕。

命题 5.5 给出了各个 ESS 存在的条件。很显然，该结果具有对称性且类似于命题 5.4。唯一区别在于，当 $l_1>0$ 且 $l_2<0$ 时，命题5.4 存在多重纳什均衡解，而命题5.5 不存在 ESS。同样地，将命题 5.5 表现在同一坐标轴下，结果如图 5.6 所示。

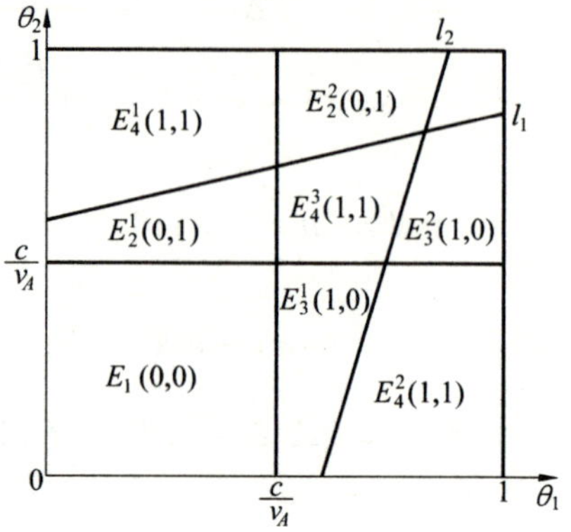

图 5.6　演化稳态策略分布图

命题 5.5(a) 表明，当两个平台企业均搭售较小效用的商品时，(不搭售，不搭售) 策略将是最终演化的稳定状态。该结论意味着，两个平台企业均采取低效用的被搭售商品时，试图通过该策略来吸引更多最终用户加入，从演化博弈的角度而言最终将失败。如果其中一个平台企业增加被搭售商品的效用，而另一个平台企业仍然维持低效用的被搭售商品，那么，ESS将是(搭售，不搭售) 策略或(不搭售，搭售) 策略，表现在图 5.6 中为 $E_3^1(1,0)$ 或 $E_2^1(0,1)$。也就是说，所选被搭售商品效用较高的平台企业将成功地获得更多的最终用户，即搭售策略是成功的且有效的。如果其中一个平台企业搭售相当高效用的被搭售商品，而另一个平台企业则搭售相当低效用的被搭售商品，那么，(搭售，搭售) 策略将是ESS，即图5.6 中的 $E_4^1(1,1)$ 和 $E_4^3(1,1)$。该情形表明，选择低效用的被搭售商品的平台企业，也有可能成功地实现增加最终用户的目的，即出现“双赢” 的结果。如果两个平台企业均实施高效用的被搭售商品，那么，$E_2^2(0,1)$，$E_4^3(1,1)$ 和 $E_3^2(1,0)$ 都是可能的 ESS。特别地，如果被搭售商品的效用相当高，则可能出现不稳定状态，即不存在 ESS。该情形说明，两平台企业都选择较高效用的被搭售商品，可能会形成相互追逐较高效用被搭售商品的情形，最终出现“囚徒困境” 的结局。

根据命题 5.5 和图 5.6，可以计算出每个 ESS 出现的概率，即

$$p_{E_1}=A^2,p_{E_2}=p_{E_3}=0.25-0.5A+0.5M-0.5M^2$$
$$p_{E_4}=(2-1.5A-M)A+0.5M^2,p_{E_5}=0.5\,(1-A-M)^2$$

式中：$M=B-A$。

命题 5.6　完全单归属情形下的双寡头双边平台企业竞争，每个 ESS 出现的概率有如下性质：

(a) 每个 ESS 的概率都与 θ_k 无关。

(b)p_{E_1} 是 A 的单调增函数，p_{E_2}，p_{E_3} 和 p_{E_5} 都是 A 的单调减函数；而 p_{E_4} 不是 A 的单调函数，当 $A<2/3$ 时，p_{E_4} 随 A 的增加而增加；当 $2/3<A<1$ 时，p_{E_4} 随 A 的增加而减少。

(c)p_{E_1} 与 M 不相关，p_{E_4} 是 M 的单调增函数，p_{E_5} 是 M 的单调减函数；而 p_{E_2} 和 p_{E_3} 不均有单调性，当 $M<0.5$ 时，p_{E_2} 和 p_{E_3} 随 M 的增加而增加；当 $0.5<M<1$ 时，p_{E_2} 和 p_{E_3} 随

M 的增加而减少。

证明　通过求解相应的一阶偏导数即可证明。

命题 5.6 意味着如果平台企业可以确定 A 和 M 的值，即 c，v_A，t_i 及 α_i 的值，就可以估算出每个 *ESS* 的概率。一般而言，v_A，t_i 及 α_i 受产品属性、平台企业技术水平和最终用户的性质等客观方面的约束，不能发生改变；而被搭售商品的成本 c 受平台企业的主观意愿控制，是可变变量。因而，平台企业可以通过控制被搭售商品的成本来影响各个 ESS 的概率，进而使期望 ESS 的概率变大。

以上一节对各个变量的赋值为基础，可得 $p_{E_i}(i = 1,2,3,4,5)$ 与 c 的关系，结果如图 5.7 所示。

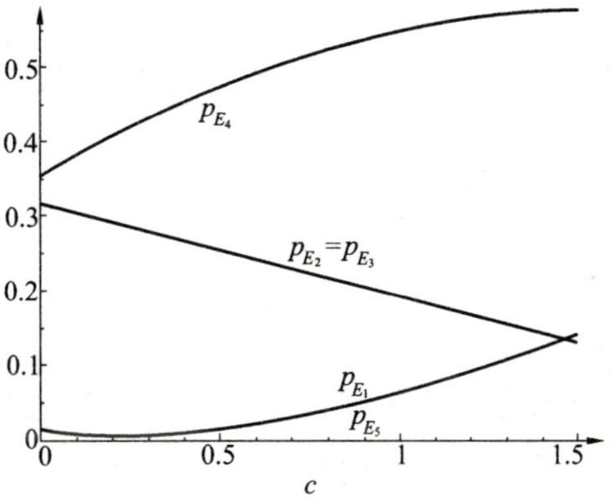

图 5.7　各个演化稳态策略发生概率

很显然，p_{E_1} 是 c 的单调增函数；p_{E_2} 和 p_{E_3} 是 c 的单调减函数；当 $c < 1.55$ 时，p_{E_4} 随 c 的增加而增加，当 $c > 1.55$ 时，p_{E_4} 随 c 的增加而减少，；当 $c < 0.64$ 时，p_{E_5} 随 c 的增加而减少，当 $c > 0.64$ 时，p_{E_5} 随 c 的增加而增加。图 5.7 显示，(搭售，搭售) 策略将是最有可能出现的演化稳态策略。也就是说，若该结果符合两平台企业的期望，那么，两平台企业会增加同时选择搭售策略的几率。特别地，当 $c = 0.4$ 时，$p_{E_1} = 0.010$，$p_{E_2} = p_{E_3} = 0.267$，$p_{E_4} = 0.454$ 和 $p_{E_5} = 0.002$，即(搭售，搭售) 策略是最有可能出现的 ESS，(搭售，不搭售) 策略或(不搭售，搭售) 策略是第二可能出现的 ESS，没有 ESS 的概率最小，仅为 0.002。

2. 敏感性分析

利用上一节各个变量的赋值对演化过程进行数值仿真，一方面可以获得决策变量的最优解，并通过图形形象地描述搭售行为；另一方面由于变量太多，数值仿真可以对影响演化结果的各个因素进行敏感性分析。

图 5.8 描述了当 $t = 100$ 时，命题 5.5 出现的四种 ESS 的演化相图。其中，图 5.8(a) 描述的是(不搭售，不搭售) 策略；图 5.8(b) 描述的是(搭售，不搭售) 策略，该情形对应于图 5.6 中的 $E_3^1(1,0)$；图 5.8(c) 描述的是(不搭售，搭售) 策略，对应于图 5.6 中的

$E_2^1(0,1)$；图5.8(d)描述的是(搭售、搭售)策略，对应于图5.6中的$E_4^3(1,1)$。同样地，通过改变θ_1和θ_2的数值，可以得出图5.6中其他部分的演化相图，如$E_2^2(0,1)$，$E_3^2(1,0)$，$E_4^1(1,1)$及$E_4^2(1,1)$。这些情形下的演化相图类似于本研究给出的相图，唯一区别在于演化路径。演化路径的选择受c，v_A，t_i及α_i的影响。下面将对这些变量进行敏感性分析，以确定其对演化结果的影响程度。

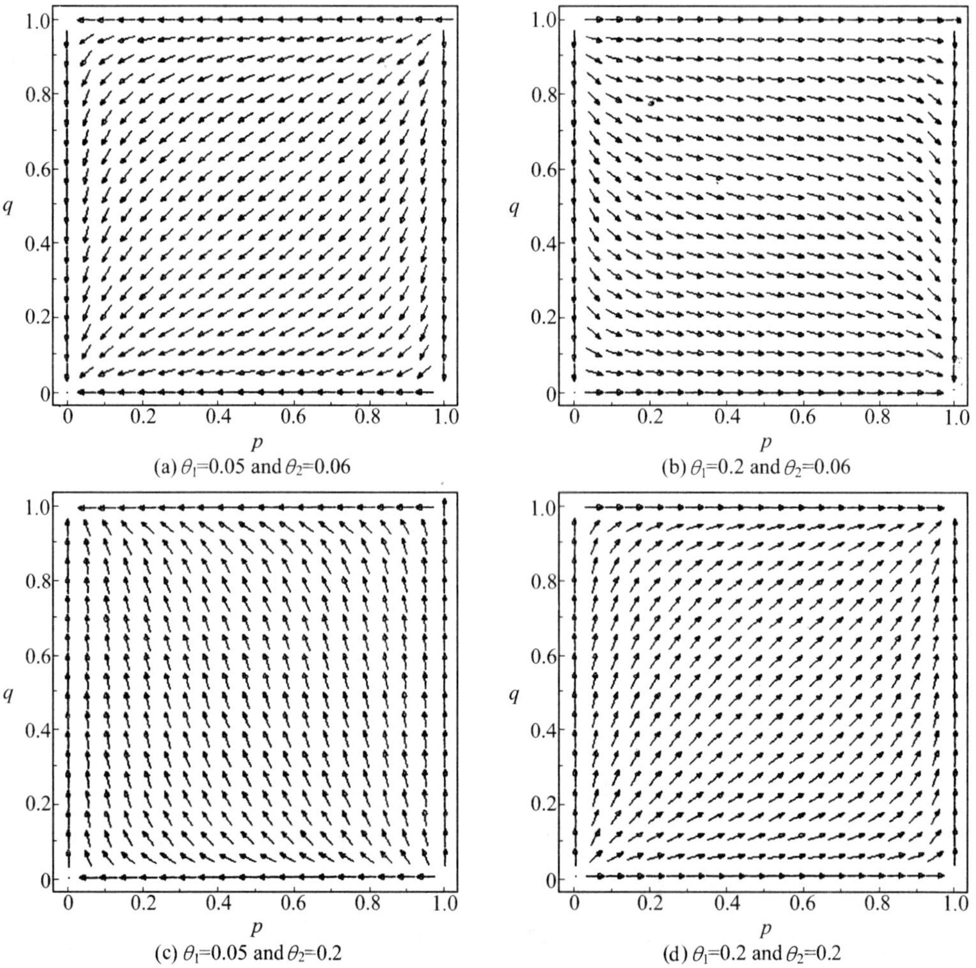

(a) θ_1=0.05 and θ_2=0.06　　(b) θ_1=0.2 and θ_2=0.06

(c) θ_1=0.05 and θ_2=0.2　　(d) θ_1=0.2 and θ_2=0.2

图5.8　$t = 100$时的ESS的演化相图

图5.9显示了在$\theta_1 = 0.05$且$\theta_2 = 0.2$情形下，即(不搭售，搭售)策略是ESS，最终用户A加入平台企业获得的基本效用v_A对演化路径的影响。其中，图5.9(a)描述的是平台企业1在不同v_A值下的演化路径，而图5.9(b)描述的是平台企业2在不同v_A值下的演化路径。显然，平台企业1，即采取较低效用的被搭售商品($\theta_1 = 0.05$)，需要较长的时间才能实现稳态，且随着v_A的增加，实现稳态所需时间越来越长；平台企业2，即采取较高效用的被搭售商品($\theta_2 = 0.2$)，在较短的时间内就可以实现稳态，且实现稳态所需时间随着v_A

的增加而减少。特别地，如果 v_A 增加到某一数值后，将导致 $p(t) \to 1$，而 $q(t)$ 不变，即 ESS 将由（不搭售，搭售）策略变为（搭售，搭售）策略，对应于图 5.6 中，由 $E_2^1(0,1)$ 变为 $E_4^3(1,1)$。

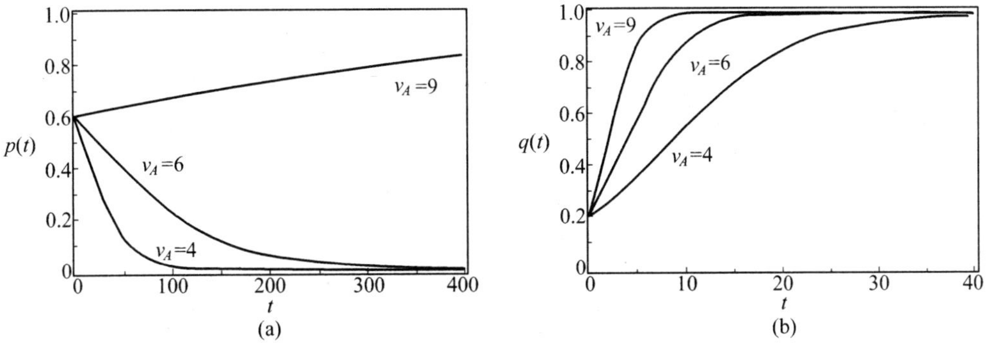

图 5.9　$\theta_1 = 0.05$ 且 $\theta_2 = 0.2$ 时 v_A 的敏感性分析

图 5.10 描述了被搭售商品的成本变化对演化结果的影响。分析发现，演化结果对被搭售商品的成本的变化非常敏感。如图 5.10，当 $c = 0.15$ 时，$E_4^3(1,1)$ 是 ESS，即（搭售，搭售）策略是演化稳态策略；当 $c = 0.4$ 时，$E_2^1(0,1)$ 是 ESS，即（不搭售，搭售）策略是演化稳态策略；当 $c = 0.9$ 时，$E_1(0,0)$ 是 ESS，即（搭售，搭售）策略是演化稳态策略。此外，平台企业 1 实现稳态所需时间随 c 的增加而减少，而平台企业 2 则随 c 的增加而增加。

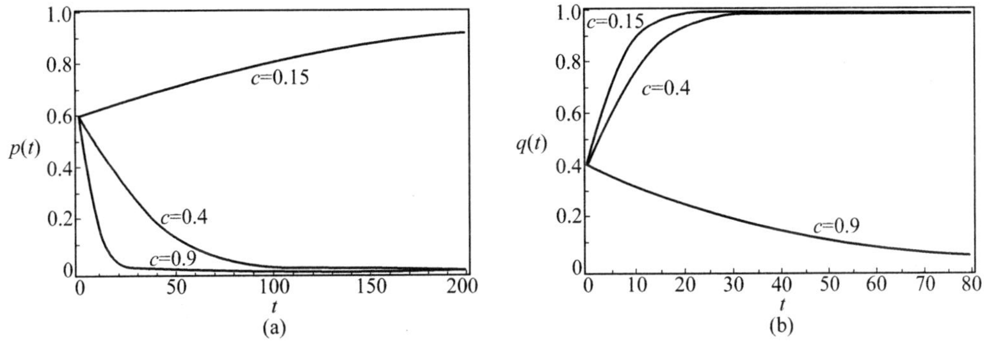

图 5.10　$\theta_1 = 0.05$ 且 $\theta_2 = 0.2$ 时 c 的敏感性分析

图 5.11 描述了交叉网络外部性对演化结果的影响。分析发现，α_A 或 α_B 仅对演化路径产生影响，而对演化结果不产生任何影响。$\alpha_A = \alpha_B = 0.5$ 时，平台企业 1 实现稳态需要的时间大于 $\alpha_A = \alpha_B = 0.2$ 时所需的时间，而平台企业 2 相反，随着 $\alpha_A = \alpha_B$ 的增加，实现稳态所需时间越来越短。

图 5.12 和图 5.13 描述的是交通成本，分别为 t_A 和 t_B，对演化结果的影响。该结果类似于图 5.11，即 t_A 和 t_B 仅仅影响两平台企业实现问题所需时间，而对演化结果没有影响。平台企业 1 实现稳态所需时间随 t_A 的增加而减少，随 t_B 的增加而增加；而平台企业 2 实现稳态所需时间随 t_A 的增加而增加，随 t_B 的增加而减少。

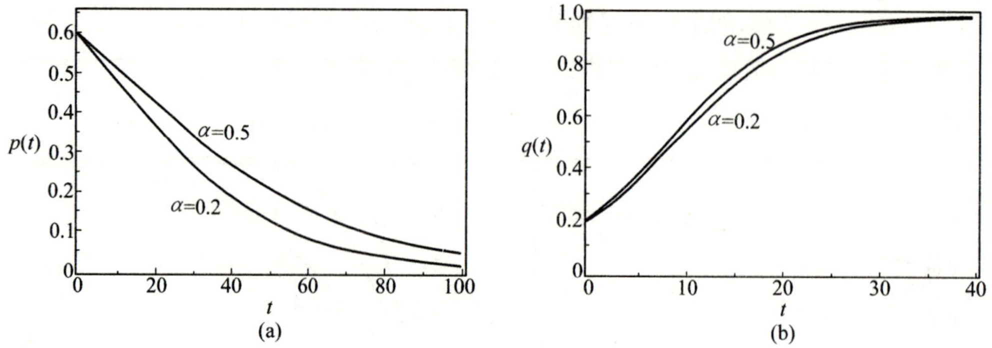

图 5.11　$\theta_1 = 0.05$ 且 $\theta_2 = 0.2$ 时 $\alpha_A = \alpha_B$ 的敏感性分析

对比图 5.9 ~ 5.13 发现，只有 v_A 和 c 会影响最终的演化结果，而 t_i 和 α_i 仅仅影响演化稳态所需时间，对演化结果毫无影响。因此，可以得出，最终用户 A 加入平台企业获得的基本效用和被搭售商品的成本是影响演化结果的敏感性因素，而交通成本和交叉网络外部性是影响演化结果的不敏感性因素。此外，最终用户 B 加入平台企业获得的基本效用 v_B 对演化结果和演化路径都没有影响。

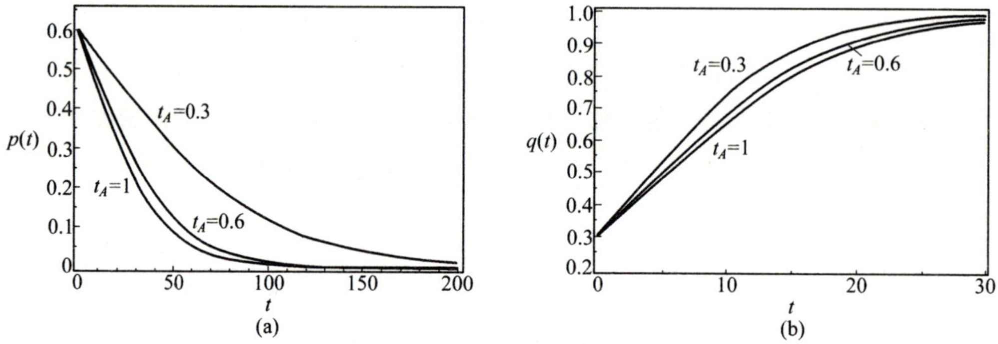

图 5.12　$\theta_1 = 0.05$ 且 $\theta_2 = 0.2$ 时 t_A 的敏感性分析

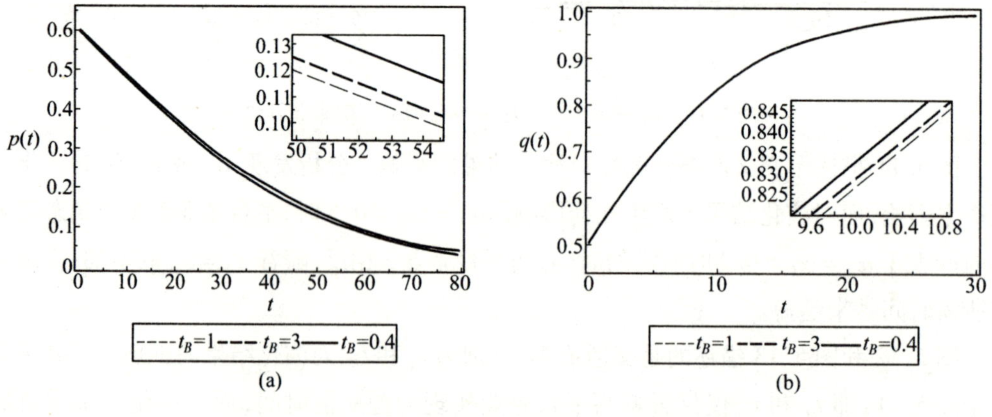

图 5.13　$\theta_1 = 0.05$ 且 $\theta_2 = 0.2$ 时 t_B 的敏感性分析

5.3　静态搭售策略模型

5.2 节所建模型暗含着这样的假设:所有最终用户 A 对被搭售商品具有完全一致性偏好,即一旦平台企业选择搭售策略,最终用户 A 都愿意接受被搭售商品。然而在现实生活中,所有买方(即一方最终用户)偏好搭售行为并不是完全一致的,某些买方对被搭售的商品偏好是无差异的,即这类消费者不太关注搭售行为,搭售对他们的效用不产生任何影响。本节将放松最终用户 A 对搭售策略一致性偏好的假设,即将最终用户 A 区分为:搭售喜好型和搭售无差异型,研究当双边平台企业采取搭售策略时,具有不同搭售偏好的最终用户 A 对最优均衡解产生的影响以及平台企业的最优搭售量,同时对其相应的社会福利进行分析。

5.3.1　模型描述

考虑某一市场上存在两个均选择搭售策略的双边平台企业 $k(k = 1,2)$,它们分别位于线性城市[0,1]的两端。不妨设平台企业 1 位于端点 0 处,而平台企业 2 位于端点 1 处。每个平台企业面临两组不同的最终用户 $i(i = A,B)$,记用户 A 为买方,用户 B 为卖方。买卖双方只能在平台中展开交易,但买方可以选择是否购买搭售产品,即存在搭售喜好型(Tying Preference)和搭售无差异型(Tying Indifference)两种类型的买方,而卖方只是单一的无差异型,如图 5.14 所示。

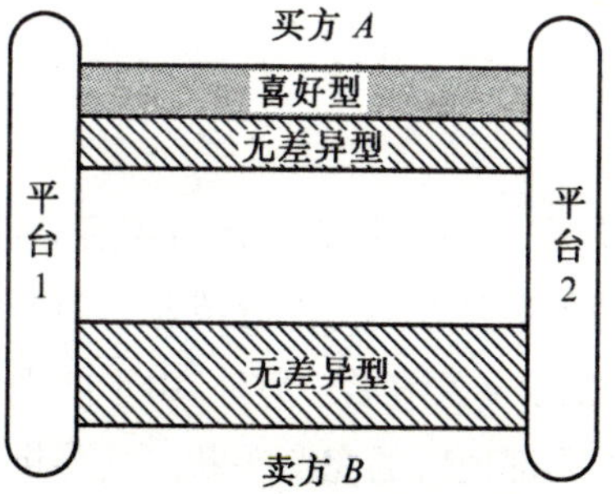

图 5.14　双寡头双边平台企业搭售模型

假设 1　双边平台企业可能发生的成本有:固定成本、每接受一个买方和卖方所产生的边际成本、搭售产品的生产成本以及采取搭售策略而产生的额外费用等其他费用。为了计算方便及集中研究搭售行为,设双边平台企业仅有搭售产品的生产成本,记为:$c_k(k = 1,2)$,且令 $c_1 < c_2$。

假设 2　由于买方购买搭售产品的数量小于 1,即买方按照固定比例购买搭售产品,纯搭售和混合搭售之间不存在区别(Egli,2007)。因此,本节认为搭售产品和买卖双方交易的产品可完美匹配,对纯搭售和混合搭售不作区分,并统称为搭售。

假设3 买卖双方总的人数均标准化为1,均匀地分布在两个平台之间,且任一买方和卖方最多只能选择加入一个双边平台企业,即买卖双方均为单归属。搭售喜好型的买方,即选择购买搭售产品的买方占总买方数量的比例为 $\lambda(0 \leqslant \lambda \leqslant 1)$。

假设4 距离双边平台企业1为 x,搭售喜好型 u_{Ak}^{P} 和搭售无差异型 u_{Ak}^{I} 的买方效用函数为

$$\begin{cases} u_{Ak}^{P} = v_A + \Delta v_A - (p_{Ak} + p_{Tk}) - t_A x + \alpha_A n_{Bk} \\ u_{Ak}^{I} = v_A - p_{Ak} - t_A x + \alpha_A n_{Bk} \end{cases} \tag{5.21}$$

式中:Δv_A 表示由于买方购买搭售产品而获得的额外效用;p_{Tk} 表示买方购买平台企业 k 的被搭售商品而支出的费用;其余变量均类似于前文。

由于所有卖方均为无差异型,因此卖方的效用函数为

$$u_{Bk} = v_B - p_{Bk} - t_B x + \alpha_B n_{Ak} \tag{5.22}$$

式(5.22)中各个变量的含义类似于买方效用函数中各变量的含义。

假设5 令 $\Delta v_A = \theta v_A (0 < \theta < 1)$,即偏好搭售的买方所获得的额外效用是基本效用的某个比例。特别地,当 $\lambda = 0$ 时,必有 $\theta = 0$。

该模型的博弈顺序如下:第一阶段两平台企业对买卖双方同时制定进入价格;第二阶段买卖双方同时决定是否加入平台。此外,考虑到两个双边平台企业的规模,会产生市场完全覆盖和部分覆盖两种情形。因此,下面从两种情形分析双边平台企业的短期搭售行为。

5.3.2 模型分析

1. 局部垄断情形

部分覆盖情形具体分为以下三类:一是买方部分覆盖,而卖方完全覆盖;二是买方完全覆盖,而卖方部分覆盖;三是买卖双方均为部分覆盖。前两类部分覆盖情形并不存在均衡解,本节将集中研究第三类部分覆盖情形。另外,由于两平台企业均不能完全覆盖所有的买方和卖方市场,因而,形成局部地区的完全垄断。其分析过程类似于该市场上只存在一个双边平台企业的完全垄断情形,区别在于前者需满足 $n_{i1} + n_{i2} < 1$,而后者并不需此条件。为了简单和节省变量,本研究考虑只有一个双边平台企业的完全垄断情形。

不论是搭售喜好型还是搭售无差异型的买方,距平台企业为 x 的买方,如果选择加入平台企业需要满足 $u_A \geqslant 0$。取临界值有

$$\begin{cases} x^{P} = \dfrac{(1+\theta)v_A - (p_A + p_T) + \alpha_A n_B}{t_A} \\ x^{I} = \dfrac{v_A - p_A + \alpha_A n_B}{t_A} \end{cases} \tag{5.23}$$

即任何小于 x 的买方都会加入平台。由于搭售喜好型买方的比例是 λ,而搭售无差

异型买方的比例是 $1-\lambda$，因而，买方在平台企业的总需求函数为

$$n_A=\lambda x^P+(1-\lambda)x^I=\frac{v_A-p_A+\alpha_A n_B+\lambda(\theta v_A-p_T)}{t_A} \tag{5.24}$$

式中：$\alpha_A n_B$ 表示由于交叉网络外部性而增加的买方数量；$\lambda(\theta v_A-p_T)/t_A$ 表示由于搭售策略而增加的买方数量。

同样地，卖方加入双边平台企业也需满足 $u_B\geqslant 0$。因而，卖方的需求函数为

$$n_B=\frac{v_B-p_B+\alpha_B n_A}{t_B} \tag{5.25}$$

将式(5.23)、式(5.24)和式(5.25)带入双边平台企业利润函数：

$$\pi=p_A n_A+p_B n_B+(p_T-c)n_T \tag{5.26}$$

式中：$n_T=\lambda x^P$。

求解 $\partial\pi/\partial p_j=0(j=A,B,T)$，当满足 $4t_At_B>(\alpha_A+\alpha_B)^2$ 时，双边平台企业为买卖双方制定的均衡价格及搭售产品的均衡价格分别为

$$\begin{cases} p_A^*=\dfrac{v_A}{2}+\dfrac{[v_A+\lambda(\theta v_A-c)](\alpha_A^2-\alpha_B^2)+2v_Bt_A(\alpha_A-\alpha_B)}{8t_At_B-2(\alpha_A+\alpha_B)^2} \\ p_B^*=\dfrac{v_B}{2}+\dfrac{2t_B[v_A+\lambda(\theta v_A-c)](\alpha_B-\alpha_A)+v_B(\alpha_B^2-\alpha_A^2)}{8t_At_B-2(\alpha_A+\alpha_B)^2} \\ p_T^*=\dfrac{\theta v_A+c}{2} \end{cases} \tag{5.27}$$

命题 5.7　完全单归属情形下的局部垄断双边平台企业，搭售策略对买卖双方各自的均衡进入价格的影响不能确定，而被搭售商品的价格仅与额外效用及被搭售商品的成本相关。

证明　当平台企业不采取搭售策略时，买卖双方的均衡进入价格分别为：$p_A^*|_{\lambda=0}$ 和 $p_B^*|_{\lambda=0}$。搭售策略与不搭售策略的均衡进入价格差为

$$\Delta p_A^*=p_A^*-p_A^*|_{\lambda=0}=\frac{\lambda(\theta v_A-c)(\alpha_A^2-\alpha_B^2)}{8t_At_B-2(\alpha_A+\alpha_B)^2}$$

$$\Delta p_B^*=p_B^*-p_B^*|_{\lambda=0}=\frac{2t_B\lambda(\theta v_A-c)(\alpha_B-\alpha_A)}{8t_At_B-2(\alpha_A+\alpha_B)^2}$$

根据假设 4，v_A 和 θv_A 及 p_{Ak} 和 p_{Tk} 能够完全分离，即当平台企业实施搭售策略时，买方购买被搭售商品所获得效用 θv_A 必定大于其付出的价格 p_T^*；否则，买方将不会购买被搭售商品。因而，$\theta v_A>c$。

因此，Δp_A^* 和 Δp_B^* 的符号取决于 α_A 和 α_B 的大小，即不对称交叉网络外部性的强度。

若 $\alpha_A > \alpha_B$，则 $\Delta p_A^* > 0$ 和 $\Delta p_B^* < 0$；若 $\alpha_A < \alpha_B$，则 $\Delta p_A^* < 0$ 和 $\Delta p_B^* > 0$。特别地，若 $\alpha_A = \alpha_B$，搭售策略将对买卖双方的均衡进入价格不产生影响。命题5.7证毕。

该命题还表明，搭售喜好型买方的数量对买卖双方均衡价格的影响也不确定。若 $\alpha_A > \alpha_B$，则 $\partial p_A^* / \partial\lambda > 0$ 和 $\partial p_B^* / \partial\lambda < 0$，即搭售喜好型买方数量的增加将导致买方均衡进入价格的升高，导致卖方均衡进入价格的降低。也就是说，双边平台企业采取搭售策略会转移卖方的部分成本而让买方承担，即搭售对卖方有利；若 $\alpha_A < \alpha_B$，则 $\partial p_A^* / \partial\lambda < 0$ 和 $\partial p_B^* / \partial\lambda > 0$，即搭售喜好型买方数量的增加导致买方均衡进入价格降低，而卖方均衡进入价格的提高，即搭售对买方有利。特别地，当 $\alpha_A = \alpha_B$ 时，买卖双方均按照市场最大潜在需求量 v_i 的一半定价，λ 不影响 $p_i^*(i = A,B)$，即当存在对称性交叉网络外部性时，双边平台企业是否采取搭售策略不影响其制定的均衡价格。

另外，搭售产品的均衡价格为 $(\theta v_A + c)/2$，与 λ 无关，意味着，平台企业对被搭售商品并未表现出“双边市场”的特性——交叉网络外部性，其均衡价格是基于传统单边市场中完全垄断企业的定价方式制定。

将 $p_j^*(j = A,B,T)$ 带入式(5.23)、式(5.24)和式(5.25)，得均衡时，加入双边平台企业的买方数量、卖方数量以及购买搭售产品的买方数量。

$$n_A^* = \frac{2t_B[v_A + \lambda(\theta v_A - c)] + v_B(\alpha_A + \alpha_B)}{4t_At_B - (\alpha_A + \alpha_B)^2}, n_B^* = \frac{2t_Av_B + [v_A + \lambda(\theta v_A - c)](\alpha_A + \alpha_B)}{4t_At_B - (\alpha_A + \alpha_B)^2}$$

$$n_T^* = \frac{\lambda(\theta v_A - c)}{2t_A} + \frac{\lambda^2(\theta v_A - c)(\alpha_A + \alpha_B)^2 + 4\lambda v_At_At_B + 2\lambda t_Av_B(\alpha_A + \alpha_B)}{2t_A[4t_At_B - (\alpha_A + \alpha_B)^2]}$$

将 p_j^* 和 n_j^* 带入式(5.26)，得均衡时，双边平台企业的利润为

$$\pi^* = \frac{\lambda(\theta v_A - c)^2}{4t_A} + \frac{[2t_Av_B + \lambda(\theta v_A - c)(\alpha_A + \alpha_B)]^2}{4t_A[4t_At_B - (\alpha_A + \alpha_B)^2]} + \frac{v_Av_B(\alpha_A + \alpha_B) + t_Bv_A^2 + 2\lambda t_Bv_A(\theta v_A - c)}{4t_At_B - (\alpha_A + \alpha_B)^2}$$

命题5.8 完全单归属情形下的局部垄断双边平台企业，搭售策略可增加进入平台企业的买方数量和卖方数量，并增加平台企业的利润。同时，三者随搭售喜好型买方数量的增加而增加。

证明 当平台企业不采取搭售策略时，买卖双方的均衡数量，双边平台企业的利润依次为 $n_A^*|_{\lambda=0}$，$n_B^*|_{\lambda=0}$ 和 $\pi^*|_{\lambda=0}$。搭售策略与无搭售策略的均衡数量差为

$$\Delta n_A^* = n_A^* - n_A^*|_{\lambda=0} = \frac{2\lambda t_B(\theta v_A - c)}{4t_At_B - (\alpha_A + \alpha_B)^2}, \Delta n_B^* = n_B^* - n_B^*|_{\lambda=0} = \frac{\lambda(\theta v_A - c)(\alpha_A + \alpha_B)}{4t_At_B - (\alpha_A + \alpha_B)^2}$$

$$\Delta\pi^* = \pi^* - \pi^*|_{\lambda=0} = \frac{\lambda^2(\theta v_A - c)^2(\alpha_A + \alpha_B)^2}{4t_A[4t_At_B - (\alpha_A + \alpha_B)^2]} + \frac{\lambda(\theta v_A - c)^2}{4t_A} +$$

$$\frac{\lambda(\theta v_A - c)[2t_B v_A + v_B(\alpha_A + \alpha_B)]}{4t_A t_B - (\alpha_A + \alpha_B)^2}$$

由于$4t_A t_B > (\alpha_A + \alpha_B)^2$和$\theta v_A > c$,因而,$\Delta n_A^*$,$\Delta n_B^*$,$\Delta \pi^* > 0$,即搭售策略可以增加买卖双方进入平台企业的数量,同时增加平台企业的利润。此外,由于$\partial n_i^* / \partial \lambda > 0$和$\partial \pi^* / \partial \lambda > 0$,因此,买卖双方加入平台企业的数量及平台企业的利润随搭售喜好型买方数量的增加而增加。命题5.8证毕。

很显然,买方加入平台企业数量增加的原因不同于卖方加入平台企业数量增加的原因。二者除了共同受λ和$\theta v_A - c$影响外,前者还受t_B的影响,即较大的卖方运输成本将导致更多的买方加入平台企业;而后者还受$\alpha_A + \alpha_B$的影响,即卖方加入平台企业数量的增量是由买卖双方的交叉网络外部性之和造成的。该结论解释了现实中一些大型超市(如沃尔玛、家乐福等)、B2C(如淘宝、卓越网等)、各类中介(房地产中介、电视购物等)等不定期采取搭售的原因。同时,该命题意味着,双边平台企业可以通过广告、增加被搭售商品的效用等其他一些促销手段来影响搭售喜好型买方的比例来提高双边平台企业的利润。

2. 竞争情形

该情形下,两个双边平台企业完全覆盖买方市场和卖方市场。此时,不论是搭售喜好型还是搭售无差异型的买方,距离平台企业1为x的买方,无差异选择加入两个平台需满足$u_{A1} = u_{A2}$,即

$$\begin{cases} x^P = \dfrac{1}{2} + \dfrac{p_{A2} + p_{T2} - p_{A1} - p_{T1} + \alpha_A(n_{B1} - n_{B2})}{2t_A} \\ x^I = \dfrac{1}{2} + \dfrac{(p_{A2} - p_{A1}) + \alpha_A(n_{B1} - n_{B2})}{2t_A} \end{cases} \tag{5.28}$$

同样,根据假设3,λ的买方是搭售喜好型,$1-\lambda$的买方是搭售无差异型,因而,买方在双边平台企业$k(k=1,2)$的需求函数为

$$\begin{cases} n_{A1} = \lambda x^P + (1-\lambda)x^I = \dfrac{1}{2} + \dfrac{p_{A2} - p_{A1} + \alpha_A(n_{B1} - n_{B2}) + \lambda(p_{T2} - p_{T1})}{2t_A} \\ n_{A2} = \lambda(1 - x^P) + (1-\lambda)(1 - x^I) = \dfrac{1}{2} + \dfrac{p_{A1} - p_{A2} + \alpha_A(n_{B2} - n_{B1}) + \lambda(p_{T1} - p_{T2})}{2t_A} \end{cases} \tag{5.29}$$

同理,可得卖方的需求函数为

$$\begin{cases} n_{B1} = \dfrac{1}{2} + \dfrac{p_{B2} - p_{B1} + \alpha_B(n_{A1} - n_{A2})}{2t_B} \\ n_{B2} = \dfrac{1}{2} + \dfrac{p_{B1} - p_{B2} + \alpha_B(n_{A2} - n_{A1})}{2t_B} \end{cases} \tag{5.30}$$

将式(5.28)、式(5.29)和式(5.30)带入双边平台企业 k 的利润函数为

$$\pi_k = p_{Ak}n_{Ak} + p_{Bk}n_{Bk} + (p_{Tk} - c_k)n_{Tk} \tag{5.31}$$

式(5.31)中,$n_{T1} = \lambda x^P$ 和 $n_{T2} = \lambda(1 - x^P)$。

类似的求解过程,可以得到,竞争情形下,平台企业为买卖双方制定的均衡进入价格以及被搭售商品的均衡价格为

$$\begin{cases} p_{Ak}^* = t_A - \alpha_B + \dfrac{\lambda(c_k - c_{-k})(\alpha_B - \alpha_A)(\alpha_B + 2\alpha_A)}{3(9t_At_B - 2\alpha_A^2 - 2\alpha_B^2 - 5\alpha_A\alpha_B)} \\ p_{Bk}^* = t_B - \alpha_A + \dfrac{\lambda t_B(c_{-k} - c_k)(\alpha_B - \alpha_A)}{9t_At_B - 2\alpha_A^2 - 2\alpha_B^2 - 5\alpha_A\alpha_B} \\ p_{Tk}^* = \dfrac{c_{-k} + 2c_k}{3} \end{cases} \tag{5.32}$$

式中:c_{-k} 表示非 k 平台企业的被搭售商品的成本,即竞争对手的被搭售商品的成本。

命题 5.9　完全单归属情形下的双寡头双边平台企业竞争,搭售策略对买卖双方均衡进入价格的影响不确定,但有 $\Delta p_{i1}^* + \Delta p_{i2}^* = 0$;同时,被搭售商品成本较小的平台企业对被搭售商品制定较高的价格。

证明　同命题 5.7 的证明,从略。

根据假设 1,有 $c_1 < c_2$。因而,若 $\alpha_A > \alpha_B$,则 $p_{i1}^* > p_{i2}^*$;反之,若 $\alpha_A < \alpha_B$,则 $p_{i1}^* < p_{i2}^*$;特别地,若 $\alpha_A = \alpha_B$,则 $p_{i1}^* = p_{i2}^*$。该命题表明,当 $\alpha_A < \alpha_B$ 时,被搭售商品的成本较小的双边平台企业 1 对买方制定较低的进入价格,而对卖方制定较高的进入价格,对被搭售商品制定较低的价格;反之,若 $\alpha_A > \alpha_B$ 时,被搭售商品成本较小的双边平台企业 1 对买方将制定较高的进入价格,对卖方制定较低的进入价格,被搭售商品制定较高的价格。特别地,若 $\alpha_A = \alpha_B$ 时,两平台企业对买卖双方制定相等的均衡进入价格。

将 $p_j^*(j = A,B,T)$ 代入式(5.29)、式(5.30)和式(5.31),可得该情形下,加入双边平台企业 k 的买方数量、卖方数量、购买被搭售商品的买方数量以及平台企业的利润。

$$n_{Ak}^* = \frac{1}{2} + \frac{3t_B\lambda(c_{-k} - c_k)}{2(9t_At_B - 2\alpha_A^2 - 2\alpha_B^2 - 5\alpha_A\alpha_B)}, n_{Bk}^* = \frac{1}{2} + \frac{\lambda(c_{-k} - c_k)(2\alpha_A + \alpha_B)}{2(9t_At_B - 2\alpha_A^2 - 2\alpha_B^2 - 5\alpha_A\alpha_B)}$$

$$n_{Tk}^* = \frac{\lambda}{2} + \frac{3\lambda^2 t_B(c_{-k} - c_k)}{2(9t_At_B - 2\alpha_A^2 - 2\alpha_B^2 - 5\alpha_A\alpha_B)} + \frac{\lambda(1 - \lambda)(c_{-k} - c_k)}{6t_A}$$

$$\pi_k^* = \frac{t_A + t_B - \alpha_A - \alpha_B + \lambda(c_{-k} - c_k)}{2} + \frac{\lambda(c_{-k} - c_k)^2}{18t_A} +$$

$$\frac{\lambda(c_{-k}-c_k)[\alpha_B^2+2\alpha_A\alpha_B-3t_At_B+t_B(\alpha_A-\alpha_B)]}{2(9t_At_B-2\alpha_A^2-2\alpha_B^2-5\alpha_A\alpha_B)}+$$
$$\frac{\lambda^2(c_{-k}-c_k)^2(2\alpha_A^2+2\alpha_B^2+5\alpha_A\alpha_B)}{18t_A(9t_At_B-2\alpha_A^2-2\alpha_B^2-5\alpha_A\alpha_B)}$$

命题 5.10　完全单归属情形下的双寡头双边平台企业竞争，被搭售商品成本小的平台企业将吸引更多的买方数量和卖方数量，获得较大的利润；同时，三者随搭售喜好型买方数量的增加而增加。

证明　同命题5.8的证明，从略。

该命题表明，当两双边平台企业为买方提供相同的额外效用的被搭售商品时，所耗成本小的平台企业将吸引更多的买方和卖方加入该平台，且获得较高的利润。特别地，当 $c_1=c_2$ 时，$n_{Ak}^*=n_{Bk}^*=0.5$，即完全对称的两平台企业将平分买方市场和卖方市场。

3. 福利分析

类似于第3章的分析，通过均衡时，买卖双方获得的效用之和及平台企业的利润来衡量社会总福利。

局部垄断情形下，买方获得的总效用为

$$U_A=\sum u_A^P+\sum u_A^I=\lambda\int_0^{x^P}u_A^P\mathrm{d}x+(1-\lambda)\int_0^{x^I}u_A^I\mathrm{d}x \tag{5.33}$$

式中：$\sum u_A^P$ 表示搭售喜好型买方获得总效用，$\sum u_A^I$ 表示搭售无差异型买方获得总效用。

卖方获得的总效用为

$$U_B=\int_0^{n_B^*}u_B\mathrm{d}x \tag{5.34}$$

因而，在完全垄断的双边市场结构下，社会总福利为

$$W_m=\sum U_A+\sum U_B+\pi \tag{5.35}$$

同理，双寡头竞争情形下，社会总福利为

$$W_c=\sum_{i=A,B;k=1}^{2}u_{ik}+\sum_{k=1}^{2}\pi_k \tag{5.36}$$

命题 5.11　完全单归属情形下双边平台企业，无论是局部垄断情形还是竞争情形，搭售策略均可增加社会福利，且均随搭售喜好型买方数量的增加而增加。

证明　垄断情形下，搭售喜好型买方以及搭售无差异型买方的总效用分别为

$$\sum u_A^P = \frac{\lambda\ (\phi + \varphi)^2}{8t_A}, \sum u_A^I = \frac{(1 - \lambda)\phi^2}{8t_A}$$

其中

$$\varphi = (\theta v_A - c) + \frac{4t_At_B(\theta v_A - c)}{4t_At_B - (\alpha_A + \alpha_B)^2}$$

$$\phi = \frac{\lambda(\theta v_A - c)\ (\alpha_A + \alpha_B)^2 + 4t_At_Bv_A + 2t_Av_B(\alpha_A + \alpha_B)}{4t_At_B - (\alpha_A + \alpha_B)^2}$$

因而，垄断情形下，买方获得的总效用为

$$U_A = \frac{\phi^2}{8t_A} + \frac{\lambda(2\phi\varphi + \varphi^2)}{8t_A}$$

卖方获得的总效用为

$$U_B = \frac{t_B}{2}\left[\frac{(\theta\lambda v_A + v_A - \lambda c)(\alpha_A + \alpha_B) + 2t_Av_B}{4t_At_B - (\alpha_A + \alpha_B)^2}\right]^2$$

由于，$\varphi > 0$ 且 $\phi > 0$，因此，$U_A - U_A|_{\lambda=0} > 0, U_B - U_B|_{\lambda=0} > 0$。此外，根据命题5.8有 $\pi - \pi|_{\lambda=0} > 0$。因此，$W_m - W_m|_{\lambda=0} > 0$，即垄断情形下，双边平台企业采取搭售策略可以增加社会福利。同时，由于 $\partial U_A/\partial\lambda > 0, \partial U_B/\partial\lambda > 0, \partial\pi/\partial\lambda > 0$，因而 $\partial W_m/\partial\lambda > 0$。

同理，可以证明竞争情形下，该命题也成立。命题5.11证毕。

该命题说明：反托拉斯当局及反垄断政策制定者对双边平台企业采取搭售策略的过分关注是没有道理的。双边平台企业采取搭售策略，不仅可以使得自身的利润增加，而且还能够提高平台两边用户的效用，进而导致社会整体福利水平的提高。另外，社会福利水平随搭售喜好型买方数量的增加而增加意味着，理论上鼓励双边平台企业采取各种策略，如广告宣传、增加搭售产品、提高搭售产品效用等，来刺激更多的消费者转变为搭售喜好型。

5.3.3　数值算例

为了进一步对本研究所得命题进行说明，下面通过一个具体算例，对本研究所得结论进行验证。在满足 $4t_At_B > (\alpha_A + \alpha_B)^2$ 的条件下，各个变量的初始赋值均随机给定。不妨假设：$v_A = 1, v_B = 1.2, t_A = 1, t_B = 1.2, \theta = 0.3, c = c_1 = 0.1, c_2 = 0.3$。详细计算结果见表5.2。其中，在竞争情形中，上面的数字表示双边平台企业1的计算结果，而下面的数字表示双边平台企业2的计算结果。

表5.2　数值算例结果

	变量	$\alpha_A=0.3,\alpha_B=0.5$			$\alpha_A=0.5,\alpha_B=0.3$		
		$\lambda=0$	$\lambda=0.5$	$\lambda=0.8$	$\lambda=0$	$\lambda=0.5$	$\lambda=0.8$
垄断情形	p_A^*	0.423	0.421	0.420	0.577	0.579	0.580
	p_B^*	0.680	0.687	0.690	0.520	0.513	0.510
	p_T^*	0	0.200	0.200	0	0.200	0.200
	n_A^*	0.808	0.865	0.900	0.808	0.865	0.900
	n_B^*	0.769	0.788	0.800	0.769	0.788	0.800
	n_T^*	0	0.458	0.736	0	0.458	0.736
	π^*	0.865	0.952	1.004	0.865	0.952	1.004
	$\sum U_A$	0.326	0.431	0.496	0.326	0.431	0.496
	$\sum U_B$	0.355	0.372	0.384	0.355	0.372	0.384
	W_m	1.546	1.755	1.884	1.546	1.755	1.884
竞争情形	p_{Ak}^*	0.500 0.500	0.499 0.501	0.498 0.502	0.700 0.700	0.702 0.698	0.703 0.697
	p_{Bk}^*	0.900 0.900	0.905 0.895	0.907 0.893	0.700 0.700	0.695 0.705	0.693 0.707
	p_{Tk}^*	0 0	0.167 0.233	0.167 0.233	0 0	0.167 0.233	0.167 0.233
	n_{Ak}^*	0.500 0.500	0.535 0.465	0.555 0.445	0.500 0.500	0.535 0.465	0.555 0.445
	n_{Bk}^*	0.500 0.500	0.511 0.489	0.517 0.483	0.500 0.500	0.512 0.488	0.520 0.480
	n_{Tk}^*	0 0	0.275 0.225	0.449 0.351	0 0	0.275 0.225	0.449 0.351
	π_k^*	0.700 0.700	0.719 0.684	0.730 0.673	0.700 0.700	0.722 0.681	0.735 0.668
	$\sum U_A$	0.400	0.501	0.534	0.250	0.319	0.382
	$\sum U_B$	0.250	0.250	0.251	0.400	0.440	0.451
	W_c	2.050	2.154	2.188	2.050	2.162	2.236

从表5.2可以得出，在垄断情形下，不论$\lambda=0.5$还是$\lambda=0.8$，搭售都能提高加入双边平台企业的买方数量、卖方数量、平台企业的利润、买方总效用、卖方总效用及社会总福利，且均随λ的增加而增大。但搭售对均衡进入价格的影响不具此特性，当$\alpha_A=0.3,\alpha_B=0.5$时，$p_A^*$随$\lambda$的增加而减少，$p_B^*$随$\lambda$的增加而增加；当$\alpha_A=0.5,\alpha_B=0.3$时，$p_A^*$随$\lambda$的增加而增加，$p_B^*$随$\lambda$的增加而减少。

在竞争情形下,搭售对均衡价格的影响同垄断情形一样,具有不确定性。当 $\alpha_A < \alpha_B$ 时,p_{A1}^* 和 p_{B2}^* 随 λ 的增加而减少,而 p_{A2}^* 和 p_{B1}^* 随 λ 的增加而增加;当 $\alpha_A > \alpha_B$ 时,p_{A1}^* 和 p_{B2}^* 随 λ 的增加而增加,而 p_{A2}^* 和 p_{B1}^* 随 λ 的增加而减少。同时,不论 α_A 与 α_B 的关系如何,p_T^* 与 λ 不相关,即恒定,不随 λ 变化而变化。但搭售可以提高双边平台企业 1 的买方数量、卖方数量及平台获得的利润,且三者均随 λ 的增加而增大。相应地,双边平台企业 2 的买方数量、卖方数量及平台获得的利润均随 λ 的增加而减少。另外,同垄断情形一样,搭售可以提高买方总效用、卖方总效用及社会总福利,且也随 λ 的增加而增加。

5.4　应用实例

早在 2007 年 6 月亚马逊(主要是指亚马逊中国,最初是卓越,于 2004 年 8 月 19 日被亚马逊收购,成为其第七个全球站点)推出过“全场免运费”(仅对普通快递免运费)促销活动时,当当曾公开指责亚马逊的这一促销策略属不正当竞争,当当绝不跟进。然而,时过境迁,2009 年 9 月 5 日,在当当实行“全场免运费”近一年之后,亚马逊取消 49 元的免运费门槛,跟进当当的免运费策略。亚马逊这一举措引起业界的众多猜想,诸如亚马逊的免运费策略对当当有什么影响,亚马逊此举是否会承担较大的风险等等。不论业界对亚马逊这一举措如何评价,本节试图运用双边市场非价格竞争理论,从搭售策略角度对该商业行为进行分析。

亚马逊和当当是 B2C,是典型的双边平台企业,其两边主要的最终用户是图书购买者和图书出版商(为了叙述方便,仅考虑图书。另外,各个银行的支付卡及信用卡、支付宝等第三方组织也属于最终用户。由于这类最终用户不是交易主体,只是完成交易的方式,因此,在分析中可以完全忽略)。免运费策略是亚马逊和当当绑定在图书交易中的一种服务,只要图书购买者和图书出版商达成交易,两方都需接受这一服务。表 5.3 给出了两平台企业采取该搭售服务的演变过程。显然,免运费门槛越低,意味着两边最终用户,即图书购买者和图书出版商,从该交易中获得效用越大。从表 5.3 得出,当当一直提高被搭售商品的效用,而亚马逊则经历了反复的过程,先减少后增加。

表 5.3　当当和亚马逊免运费活动

时间	当当(1)	亚马逊(2)	赢与输(下面所列为赢家)
2007 年 6 月		全场免运费	亚马逊
2008 年 7 月 3 日	购物满 30 元免运费		亚马逊
2008 年 10 月 21 日		购物满 30 元免运费	当当,亚马逊
2008 年 10 月 22 日	全场免运费		—
2009 年春节		购物满 49 元免运费	当当
2009 年 9 月 5 日		全场免运费	有待时间检验

注:赢与输的考量并没有实际数据验证,而只是单纯地从两个平台企业策略不断变化的动机考虑。赢与输的逻辑是:如果“免运费”策略是成功的,那么该企业不会改变该策略,而继续保持该策略。

2008 年 7 月 3 日以前,毫无疑问,当当是输家,否则它不会调整策略。此时,当当无被搭售商品,而亚马逊被搭售商品的效用较高,即对应于图 5.6 中 $E_2^1(0,1)$。

2008 年 7 月 3 日 ~2008 年 10 月,当当提高了被搭售商品的效用,而亚马逊维持原有策略,此时赢家依然是亚马逊,对应于图 5.6 中仍然是 $E_2^1(0,1)$。

2008 年 10 月 ~2009 年春节,当当继续提高被搭售商品的效用,而亚马逊则降低被搭售商品的效用。由于下一阶段亚马逊继续降低被搭售商品的效应,而当当维持原有策略,显然,该阶段是双赢的结果,即对应于图 5.6 中 $E_4^3(1,1)$。

2009 年春节 ~2009 年 9 月 5 日,赢家是当当,否则亚马逊不会提高被搭售商品效用,此时,对应于图 5.6 中 $E_3^1(1,0)$。

而在 2009 年 9 月 5 日之后,亚马逊和当当都采取较高效用的被搭售商品策略,两企业都希望能够成为赢家。然而,其结果究竟会如何,有待时间的检验。

该案例尽管很简单,而且缺乏真实数据,但是从逻辑学角度,能够很好地验证 5.2 节的理论。

本章小结

本章首先从经济学角度界定了合法搭售的概念,阐述了各个时期搭售理论的特征及区别和实施搭售策略的原则,并对双边平台企业常见的搭售方式进行了分类。其次,基于一次性博弈模型利润矩阵构建了动态演化博弈模型,分析了长期范围内,搭售策略对双边平台企业竞争产生的影响。发现平台企业选择较大效用的被搭售商品并不能保证在竞争中处于优势地位，而选择较小效用的被搭售商品在竞争中并不总是处于劣势地位。同时，作为买方的最终用户加入平台企业获得的基本效用和被搭售商品的成本是影响演化结果的敏感性因素，而交通成本和交叉网络外部性是影响演化结果的不敏感性因素。第三，放松5.2节对搭售策略一致性偏好的假设，即将买方最终用户区分为搭售喜好型和搭售无差异型，研究当双边平台企业采取搭售策略时，具有不同搭售偏好的买方最终用户对最优均衡解产生的影响以及平台企业的最优搭售量，同时对其相应的社会福利进行分析。研究得出，提高搭售喜好型最终用户的数量不仅能够提高平台企业的利润，而且还能改善社会福利。最后，通过当当和亚马逊的“免运费策略”对本研究所得结论进行了验证。

第6章 双边平台企业的广告策略

现实生活中,广告策略(Advertising Strategy)是双边平台企业采取的另一种普遍的竞争策略。如果说重叠业务策略和搭售策略的受用主体是两边最终用户,那么广告策略的受用主体就是平台企业自身,通过传递平台企业的功能、信息、价值(信息性广告)或改变平台企业的声誉(劝购性广告)来吸引最终用户的加入。本章首先简单阐述了广告策略,分析了双边市场广告策略的特性,介绍了广告一般功能和分类;之后,构建了双边平台企业的消息性广告模型和劝购性广告模型,分析了广告作为一种非价格竞争策略对双边平台企业竞争所产生的影响。

6.1 广告策略

6.1.1 策略阐述

我们每个人每天都处在各种各样的广告中,电视、收音机、报纸、杂志、电子信箱、户外广告栏以及公交汽车和火车上,随处都可以看到铺天盖地的广告。甚至是我们与人交谈的言语和衣着服饰上的商标,也常常不可避免地传递着广告信息。广告业已成为日常生活中不可分割的一部分,人们正逐渐意识到广告所产生的影响。广告一般被定义为:提供产品和服务的价格、质量和位置信息的一种形式(Shy,2005)。但是它与其他信息传递方式(如电话、媒体、邮件、言语等)在以下两方面有明显的不同:第一,这种信息是由出售产品的主体发送的;第二,买方并不总是需要为获取这种信息提供一定的支付。广告可产生如下两方面的功能(Bagewell,2004):

(1)社会功能,主要起告诫、警示及宣传等作用,如禁烟广告、文明宣传广告等公益性广告。

(2)经济功能,主要起促销、刺激需求、对比同类产品等功能,市场上大部分广告都属于这类广告。

广告行为在双边市场中也比较常见,如家乐福和沃尔玛的促销广告、Visa 的宣传广告、当当和亚马逊的电子邮件广告、街头广告栏中的展销会广告等。与单边市场中的广告行为相比,双边市场的广告行为表现出一些独有特性:

(1)广告主体不同。在单边市场中,广告的主体只能是产品的出售方(生产商或者销售商),而双边市场的广告实施主体除了作为卖方的某一方最终用户外,还有可能是双边平台企业,如展销会主办方的宣传广告、Visa 的广告、智联招聘广告、58 同城推广广告等。

(2)覆盖范围不同。单边市场广告的受用对象是同一类产品的消费群体,而在双边市场中,如果是平台企业做广告,则其覆盖对象是两边最终用户,即同时包含买方和卖方。另外,考虑到双边市场经营服务的广泛性,其同侧最终用户的覆盖范围比单边市场的覆盖范围更大。

从经济学角度而言,广告投入量与产品价格、产品销量及其相应利润之间的关系是广告经济学的主要研究内容(Bagewell,2004)。然而,双边市场中广告行为独有的特性是否会影响其竞争机制,就笔者目前掌握的资料,尚未有学者对该问题展开分析。本章旨在基于广告经济学的角度,从理论上对双边市场中双边平台企业的广告行为展开研究,而某一方最终用户的广告行为不在本章研究范围之内,但可作为本章的扩展研究方向之一。

6.1.2 广告分类

广告作为最广泛的促销策略,依据研究角度的不同有不同的分类方法。通常比较直观的分类方法有:

(1)按照广告地区可分为世界性广告、全国性广告、区域性广告和当地性广告。

(2)按照宣传对象可分为工商企业广告、贸易商广告和消费者广告等。

(3)按照广告所属产业可分为公益广告、医疗保健、电器用品、交通运输、金融保险、电脑网络、食品饮料、生活用品、通信服务、广告媒介、服装饰品等。

(4)按照传播方式可分为视听广告、印刷广告、户外广告、销售现场广告、网络广告等。

在经济学中,通常将广告分为劝购性广告(Persuasive Advertising)和消息性广告(Informative Advertising)(Bagewell,2004)。劝购性广告的思想源于20世纪上半叶,认为广告能够改变消费者对产品的喜爱程度,进而使产品需求曲线变得更加缺乏弹性,导致较高的产品价格。因而,该理论认为广告可能会阻碍其他企业进入,导致不正当竞争。消息性广告的思想源于19世纪60年代的芝加哥学派,认为广告传递的有关产品的基本信息,如特征、价格和哪里可以购买该产品等,可以降低厂商和消费者之间信息不对称的程度,减少消费者因搜寻产品而产生的搜寻成本。因而,该理论认为广告使得产品需求曲线更加富有弹性,能够促进竞争。一般而言,现实生活中的广告同时兼具这两种功能,很难将其割裂。如58同城广告,一方面在向广大网民展示其所经营的业务(网购、中介、团购、租房、招聘等),即体现出消息性广告的特征;另一方面,其病毒式的植入过程会影响到网民的偏好(资深网民可能由于病毒式的植入而减少访问次数,新网民可能会增加对其的访问次数),即体现出劝购性广告的特征。

下面的研究将遵循经济学中对广告的分类标准,从劝购性广告和消息性广告两个角度分别对双边平台企业的广告行为展开分析。尽管该研究与现实广告策略有一些偏离,但作为研究双边市场广告行为运作机理的基准模型,仍然具有一定的理论价值。

6.2　消息性广告模型

从技术角度而言,消息性广告并不直接影响产品的需求曲线,而是间接地通过对期望需求曲线的影响来实现最大化利润。本节研究双边平台企业采取消息性广告策略时,两边最终用户的进入价格及平台企业的利润所产生的变化。

6.2.1　模型结构

模型基本结构类似于前文,即基于标准 Hotelling 模型构建一个完全单归属的双寡头双边平台企业竞争模型。不同之处在于,两平台企业都采取广告策略来吸引最终用户。两平台企业的广告水平通过相应广告在最终用户的市场覆盖率 ϕ_{ik} 来衡量。显然,ϕ_{ik} 越大,广告投入越大。市场结构如图 6.1 所示。

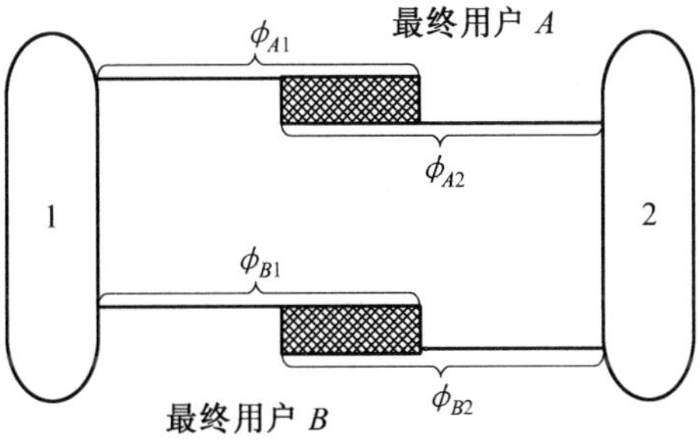

图 6.1　市场结构

每边最终用户只有接收到平台企业的广告后,才能选择加入平台企业,否则最终用户不加入平台企业,也不发生交易(Celik,2007)。根据 ϕ_{ik} 值的不同,同侧最终用户可分为四类:$\phi_{i1}\phi_{i2}$ 的最终用户同时接收到两个平台企业的广告,那么这类最终用户将按照效用最大化原则选择平台企业,即图6.1中阴影部分;$\phi_{i1}(1-\phi_{i2})$ 的最终用户只接收到平台企业1的广告,只能加入平台企业1,即图6.1中阴影左侧部分;$\phi_{i2}(1-\phi_{i1})$ 的最终用户只接收到平台企业2的广告,只能加入平台企业2,即图6.1中阴影右侧部分;$(1-\phi_{i1})(1-\phi_{i2})$ 的最终用户没有接收到任何平台企业的广告,不发生交易,图6.1并没有显示出该部分最终用户。为了简化变量,令 $\phi_{Ak}=\phi_{Bk}$,即平台企业每一水平的广告投放量将导致两边最终用户市场相同的市场覆盖率。因此,ϕ_{ik} 将简化为 ϕ_k。

同样地,令距离双边平台企业 k 为 x 的最终用户 i 的效用函数为

$$u_{ik}=v_i-p_{ik}-t_ix+\alpha_i n_{jk},k,m=1,2;i,j=A,B \text{ 且 } i\neq j \tag{6.1}$$

式中:各个变量的含义与前文相同。

平台企业的利润函数为

$$\begin{cases}\pi_1 = p_{A1}[\phi_1(1-\phi_2)x_{A1} + \phi_1\phi_2 y_{A1}] + p_{B1}[\phi_1(1-\phi_2)x_{B1} + \phi_1\phi_2 y_{B1}] - \lambda_1\phi_1^2 \\ \pi_2 = p_{A2}[\phi_2(1-\phi_1)x_{A2} + \phi_1\phi_2 y_{A2}] + p_{B2}[\phi_2(1-\phi_1)x_{B2} + \phi_1\phi_2 y_{B2}] - \lambda_2\phi_2^2\end{cases} \tag{6.2}$$

式中:x_{ik} 表示最终用户 i 收到唯一的平台企业 k 的广告时的市场份额;y_{ik} 表示同时接受到两个平台企业的广告时,加入平台企业 k 的最终用户 i 的市场份额;$\lambda_k\phi_k^2(0 < \lambda_k < 1)$ 表示平台企业广告投入的成本函数(Tirole,2007)。选择二次型的成本函数意味着,若平台企业试图获取更多的最终用户,需要付出更多的边际广告成本。

类似前文分析,最终用户依据效用最大化原则加入平台企业。因而,对于只收到一个平台企业的广告的最终用户而言,均衡时必满足 $u_{ik} = 0$,即

$$x_{ik} = \frac{v_i t_j + v_j\alpha_i - t_j p_{ik} - \alpha_i p_{jk}}{t_A t_B - \alpha_A\alpha_B} \tag{6.3}$$

若最终用户同时收到两个平台企业的广告,则均衡时必满足 $u_{i1} = u_{i2}$,即

$$y_{ik} = \frac{1}{2} + \frac{t_j(p_{im} - p_{ik}) + \alpha_i(p_{jm} - p_{jk})}{2(t_A t_B - \alpha_A\alpha_B)} \tag{6.4}$$

将式(6.3)和式(6.4)代入式(6.2),得

$$\begin{aligned}\pi_k = p_{Ak}\{&\phi_k(1-\phi_m)\frac{v_A t_B + v_B\alpha_A - t_B p_{Ak} - \alpha_A p_{Bk}}{t_A t_B - \alpha_A\alpha_B} + \\ &\phi_k\phi_m[\frac{1}{2} + \frac{t_B(p_{Am} - p_{Ak}) + \alpha_A(p_{Bm} - p_{Bk})}{2(t_A t_B - \alpha_A\alpha_B)}]\} + \\ p_{Bk}\{&\phi_k(1-\phi_m)\frac{v_B t_A + v_A\alpha_B - \alpha_B p_{Ak} - t_A p_{Bk}}{t_A t_B - \alpha_A\alpha_B} + \\ &\phi_k\phi_m[\frac{1}{2} + \frac{t_A(p_{Bm} - p_{Bk}) + \alpha_B(p_{Am} - p_{Ak})}{2(t_A t_B - \alpha_A\alpha_B)}]\} - \lambda_k\phi_k^2\end{aligned} \tag{6.5}$$

特别地,若 v_i 足够大,不论均衡价格 p_{ik} 为何值,均有 $x_{ik} > 1$,即两平台企业都能够覆盖整个最终用户市场,则平台企业的利润函数将变为

$$\begin{aligned}\pi_k = &p_{Ak}\{\phi_k(1-\phi_m) + \phi_k\phi_m[\frac{1}{2} + \frac{t_B(p_{Am} - p_{Ak}) + \alpha_A(p_{Bm} - p_{Bk})}{2(t_A t_B - \alpha_A\alpha_B)}]\} + \\ &p_{Bk}\{\phi_k(1-\phi_m) + \phi_k\phi_m[\frac{1}{2} + \frac{t_A(p_{Bm} - p_{Bk}) + \alpha_B(p_{Am} - p_{Ak})}{2(t_A t_B - \alpha_A\alpha_B)}]\} - \lambda_k\varphi_k^2\end{aligned} \tag{6.6}$$

式(6.5)是当最终用户收到唯一广告时,平台企业部分覆盖两边最终用户市场情形下的利润函数,而式(6.6)是当最终用户收到唯一广告时,平台企业完全覆盖两边最终用户市场的利润函数。Soberman(2004)认为两种情形下的广告行为,其影响结果的差异非常大。因此,本研究试图对双边平台企业在这两种情形下的消息性广告行为展开分析。

由于求解$\frac{\partial\pi_k}{\partial p_{ik}} = 0$ 得到四元三次方程组,所得结果异常复杂,很难进行一般解的分

析。因此,在不失一般性的条件下,本书对一些变量进行随机赋值,通过数值算例研究所得结果的特性。

6.2.2　部分覆盖情形

该情形下变量初始赋值见表6.1。

表6.1　部分覆盖情形下变量的初始赋值

变量	v_A	v_B	α_A	α_B	t_A	t_B	λ_1	λ_2
赋值	0.45	0.55	0.1	0.2	0.4	0.5	0.4	0.5

图6.2和图6.3依次显示了最终用户只收到一个广告和同时收到两个广告的均衡市场份额。其中,(a)均表示最终用户A的市场份额,(b)均表示最终用户B的市场份额。在图6.2和图6.3中以及本节其他图中,深色图像均表示平台企业1的相关均衡值,浅色图像表示平台企业2的相关均衡值,黑色线表示二者相等时的均衡值。显然,图6.2和图6.3所示的四个图像均具有对称结构,均关于$\phi_1=\phi_2$对称。图6.4描述了两种情形下,两平台企业在两边最终用户市场的总需求。

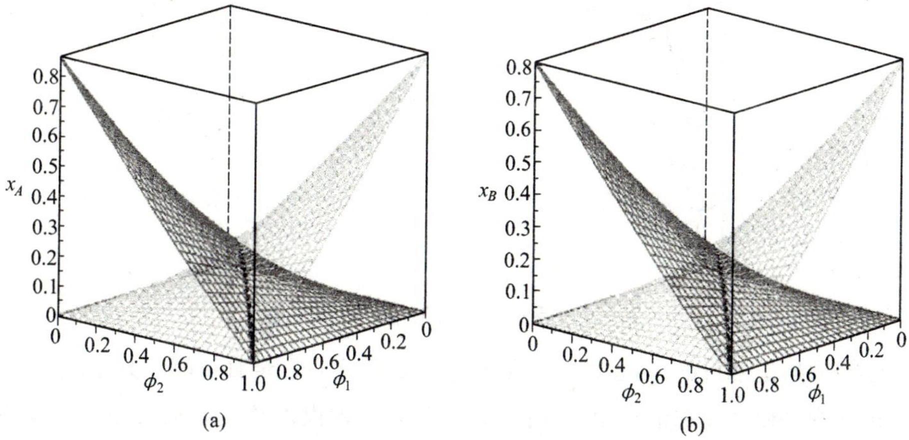

图6.2　最终用户只收到一个广告时的均衡市场份额

命题6.1　若双寡头双边平台企业采取消息性广告策略,在部分覆盖最终用户市场的情形下实现均衡时,x_{ik}和y_{ik}均与ϕ_k正相关,而x_{ik}与ϕ_m负相关,y_{ik}与ϕ_m正相关。同时,总需求n_{ik}与ϕ_k正相关,与ϕ_m负相关。

证明　在上述数值的基础上,计算相应的一阶偏导数,可以得出类似图6.2和图6.3的三维图。考虑篇幅原因,文中并没有列出这些偏导数图。

由于x_{ik},y_{ik}和n_{ik}均与ϕ_k正相关,即加入平台企业k的最终用户随消息性广告投入的增加而增加,命题6.1意味着平台企业试图通过消息性广告来吸引更多的最终用户加入

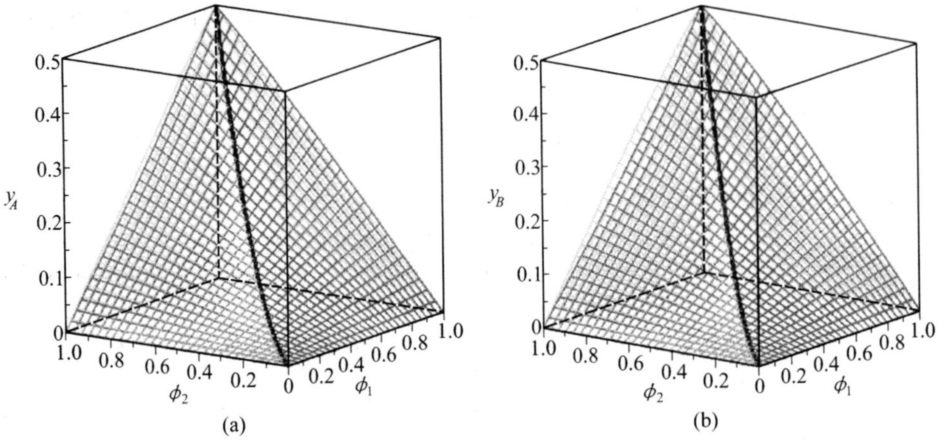

图 6.3　最终用户收到两个广告时的均衡市场份额

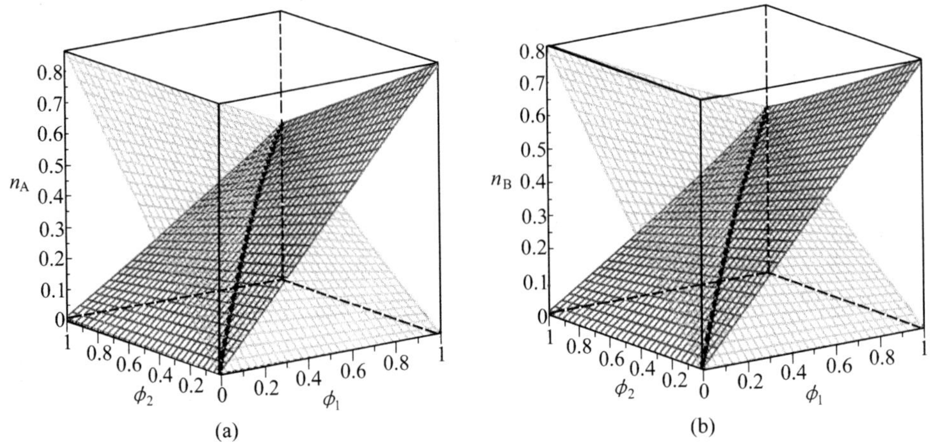

图 6.4　两平台企业在两边用户市场的总需求

平台企业的策略是可行的，消息性广告策略对平台企业而言是有效的。其原因在于，消息性广告包含着平台企业和最终用户的信息，更多的广告投入意味着最终用户将变得越来越理性，越来越偏好平台企业，进而信任平台企业，导致加入平台企业的最终用户数量的增加。竞争对手采取消息性广告对平台企业总需求既产生正效应，又产生负效应，总效应取决于 x_{ik} 和 y_{ik} 的重要程度。文中赋值条件下，总需求与 ϕ_m 成正相关，表明最终用户只收到一个平台企业的消息性广告的数量较大，超过了同时收到两个广告的最终用户的数量。

需要特别说明的是，图 6.4 并不满足 $n_{i1}+n_{i2}=1$，即单位化最终用户数量的假设。其原因在于，有 $(1-\phi_{i1})(1-\phi_{i2})$ 的最终用户并没收到任何一个平台企业的广告。因此，当 $\phi_{ik}\neq 0,1$ 时，恒有 $n_{i1}+n_{i2}<1$。另外，尽管我们依据随机原则选择变量的初始赋值，但数值的选择仍然需要遵循一定的原则。例如，只有 $t_i>\alpha_i$ 时，x_{ik}，y_{ik} 和 n_{ik} 均大于零，数值分析才有实际意义。

图6.5描绘了两平台企业向两边最终用户制定的均衡进入价格与广告投入量之间的关系。显然,图6.5中两图均关于$\phi_1=\phi_2$对称。图6.6则显示了均衡时两平台企业对应的利润。其中,图6.6(b)是图6.6(a)的部分剖面图。显然,π_1随ϕ_1先增加后减少,而π_2随ϕ_1增加而不断。

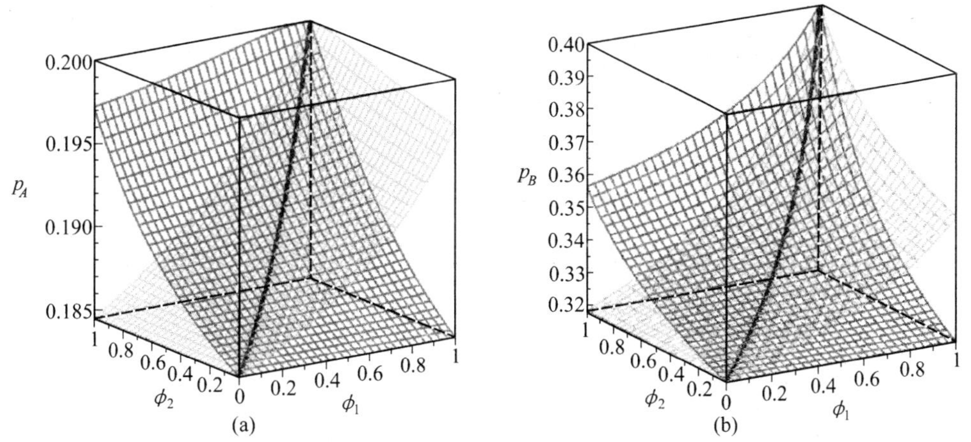

图6.5　均衡价格与广告投入量之间的关系

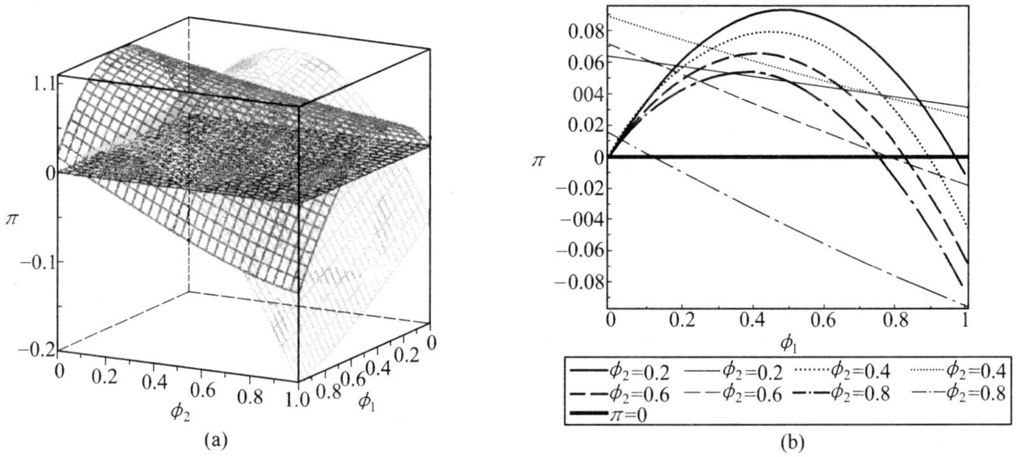

图6.6　均衡利润与广告投入量之间的关系

命题6.2　若双寡头双边平台企业采取消息性广告策略,在部分覆盖最终用户市场的情形下实现均衡时,p_{ik}与ϕ_k和ϕ_m均正相关;而π_k与ϕ_k的关系不确定,与ϕ_m负相关。

证明　类似于命题6.1。

平台企业为最终用户制定的均衡进入价格随自身消息性广告投入的增加而增加,其原因在于平台企业必须通过较高的均衡进入价格来回收由于广告投入而产生的成本。而均衡进入价格随竞争对手消息性广告投入的增加而增加,其原因在于广告溢出效用(本质是一种正的交叉外部性)(罗云辉,2006)。平台企业利润 π_k 与自身消息性广告 ϕ_k 表现出不确定关系的原因在于,尽管 p_{ik} 和 n_{ik} 均与 ϕ_k 正相关,但边际广告成本 $2\lambda_k\phi_k$ 也随着 ϕ_k 的增加而增加,因而,总效应 $\frac{\partial \pi_k}{\partial \phi_k}$ 的值不确定;而 $\frac{\partial \pi_k}{\partial \phi_m}<0$ 意味着竞争对手通过消息性广告可以抢走更多的最终用户。命题 6.2 表明,平台企业采取消息性广告策略有助于其制定较高的进入价格,获取额外的利润,但总利润是否会增加还取决于消息性广告的成本。

图 6.7 给出了不同消息性广告投入水平与社会总福利的变化关系。图 6.7(a) 表明,两平台企业同时较高的广告投入或较低的广告投入,均不利于社会福利的改善。而图 6.7(b) 表明,随着 ϕ_1 和 ϕ_2 的增加,社会总福利 W 先增后减。

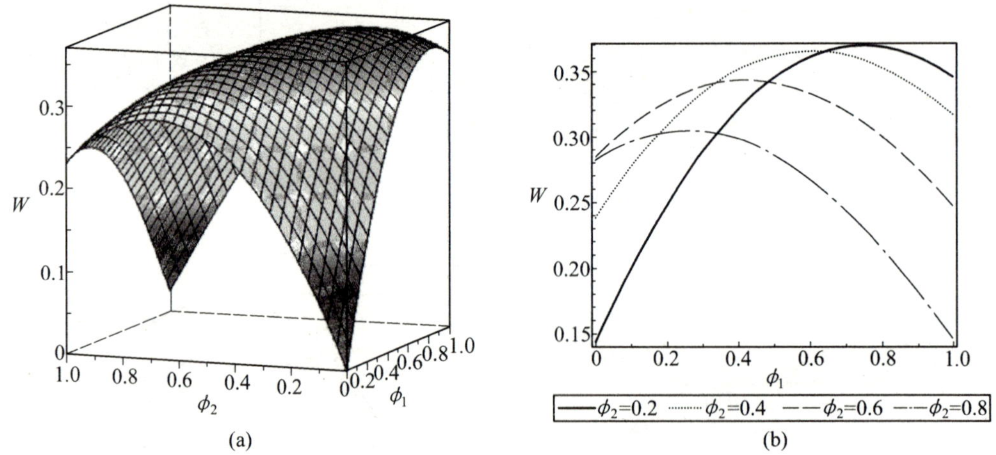

图 6.7　社会福利与广告投入量之间的关系

命题 6.3　若双寡头双边平台企业采取消息性广告策略,在部分覆盖最终用户市场的情形下实现均衡时,社会福利 W 与 ϕ_k 和 ϕ_m 的关系不确定。

证明　类似于命题 6.1。

命题 6.3 意味着,双边平台企业采取消息性广告策略能否提高社会福利是不明确的。不过,可以明确的是,过度的广告投入(包括过量或不足两种情形) 都不会提高社会福利,只有适量的广告投入才有助于提高社会水平。

6.2.3　完全覆盖情形

该情形下变量初始赋值见表 6.2。

表 6.2　部分覆盖情形下变量的初始赋值

变量	v_A	v_B	α_A	α_B	t_A	t_B	λ_1	λ_2
赋值	1	1.4	0.1	0.2	0.4	0.5	0.4	0.5

与表6.1相比，表6.2只有 v_i 值发生了改变。事实上，通过改变 α_i 或 t_i 或同时改变这6个变量的值，均能改变平台企业的市场覆盖水平。本研究为了简化分析及与部分覆盖情形作比较，仅改变了 v_i 值。

图6.8给出了两个平台企业均能够完全覆盖最终用户市场的情形下，市场覆盖水平和消息性广告投入之间的关系。需要说明的是，当 $\phi_2 \in (0.21, 0.38)$ 时，平台企业1并没有完全覆盖最终用户 A 市场，即图6.8(a)中最左侧浅色图像下方深色图像上方的区域；而当 $\phi_1 \in (0.21, 0.38)$ 时，平台企业2并没有完全覆盖最终用户 A 市场，即图6.8(a)中最右侧深色图像下方浅色图像上方的区域。同样地，可得出图6.8(b)中的无效图像区域是 $\phi_k \in (0.26, 0.41)$。因而，$\phi_k \in (0.41, 1)$ 是有效的赋值范围，符合两平台企业完全覆盖最终用户市场的假设。另外，图6.9给出的是最终用户同时收到两个广告时的均衡市场份额。根据 $y_{ik} > 0$ 的假设，也可以得出 $\phi_k \in (0.41, 1)$ 才是有效的赋值范围。因而，图6.10以及本节其余图中，均选择 $\phi_k \in (0.41, 1)$。

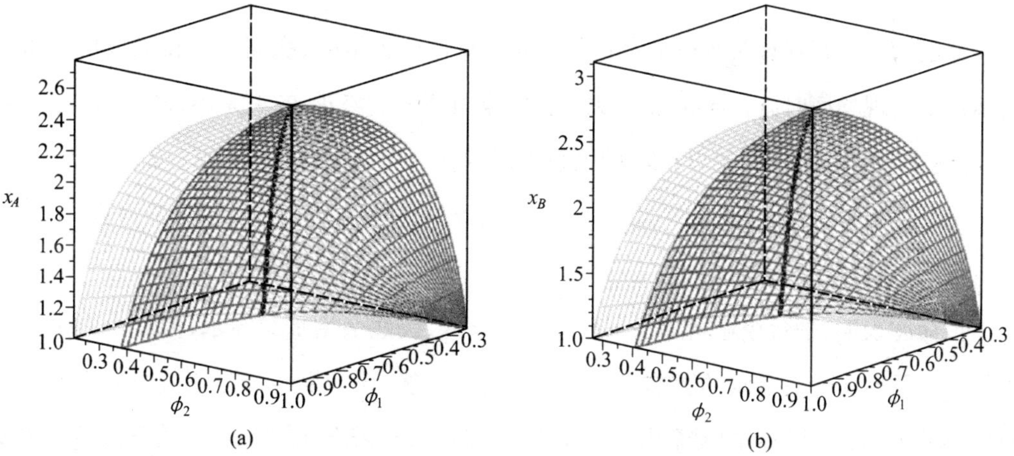

图6.8　最终用户只收到一个广告时的市场覆盖水平

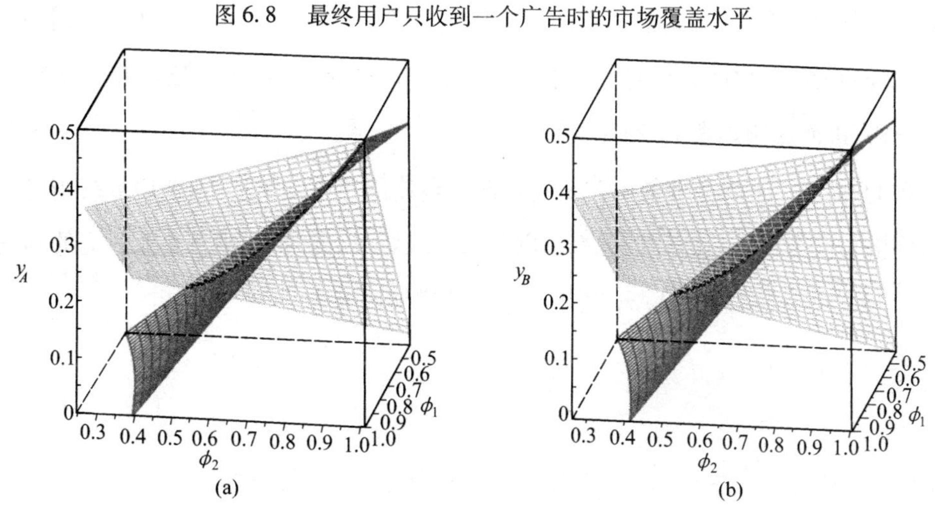

图6.9　最终用户收到两个广告时的均衡市场份额

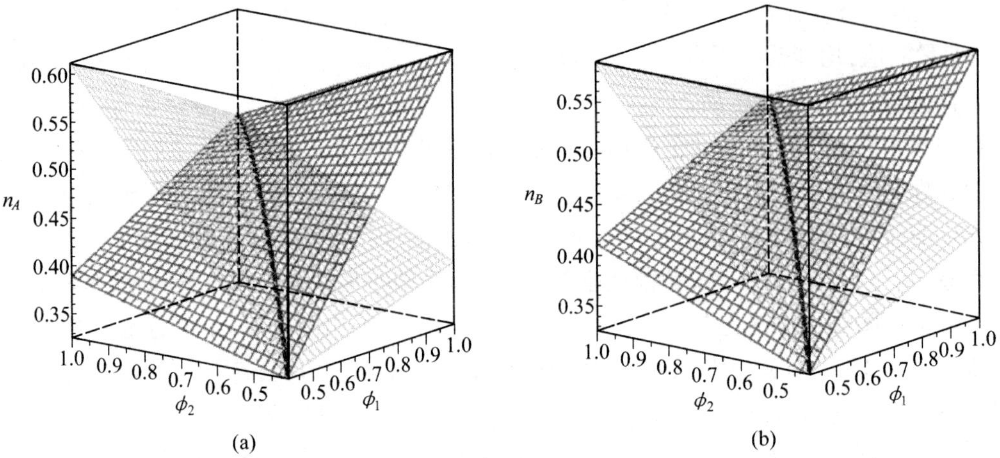

图 6.10　两平台企业在两边用户市场的总需求

命题 6.4　若双寡头双边平台企业采取消息性广告策略，在完全覆盖最终用户市场的情形下实现均衡时，x_{ik} 与 ϕ_k 正相关，与 ϕ_m 负相关；y_{ik} 与 ϕ_k 的关系不确定，与 ϕ_m 正相关；总需求 n_{ik} 与 ϕ_k 正相关，与 ϕ_m 的关系不确定。

证明　类似于命题 6.1。

该命题表明，平台企业增加消息性广告的投入，仍然会增加总需求，但竞争对手广告的投入对平台企业总需求的影响将变得不确定。显然，该结果与部分覆盖情形下的结果有明显的不同，y_{ik} 与 ϕ_k 的关系由正相关变为不确定，总需求 n_{ik} 与 φ_m 的关系由负相关变为不确定。其原因在于，x_{ik} 对总需求的贡献从式(6.3) 变为 $\phi_k(1-\phi_m)$，即只收到一个平台企业广告的最终用户的数量对总需求的贡献变大。同时，$x_{ik}\equiv 1$ 导致 v_i 将不再影响均衡进入价格，进而影响均衡 y_{ik} 和 n_{ik} 值。

图 6.11 描绘了平台企业能够完全覆盖两边最终用户市场情形下，两边最终用户的均衡进入价格与广告投入量之间的关系。图 6.12 显示了均衡时，两平台企业对应的利润。从图 6.12(b) 中，很明显得出，π_k 随 ϕ_1 和 ϕ_2 的增加而减少。

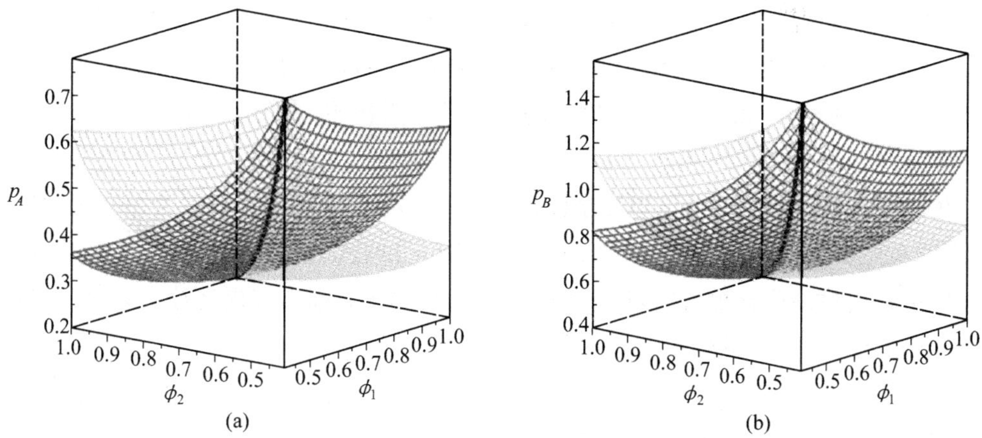

图6.11　均衡价格与广告投入量之间的关系

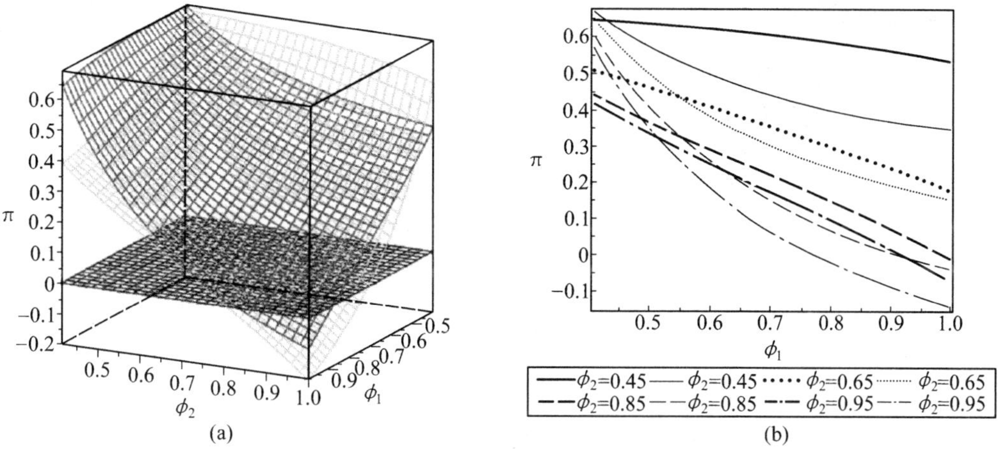

图6.12　均衡利润与广告投入量之间的关系

命题6.5　若双寡头双边平台企业采取消息性广告策略，在完全覆盖最终用户市场的情形下实现均衡时，p_{ik} 和 $\boldsymbol{\pi}_k$ 与 $\boldsymbol{\phi}_k$、$\boldsymbol{\phi}_m$ 均负相关。

证明　类似于命题6.1。

该命题表明，若平台企业能够完全覆盖两边最终用户市场，增加消息性广告的投入是不明智的选择，会导致均衡价格下降，这与部分覆盖情形下的结论完全相反。产生的原因是均衡定价结构发生了改变：

(1) 部分覆盖情形下有 $\dfrac{\partial p_{ik}}{\partial v_i} > 0$，而完全覆盖情形下 p_{ik} 与 v_i 不相关，因而，均衡价格会减少是由于 v_i 所产生的部分。

(2) 部分覆盖情形下有 $x_{ik} = f(p_{ik})$，而完全覆盖情形下 $x_{ik} \equiv 1$，与 p_{ik} 不相关，因而，完

全覆盖情形下均衡价格解将比部分覆盖情形下的简单。此外,平台企业的利润随 ϕ_k 和 ϕ_m 的增加而减少,意味着当平台企业能够完全覆盖两边最终用户市场时,追求利润最大化的平台企业实施加大消息性广告投入的策略是不明智的,表现出"损人不利己"的特性。

图6.13 描绘了平台企业能够完全覆盖两边最终用户市场情形下,社会总福利与广告投入量之间的关系。显然,图6.13 与图6.7 具有相同的特征,即社会总福利与 ϕ_1 和 ϕ_2 的关系不明确;过度的广告投入(包括过量或不足两种情形)都不会提高社会福利,只有适量的广告投入才有助于提高社会水平。

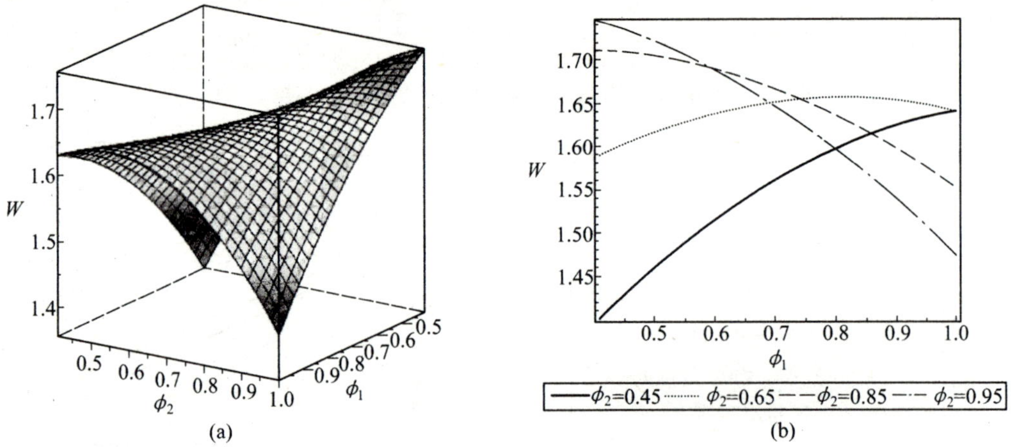

图6.13　社会福利与广告投入量之间的关系

6.3　劝购性广告模型

与消息性广告恰恰相反,劝购性广告将影响消费者的偏好,进而直接影响产品的需求曲线,导致平台企业利润发生改变。本节研究双边平台企业的劝购性广告策略,着重分析广告投入量与两边最终用户进入价格及平台企业利润之间的关系。

6.3.1　模型结构

与消息性广告相比,劝购性广告可以改变最终用户对平台企业声誉、产品质量的感知、信誉保证等方面的偏好,其本质上并不改变基本效用函数结构,而是提高最终用户从平台企业获得的整体效用水平[77]。

劝购性广告模型结构也是基于标准 Hotelling 模型构建一个完全单归属的双寡头双边平台企业竞争模型。若两平台企业采取劝购性广告,距离双边平台企业 k 为 x 的最终用户 i 的效用函数为

$$U_{ik}=[1+f(\phi_k)]u_{ik}=[1+f(\phi_k)](v_i-p_{ik}-t_ix+\alpha_in_{jk})$$

$$k,m = 1,2 \text{ 且 } k \neq m; i,j = A,B \text{ 且 } i \neq j \tag{6.7}$$

式中:$f(\phi_k)u_{ik}$ 表示因劝购性广告的投入而导致最终用户效用的改变量;其余变量的含义类似于前文。

现实生活中,并非广告越多越好,过量的广告会引起消费者的反感,导致效用降低。如脑白金的狂轰滥炸式的广告被众多业内人士和消费者认为是最厌恶的广告[60]。当广告量低于最终用户的容忍度时,最终用户获得的效用会随着广告量的增加而增加;当广告量超过最终用户的容忍度时,最终用户表现出对广告的厌恶,获得的效用会随着广告量的增加而减少。为了反映广告量与最终用户效用的这种特性,构建函数 $f(\phi_k) = a_i\phi_k - \phi_k^2$,其中,$a_i \in (0,1)$。当 $0 < \phi_k < a_i$ 时,最终用户偏好广告,即 $f'(\phi_k) > 0$;当 $a_i < \phi_k < 1$,最终用户厌恶广告,即 $f'(\phi_k) < 0$。

平台企业的利润函数仍然为

$$\pi_k = p_{Ak}n_{Ak} + p_{Bk}n_{nk} - \lambda_k\phi_k^2 \tag{6.8}$$

由于 v_i 值的不同,平台企业可以部分覆盖最终用户市场,也可以完全覆盖最终用户市场。当 $n_{i1} + n_{i2} \geqslant 1$ 时,尽管平台企业是部分覆盖最终用户市场,但两平台企业将竞争最终用户,即最终用户选择效用最大的平台企业加入;当 $n_{i1} + n_{i2} < 1$ 时,平台企业在 Hotelling 线性模型的两端形成两个局部垄断的市场结构。因此,下面从局部垄断和竞争两种情形分析广告策略对进入价格和平台利润的影响。

6.3.2　局部垄断情形

类似于5.3.2,由于两个平台企业不产生相互影响,其本质相当于该市场结构只存在一个平台企业的完全垄断情形。因此,分析只存在一个平台企业时劝购性广告对进入价格和平台企业利润的影响。

加入平台企业的最大最终用户数量需满足 $U_i = 0$,即 $x = (v_i - p_i + \alpha_i n_j)/t_i$。显然,$Dx|_{U_i} = Dx|_{u_i}$,即垄断情形下,平台企业实施劝购性广告策略并没有吸引更多的最终用户加入平台企业。同时,平台企业的利润将由于广告费用的支出而减少。

命题6.6　若双边平台企业采取劝购性广告策略,在垄断条件下,该策略并不能吸引更多最终用户,且平台企业的利润随广告投入量的增加而减少。

该命题意味着,垄断市场结构下的双边平台企业试图通过劝购性广告策略吸引更多的最终用户是不可行的,反而会适得其反,由于广告费用的不断支出而导致平台企业的利润减少。其原因在于:一方面,垄断市场地位赋予平台企业完全排他性,也就是说,最终用户只能选择加入和不加入平台企业,而不能选择加入哪个平台企业;另一方面,式(6.7)中,劝购性广告没有改变最终用户基本效用函数结构,只是绝对数值增加或减少了某个比例。因此，垄断情形下，双边平台企业选择劝购性广告策略是无效的。

6.3.3　竞争情形

竞争情形下，最终用户依然根据效用最大化原则选择平台企业，加入两平台企业的无差异条件为 $U_{i1}=U_{i2}$，即

$$n_{ik}=\frac{\gamma_{ik}}{1+\gamma_{ik}}+\frac{(1-\gamma_{ik})v_i+\gamma_{ik}p_{im}-p_{ik}+\alpha_i(n_{jk}-\gamma_{ik}n_{jm})}{t_i(1+\gamma_{ik})} \tag{6.9}$$

式中：$\gamma_{ik}=\dfrac{1+\alpha_i\phi_m-\phi_m^2}{1+\alpha_i\phi_k-\phi_k^2}$。显然，当 $\phi_1=\phi_2$ 时，即两平台企业的广告投入量相等时，式(6.9)将变为式(5.4)。也就是说，文献[1]～[3]所构建的模型不仅仅是研究双寡头平台企业有无搭售行为的基准模型，而且也是研究两平台企业的广告投入水平的基准模型。

将式(6.9)代入平台企业各自的利润函数式(6.8)，通过求解 $\dfrac{\partial\pi_k}{\partial p_{ik}}=0$，可以得到，平台企业为最终用户制定的均衡进入价格。由于所得结果比较复杂，很难直接分析所得均衡解，通过数值算例研究所得结果的特性。为了与消息性广告策略时的均衡解比较，依然选择表6.2所示的初始赋值。另外，令 $\alpha_i=\alpha_j=\alpha=0.8$，两边最终用户具有相同的广告偏好函数。

数值计算结果如图6.14～6.19所示。其中，深色图像表示平台企业1的相关均衡解，浅色图像表示平台企业2的相关均衡值，而黑色图像是比较基准值；图(b)均是图(a)关于 ϕ_1 的剖面图。

图6.14和图6.15分别描绘了在表6.2所给定的初始赋值条件下，两平台企业竞争实现均衡时，最终用户 A 和最终用户 B 的均衡进入价格；而图6.16和图6.17则描绘了均衡时最终用户 A 和最终用户 B 的市场份额。在图6.14～6.17四个图中，均表现出：当 $\phi_k<0.4$ 时，p_{ik} 和 n_{ik} 均随 ϕ_k 的增加而增加；当 $\phi_k>0.4$，p_{ik} 和 n_{ik} 均随 ϕ_k 增加而减少；当 $\phi_m<0.4$ 时，p_{ik} 和 n_{ik} 均随 ϕ_m 的增加而减少；当 $\phi_m>0.4$，p_{ik} 和 n_{ik} 均随 ϕ_m 增加而增加。通过改变 a 的数值，发现临界点只与 a 相关。因此，可以得到命题6.7。

命题6.7　若双寡头双边平台企业采取劝购性广告策略，在竞争条件下实现均衡时，当 $\phi_k<0.5a$ 时，p_{ik} 和 n_{ik} 与 ϕ_k 正相关，当 $\phi_k>0.5a$ 时，p_{ik} 和 n_{ik} 与 ϕ_k 负相关；而当 $\phi_m<0.5a$ 时，p_{ik} 和 n_{ik} 与 ϕ_k 负相关，当 $\phi_m>0.5a$ 时，p_{ik} 和 n_{ik} 与 ϕ_k 正相关。

证明　类似于命题6.1。

该命题表明，当两个双边平台企业都采取劝购性广告策略时，最终用户对广告投入量

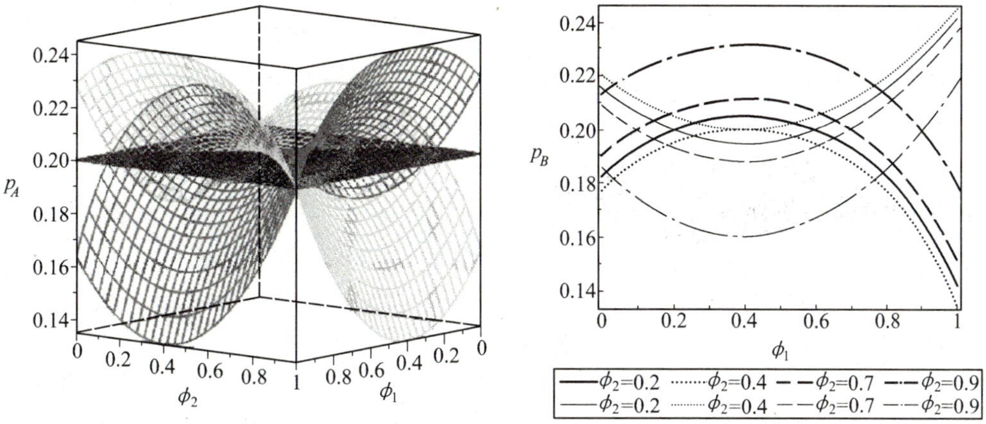

(a)　(b)

图 6. 14　最终用户 *A* 的均衡价格与广告投入量之间的关系

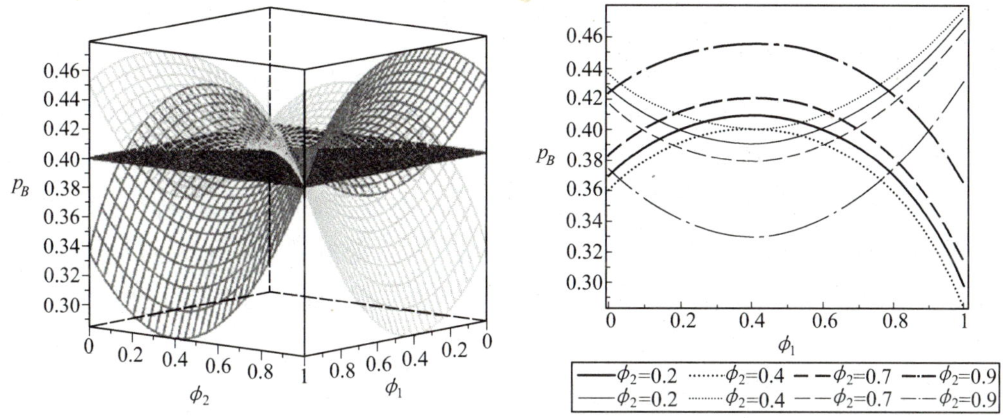

(a)　(b)

图 6. 15　最终用户 *B* 的均衡价格与广告投入量之间的关系

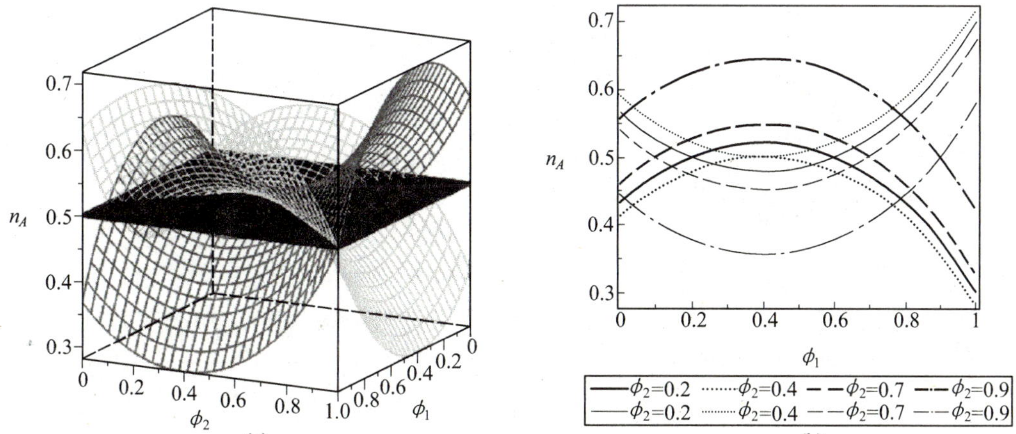

(a)　(b)

图 6. 16　最终用户 *A* 均衡市场份额与广告投入量之间的关系

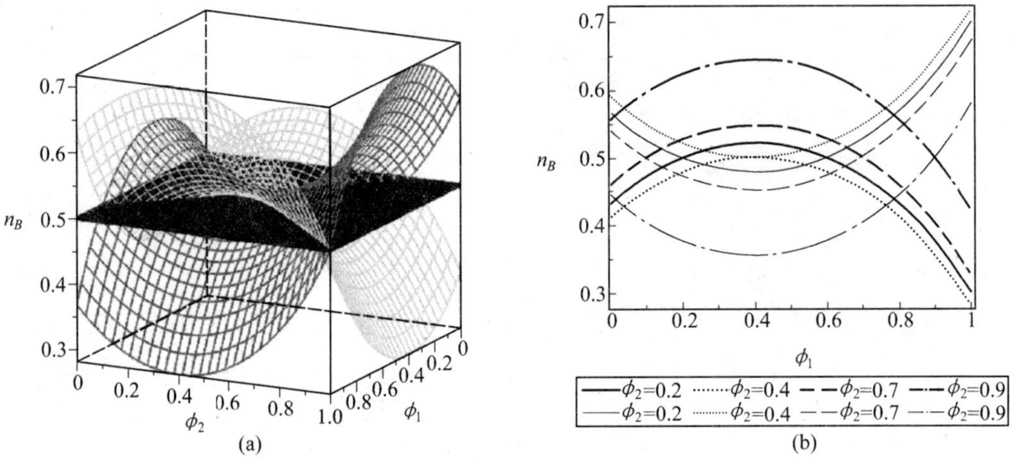

图 6. 17　最终用户 B 均衡市场份额与广告投入量之间的关系

的偏好 $f(\phi_k)$ 对均衡进入价格和均衡市场份额产生较大的影响。当 $\phi_k = 0.5a$ 时，$f(\phi_k)$ 取得极大值，即同等条件下，最终用户获得的效用 U_{ik} 达到最大值，进而导致 p_{ik} 和 n_{ik} 实现极值。因而，理性的双边平台企业应将广告投入量限制在最终用户最大容忍程度内，此时，双边平台企业可以通过较低的广告支出制定较高进入价格并获得较大的市场份额。一旦广告投入量超过最终用户最大容忍程度，加大广告投放力度只会使事情越来越糟，即均衡进入价格越来越低，均衡市场份额越来越小。此外，竞争对手广告投放量对 p_{ik} 和 n_{ik} 产生的影响恰好与自身广告投放量所产生的影响相反，其原理在于“对手的失误就是自身的成功”。

图 6. 18 显示了均衡时，两平台企业利润与广告投入量之间的关系。显然，当平台企业过度投放广告时，$\pi_k < 0$，即劝购性广告策略不仅没有增加平台企业的利润，反而成为平台企业非价格竞争策略选择的一个败笔。

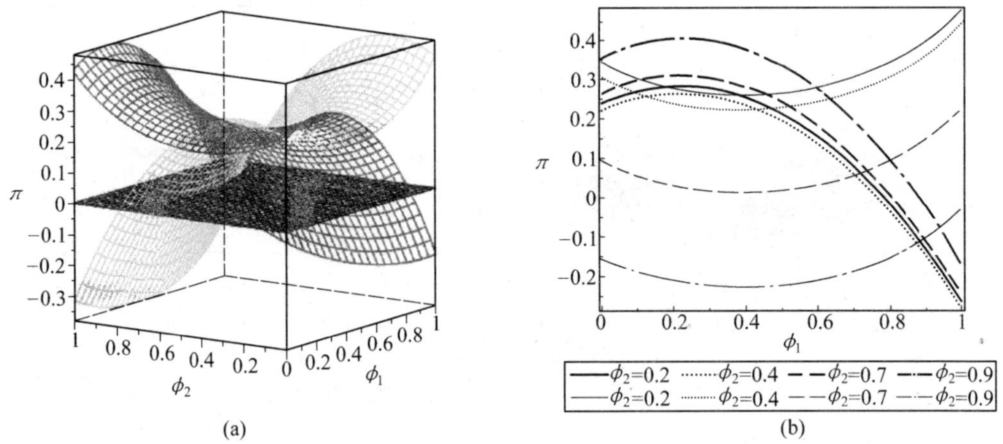

图 6. 18　均衡利润与广告投入量之间的关系

命题 6.8　若双寡头双边平台企业采取劝购性广告策略，在竞争条件下实现均衡时，π_k 随 ϕ_k 的增加，先增加后减少，随 ϕ_m 的增加，先减少后增加。

证明　类似于命题 6.1。

该情形下，平台企业的利润表现出与 p_{ik} 和 n_{ik} 一样的性质，但 π_k 的极值并不固定在 $\phi_k=0.5a$ 处，而随 a 的变化而变化。对于追求利润最大化的平台企业而言，较高的广告投入量并不能保证获得较大的利润。若广告投入太大，平台企业的利润会迅速减少，出现亏损的可能。此外，竞争对手投入较多的广告，对平台企业往往是有利的。

图 6.19 描绘了两平台企业采取劝购性广告对社会总福利产生的影响。图 6.19(a)中平面以及图 6.19(b) 中黑色粗线，均表示当两平台企业都不采取劝购性广告时的社会总福利。显然，只有部分 ϕ_1 和 ϕ_2 能够提高社会总福利，大部分区域的社会总福利降低了。特别地，当两平台企业的广告投放量都能够覆盖两边最终用户的整个市场时，社会总福利将降到最低点。

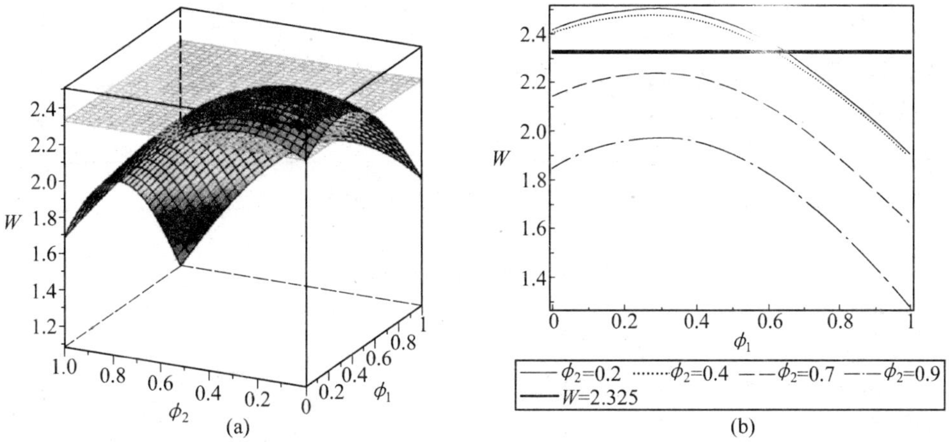

图 6.19　社会福利与广告投入量之间的关系

命题 6.9　若双寡头双边平台企业采取劝购性广告策略，在竞争条件下实现均衡时，广告策略并不能保证改善社会总福利。

证明　类似于命题 6.1。

该命题表明，适度的广告投入会增加社会福利水平，但过度地增加广告量，不仅没有增加社会福利，反而会浪费社会资源，导致社会总福利水平下降。因此，从资源有效配置角度而言，政策制定部门应该制定相应规则，限制平台企业的过度广告行为，将广告量维持在合理范围内。

6.4 两种广告策略比较

为了对比消息性广告和劝购性广告对双边平台企业竞争所产生的效果，将竞争情形下实现均衡时的均衡价格、均衡市场份额和平台企业利润以及社会总福利的数值结果放置在同一图中，如图 6.20 ~ 6.22 所示。其中，粗线图像表示平台企业选择劝购性广告策略时的相关均衡值，而细线图像表示平台企业选择消息性广告策略时的相关均衡值。另外，需要说明的是：① 图 6.20 ~ 6.22 仅显示了平台企业 1 的对比结果，平台企业 2 的对比结果与之类似，文中并未列出；② $\phi_k \in (0.41,1)$ 才是有效的取值范围。

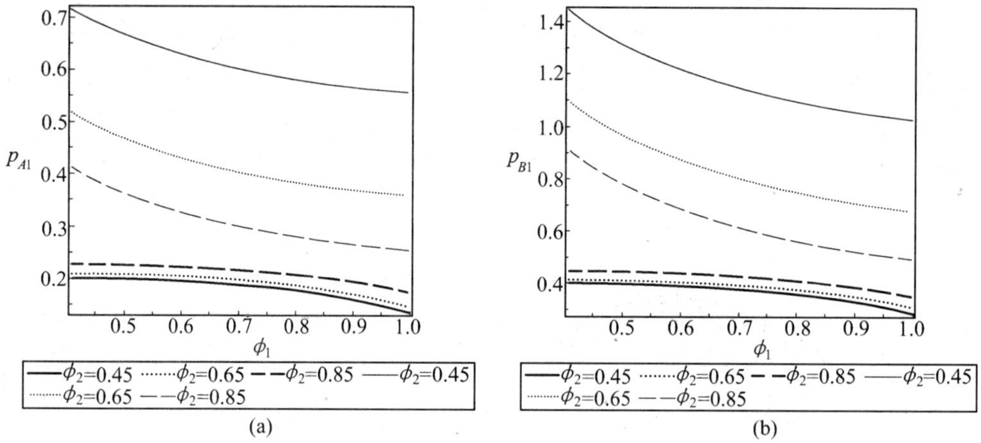

图 6.20 两种情形下均衡价格

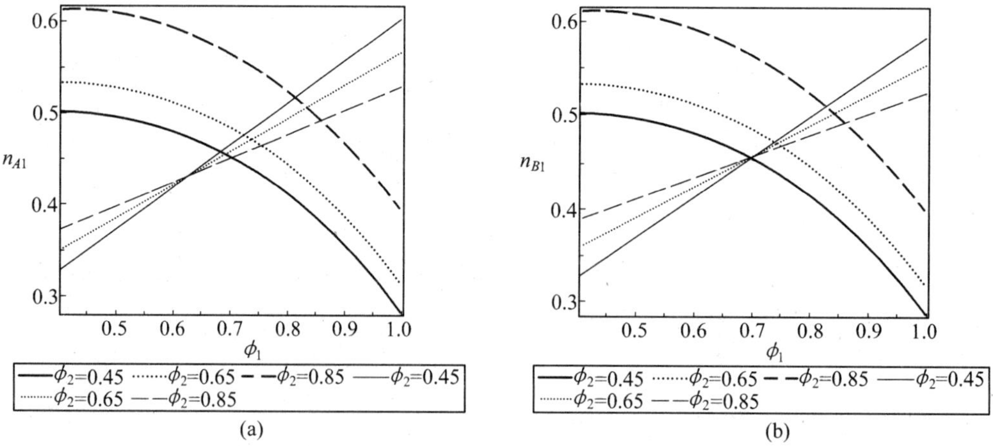

图 6.21 两种情形下均衡市场份额

图 6.20 表明，不论是 p_{A1} 还是 p_{B1}，均有 $p_{i1}^{IA} > p_{i1}^{PA}$，即不论是最终用户 A 还是最终用户 B，平台企业选择消息性广告策略所得均衡进入价格均大于它采取劝购性广告策略时所得均衡进入价格。同时，p_{i1}^{IA} 与 ϕ_1 和 ϕ_2 均负相关，而 p_{i1}^{PA} 与 ϕ_1 的关系不确定，与 ϕ_2 负相

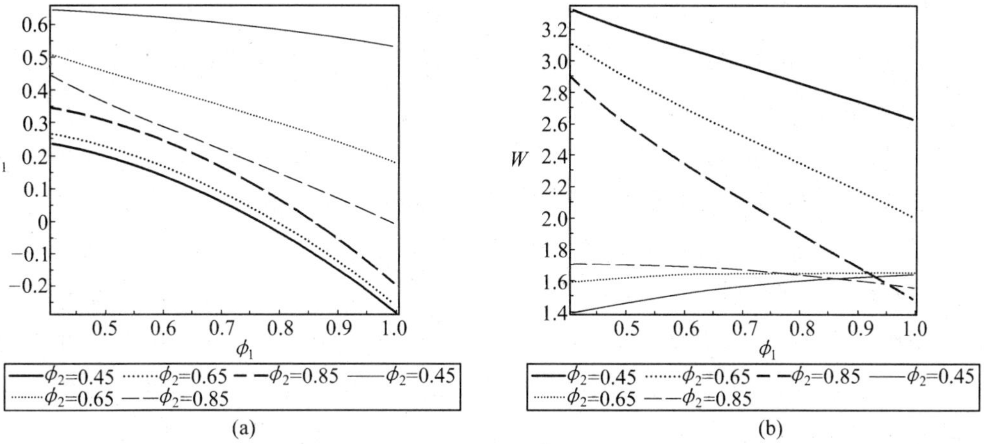

图 6.22　两种情形下的平台企业利润和社会福利

关。图6.21则表明,相对于p_{i1}而言,n_{i1}与ϕ_1和ϕ_2的关系更为复杂,需要具体考虑ϕ_1和ϕ_2的取值。不过,笼统而言,当ϕ_1和ϕ_2都比较高时,$n_{i1}^{IA} > n_{i1}^{PA}$;反之,则$n_{i1}^{IA} < n_{i1}^{PA}$。即若平台企业的目标是最大化最终用户的市场份额,那么消息性广告策略优于劝购性广告策略。此外,对比图6.21(a)和图6.21(b),还有n_{i1}^{IA}与ϕ_1正相关,与ϕ_2的关系不明确;而n_{i1}^{PA}与ϕ_1负相关,与ϕ_2正相关。图6.22(a)表明平台企业采取消息性广告策略所得利润总是大于劝购性广告策略所得利润,同时采取前一种策略出现亏损的几率较小。此外,还可以得到,π_1^{IA}与ϕ_1和ϕ_2均负相关,而π_1^{PA}与ϕ_1负相关,与ϕ_2正相关。图6.22(b)则说明采取消息性广告策略会造成社会总福利水平的降低,而劝购性广告策略尽管存在降低社会总福利水平的可能,但普遍高于采取消息性广告策略时所得的社会总福利水平。

命题6.10　若双寡头双边平台企业既可以选择消息性广告策略又可以采取劝购性广告策略,在同等竞争条件下实现均衡时,$p_{i1}^{IA} > p_{i1}^{PA}$,$\pi_1^{IA} > \pi_1^{PA}$和$W^{IA} < W^{PA}$,而$n_{i1}^{IA}$和$n_{i1}^{PA}$的关系不能确定。

该命题意味着,若双边平台企业以追求利润最大化为目标,则选择消息性广告策略优于选择劝购性广告策略。若平台企业以追求市场份额最大化为目标,则选择劝购性广告策略优于选择消息性广告策略;但是,如果两平台企业展开“广告战”,则消息性广告策略优于劝购性广告策略。而对政策制定部门而言,若仅有两种选择,则应当限制消息性广告而鼓励劝购性广告。

本章小结

本章首先对双边市场中广告策略的特征进行了阐述,并给出了经济学中广告策略常

见的研究范式 —— 消息性广告和劝购性广告。接着,构建了双边平台企业的消息性广告模型,通过对部分覆盖最终用户市场和完全覆盖最终用户市场两种情形的研究发现,广告策略在两种情形下具有完全差异的结果。当平台企业能够完全覆盖两边最终用户市场,增加消息性广告的投入会导致均衡价格下降,这与部分覆盖情形下的结论完全相反。之后,构建双边平台企业的劝购性广告模型,围绕局部垄断和竞争两种情形展开分析,发现垄断情形下的双边平台企业试图通过劝购性广告策略吸引更多的最终用户是不可行的。最后,对两种广告策略进行了对比分析。研究得出,若双边平台企业以追求利润最大化为目标,则选择消息性广告策略优于选择劝购性广告策略;若平台企业以追求市场份额最大化为目标,则应选择劝购性广告策略。但是,如果两平台企业展开“广告战”,则消息性广告策略优于劝购性广告策略。对政策制定部门而言,若仅有两种选择,则应当限制消息性广告而鼓励劝购性广告。

第7章　双边平台企业竞争策略选择对策

不论采取价格竞争策略还是非价格竞争策略,也不论选择价格歧视策略、重叠业务策略、搭售策略还是广告策略,追逐更多的经济利润是理性双边平台企业存在的意义。从这个角度而言,各种竞争策略的本质是一致的,都是为平台企业攫取更多的利润而服务。本章试图从双边产业系统的角度出发,围绕双边产业、最终客户以及外部环境三个层面,从宏观角度给出双边平台企业竞争策略选择的一般性对策和建议。

7.1　双边产业系统

根据3.1.1对双边市场概念的界定,平台企业和两类性质截然不同的用户群体是双边市场必不可少的构成要件。此外,双边市场所面临的外部环境,诸如国内外经济形势、行业发展趋势、竞争对手状况、法律法规等因素也是该系统无法回避的一个重要因素。这些因素相互制约、相互作用,共同影响着双边平台企业的发展。较好的外部环境,毫无例外会促进双边产业的快速发展;反之,则相反。从系统论的角度而言,双边平台企业、性质截然不同的最终用户以及外部环境这三方共同组成了一个双边产业,如图7.1所示。

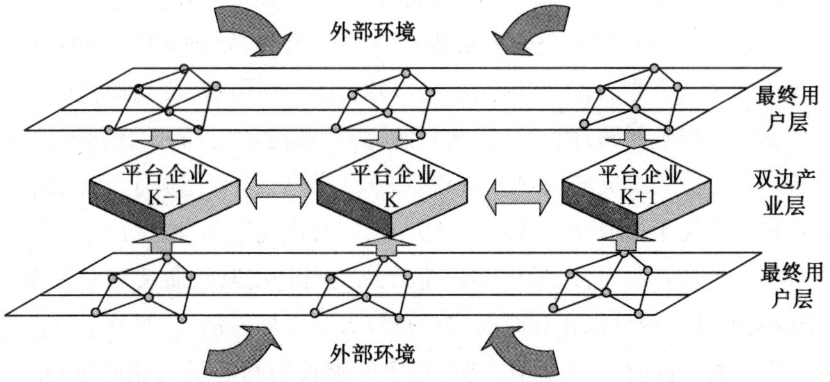

图7.1　双边产业系统

双边产业层、最终用户层及外部环境层共同构成了双边产业系统。双边平台企业K处于这个系统中,时时刻刻(无论是潜在进入时期,还是在位时期;也无论是垄断阶段,还是寡头阶段)、方方面面(诸如产业选择、市场定位、商业模式、竞争策略、进入价格制定、利润空间等)都受系统内众多因素的影响。成功地进入市场并在市场中有立足之地,选择合适的竞争策略至关重要。正如郎咸平教授所说“获得成功的企业是能够把握行业本质的企业”。那么,合适的竞争策略就是发现市场本质的途径,是体现行业本质的手段。

因而，下面将从双边产业系统的角度出发，结合前人研究成果及本书研究所得，针对双边平台企业竞争策略选择给出一些相应的对策和建议。

7.2　竞争策略选择

从三个层面，即双边产业层、最终用户层及外部环境层，试图从宏观角度给出双边平台企业竞争策略选择的一般性对策和建议。需要指出的是，这些竞争策略的选择并不是非此即彼，而是宜此宜彼，相互交叉使用的。

7.2.1　双边产业层

双边产业层可从宏观和微观两个角度考虑，前者指整个产业的角度，主要包括产业发展现状、市场结构、产业发展前景、利润空间等方面的内容；而后者主要包括单个双边平台企业的战略规划、市场定位、定价方式、竞争策略等方面的内容。由于双边产业层的宏观角度涉及整个产业，并非受具体双边平台企业控制，反而受制于整个产业，因而，将这一部分内容放在外部环境层中。本小节主要从双边产业层的微观角度，对双边平台企业竞争策略的选择给出一般性的建议。

1. 平台企业所处阶段

陈宏民和胥莉(2007)根据产业成长规律将双边产业的发展周期分为萌芽型、成长型、成熟型和衰退型四类，认为不同阶段的双边产业应当制定不同的策略。这与笔者的观点相一致。双边平台企业按照企业成长规律可划分为：初始进入阶段和在位竞争阶段。对于潜在进入的平台企业而言，在短期内获得较大的市场份额，成功地在该产业占据一席之地是其面临的最根本问题；而获得持续利润、避免被淘汰出局、阻碍潜在进入者的进入等是在位平台企业所要解决的问题。李锐(2007)得出，若平台企业处于在位阶段，采取注册费的定价方式优于采取交易费的定价方式，同时也优于两种定价方式的组合；而对于潜在进入市场的平台企业而言，最优的定价方式是同时收取注册费和交易费。本书6.4节得出，采取劝购性广告可以在短时间内获得较大的市场份额，这对处于潜在进入阶段的平台企业比较有利。同时，3.4.2节表明，对于追求长期利润最大化的平台企业而言，价格歧视策略也是一种进入双边产业的有效策略。

2. 平台企业市场势力

主要是指平台企业处于垄断地位还是寡头竞争地位，抑或是多个平台企业竞争地位。对于垄断平台企业而言，由于其具备的排他性，定价水平及定价结构的选择无关紧要。5.3.2表明，垄断平台企业提高搭售偏好型最终用户的比例有利于提高平台企业的利润；6.3.2节证明，垄断平台企业采取劝购性广告策略是不明智的，会导致平台利润降低。对处于竞争地位的平台企业而言，选择合适的竞争策略是一项艰巨的任务，较为复杂。不仅要分析该策略对自身产生的影响，而且还要考虑竞争对手也采取该策略时可能出现的后果，甚至还要考虑采取不同程度的同一种策略可能出现的结果。5.2节表明，无论是从一次性博弈的角度还是从演化博弈的角度，平台企业选择较大效用的被搭售商品并不能保证在竞争中处于优势地位；反之，选择较小效用的被搭售商品在竞争中也并不总是处于劣势地位。同时，6.2节和6.3节均表明，若平台企业同时采取同样的广告策略，最终结果受广告投入量差异的影响。

3. 平台企业追逐目标

主要是指平台企业是追求利润最大化还是市场份额最大化，抑或是追求长期利润最大化还是短期利润最大化。考虑到本书所有模型都是建立在理性平台企业追求最大化利润的基础上，因而对平台企业的后一类目标给出一些对策。3.4.2节表明，若双边平台企业采取价格歧视策略，追求长期利益最大化的思想并不适用，反而追求每一期利润最大化对平台企业有利。4.3节表明，重叠业务策略从长远角度考虑，可以克服"鸡蛋相生"问题，实现长期均衡。而5.2.3节表明，从演化博弈角度而言，平台企业选择较大效用的被搭售商品并不能保证在竞争中处于优势地位。

4. 平台企业战略选择

主要是指平台企业选择独立自主经营还是与其他平台企业合作。此外，还包括平台企业选择通过新建的方式进入某一产业还是通过兼并已有平台企业的方式。本书集中关注平台企业的竞争情形，并没有考虑平台企业间合作对平台企业利润的影响，这将是未来的研究方向之一。双边平台企业通过兼并进入某一产业（或市场），亚马逊收购卓越是典型案例。通过兼并，亚马逊很快进入了中国市场，减少开拓新市场带来的各种风险。但两个企业在企业文化、经营模式、管理理念上的差异，也给兼并后的运营带来了困难。亚马逊在2004年8月兼并卓越之后，经历了长达三年的磨合阵痛期。之后，在与当当的竞争中，亚马逊依然处于下风。业界人士认为，亚马逊兼并卓越带来的阵痛仍然没有过去，依然需要磨合。

5. 平台企业商业模式选择

正如前文所言，逐利是双边平台企业存在的意义（对非盈利的双边平台企业也成立，至少它要回收运营成本），实现这一目标的关键就在于降低成本，选择降低成本的方式就是筛选商业模式的过程。比如，沃尔玛采取的是"大批量从厂商直接采购，绕开批发商，从而降低产品进入成本，提高利润"的商业模式；而阿里巴巴和腾讯等电子商务平台则是"不存在进货成本问题，每加盟一个企业都在不断稀释固定成本，绝大部分加盟费是纯利润"的商业模式。双边平台企业商业模式的选择不仅要依赖于产业特征（阿里巴巴等电子商务模式就不适用于沃尔玛等零售业模式），而且更依赖于外部经济环境（网络经济泡沫、技术水平、用户习惯等）。本书主要研究双边平台企业竞争策略，并没有涉及双边平台企业商业模式的选择，不同双边产业商业模式的差异将是未来的研究方向之一。

7.2.2 最终用户层

存在至少两组性质截然不同的最终用户，是双边平台企业存在的基础。即便如此，若存在两组最终用户但不能同时加入平台企业，形成有效的交易，双边平台企业依然毫无存在的意义。可见，最终用户才是双边平台企业的基石。因此，研究最终用户的特性、需求、购买力、分布等情况对平台企业的构建、竞争策略选择、商业模式的选择等具有重要意义。

（1）最终用户的特征，包括诸如消费偏好（对被搭售产品的偏好程度、看重短期消费还是长期消费）、消费习惯（喜欢现金交易还是信用卡）等。两边最终用户是性质截然不同的群体，因此需要有不同的策略来吸引二者同时加入平台企业。5.3 节得出，增加买方最终用户对被搭售商品偏好的比例，可以增加平台企业的利润。因而，平台企业应该选择有助于增加买方最终用户偏好被搭售商品的比例的策略，如提高被搭售商品效用、广告策略、价格歧视策略等都是有效的策略。而这些策略对卖方最终用户是否有效还需要从理论上加以证明。

（2）最终用户的需求，包括潜在需求和实际需求。以中国蓬勃发展网络购物（主要是指各类 B2B、B2C 和 C2C）为例，中国互联网络信息中心（CNNIC）发布《第 28 次中国互联网络发展状况统计报告》显示，截至 2011 年 6 月底，中国网民规模达到 4.85 亿，而网上购物用户数只有 1.73 亿人，使用率只有 35.6%。显然，我国网络购物具有较大的增长空间，这也是为何我国网络购物企业如火如荼地发展的原因。如何将潜在需求转变为实际需求是双边平台企业解决的主要问题，需要通过经济手段（价格策略、促销手段）、技术手段（网络基础设施投入）、服务支持（配送、售后）、政策辅助等众多措施的相互补充、相互支持来实现。

（3）最终用户的分布，该因素主要决定双边平台企业的选址和布局。双边平台企业具有两种形态，一种是类似于传统企业，有形实体企业，如大型超市等；另一种是无形的虚拟企业，如各类 B2B、B2C 和 C2C 等。对于有形实体的双边平台企业而言，最终用户的分布直接决定了双边平台企业的布局，如沃尔玛和家乐福总是选择消费者较为集中的地区；而对于无形虚拟的双边平台企业而言，最终用户的潜在需求以及其他诸如地理优势、政治风险等则是决定双边平台企业的选址的主要因素。

7.2.3 外部环境层

尽管外部环境层因素的影响力不及平台企业和最终用户所产生的影响，但也是制约双边平台企业发展的因素，对双边平台企业竞争策略的选择起重要作用。

1. 经济环境

2000 年互联网经济泡沫的破裂、2008 年金融危机以及目前全球经济衰退、通货膨胀严重等现状，都会对实体经济产生重要的影响。双边平台产业也不能例外。如果经济持续维持在 2000 年互联网经济泡沫的破裂的状态，很难想象 2010 年中国网络购物市场交易规模达到 4 980 亿元，占到社会消费品零售总额的 3.2%。

2. 双边产业发展状况及发展前景

此处特指具体某一产业。这是双边平台企业必须时时刻刻关注的事情，特别是在平台企业选择拟进入某一产业前，详细地了解和分析该产业的现状和发展前景是非常必要的。

3. 有无法律法规限制

包括两方面内容：一方面是进入某些产业是否有限制，如电信业、电视媒体等作为典型的双边平台产业，并不是随意可以进入的产业；而快递业尽管容易进入，但在运送物品上存在很多的限制。另一方面是竞争策略的选择是否受限制，如平台企业在选择搭售策略前，首先要保证该策略是合法的，不会造成非法竞争；同样，平台企业选择广告策略前，无论是消息性广告还是劝购性广告，都要保证广告内容的真实性和合法性。

4. 非常规突发因素

这些因素是突发的，但对平台企业的影响可能是致命的。如 2008 年 4 ~ 5 月发生在中国各大城市的抵制家乐福事件。家乐福详细的损失金额我们无从得知，但事后家乐福采取一系列促销活动，5 月 16 日 ~ 5 月 28 日期间，家乐福"买二送一大放送"，中国特产、时尚服饰、生活用品低至七折。在此期间，购买任意规定品类的产品，包括男女鞋、男女装、童装、家庭用品、文化用品及儿童用品，满 100 送 30 元抵用券，满 300 送 120 元抵用券，满 600 送 300 元抵用券。促销项目还包括购物满指定金额，可以免费获得家乐福新款环保购物袋。此举被认为意在弥补取消五一促销造成的损失。

本 章 小 结

本章首先阐述了双边产业系统含义，之后从该系统的角度出发，围绕双边产业、最终客户以及外部环境三个层面，从宏观角度给出双边平台企业竞争策略选择的一般性对策和建议。其中，双边产业层从平台企业所处阶段、平台企业市场势力、平台企业追逐目标、平台企业战略选择、平台企业商业模式选择五个角度给出相应对策；最终用户层从最终用户的特征、最终用户的需求、最终用户的分布三个角度给出相应对策；外部环境层从经济环境、双边产业发展状况及发展前景、有无法律法规限制、非常规突发因素四个角度给出相应对策。

第 8 章　结论及研究展望

随着服务业在国民经济中比重的不断提高，互联网络技术水平的不断升级，双边平台这一特殊的运作模式在未来必定会成为一种主流。本书以这一特殊的企业形态为研究对象，选择该类企业的非价格竞争策略作为主要研究内容，集中于一种价格竞争策略和三种非价格竞争策略，即价格歧视策略和重叠业务策略、搭售策略、广告策略，针对这四种策略的有效性、影响策略成功的因素、短期和长期策略的异同等方面，运用博弈论、演化理论和决策科学等数量方法，同时结合现实案例，进行了深入地研究。

主要工作结论和创新性研究成果如下：

1. 构建了基于加入双边平台企业交易次数为歧视标准的价格歧视竞争模型

尽管价格歧视策略属于价格竞争策略范畴，但该策略是现实中比较常见的一种竞争策略。在总结现有一般定价模型基础上，针对平台企业的两种不同动机，即追求长期利益最大化和短期利润最大化，对均衡进入价格和社会福利水平进行了比较分析。研究得出，当双边平台企业采取价格歧视策略时，追求长期利益最大化的思想并不适用，反而追求每一期利润最大化对平台企业有利。另外，不论价格歧视比率高与低，也不论平台企业追求长期利润最大化还是短期利润最大化，价格歧视策略总是不利于平台企业，有利于两边最终用户。

2. 构建了双边平台企业重叠业务策略的静态博弈模型和动态微分博弈模型

该策略的本质在于通过改变同侧最终用户的数量而追求利润最大化。在阐述了重叠业务策略内涵的基础上，前者对一边用户是单归属另一边用户是多归属和两边最终用户都是多归属两种情形下，重叠业务策略对最终用户均衡进入价格和社会福利水平产生的影响展开了分析。而后者，将静态模型扩展为动态微分博弈模型，从长期角度研究重叠业务策略在双边平台企业竞争中的运作机理。研究发现："价格战"容易发生在单归属最终用户方且重叠业务较为严重的双边平台企业中；分别经营特色产品双寡头双边平台企业，无论另一边最终用户是单归属还是部分多归属，实现均衡时，同侧最终用户的均衡价格、市场份额、获得的利润均相等。部分多归属与竞争是否激烈的关系并不明确。

3. 构建了双边平台企业搭售策略的动态演化博弈模型和不具备完全一致性偏好的静态博弈模型

前者基于一次博弈利润矩阵构建了动态演化博弈模型，分析了长期范围内，搭售策略对双边平台企业竞争产生的影响，并对敏感性因素进行了筛选。之后，放松动态模型中一致性偏好搭售策略的假设，研究当双边平台企业采取搭售策略时，具有不同搭售偏好的买方最终用户对最优均衡解产生的影响，并对社会福利水平进行相应分析。研究发现，平台企业选择较大效用的被搭售商品并不能保证在竞争中处于优势地位，选择较小效用的被搭售商品在竞争中并不总是处于劣势地位。作为买方的最终用户获得的基本效用和被搭售商品的成本是影响演化结果的敏感性因素。同时，反托拉斯当局及反垄断政策制定者可不必过分关注双边平台企业采取搭售策略。

4. 构建双边平台企业的消息性广告模型和劝购性广告模型

双边平台企业采取广告策略的本质在于传递某些信息或改变最终用户对平台企业的偏好，进而吸引更多最终用户。消息性广告并不直接影响最终用户的需求曲线，而是通过影响期望需求曲线来追求最大化利润，而劝购性广告行为直接影响最终用户的偏好，进而直接影响最终用户的需求曲线，导致平台企业利润发生改变。研究发现：若双边平台企业以追求利润最大化为目标，则选择消息性广告策略优于选择劝购性广告策略；若平台企业以追求市场份额最大化为目标，则应选择劝购性广告策略；若两平台企业展开“广告战”，则消息性广告策略优于劝购性广告策略。对政策制定部门而言，若仅有两种选择，则应当限制消息性广告而鼓励劝购性广告。

特别需要指出，本书对双边平台企业非价格竞争策略的研究，只是从理论上给出了一般框架性研究，对于现实生活中的实例，需要根据实际情况进行相应的调整。因而，本书只是初步研究，虽取得一定成果，但在理论上和应用上仍存在许多问题需要不断深入地研究。本书有待于进一步研究的问题和方向有：

(1)文中博弈模型都是建立在完全信息且完美条件的基础上，然而，现实中双边平台企业间的信息传导并不具备此特性。双边平台在竞争过程中，掌握信息多的一方不希望充分暴露自己的真实意图，甚至可能采取欺诈行为尽量减少信息暴露程度，或散布虚假信息来混淆竞争对手，以吸引尽可能多的两边最终用户加入平台，进而实现自身利益的最大化。双边平台企业间信息传递机理，特别是不对称条件下的信息传递，是未来的研究方向之一。

(2)简单的双寡头博弈模型，尽管能够解释现实中的一些现象，但与普遍存在的复杂的、多个平台企业间相互竞争的现实相距甚远。因而，扩展到复杂双边平台企业间竞争、多寡头双边平台企业竞争、混合双边平台企业(Mixed Two-sided Market)竞争也是未来研究方向之一。

(3)最终用户具有非一致偏好情形下双边市场定价问题。最终用户基于效用最大化原则选择双边平台，而最终用户偏好又决定效用大小。同侧最终用户对同一双边平台具有不同偏好，评价较高的最终用户加入该双边平台的可能性较大，评价较低的最终用户加入该双边平台的可能性较小。研究最终用户钟爱某一双边平台，而非追求效用最大化情形下的双边市场定价问题解释双边市场中最终用户存在的非理性行为是未来研究方向之一。此外，最终用户具有议价权的双边市场定价问题也是未来研究方向之一。

(4)目前的研究多是基于博弈论和信息经济学研究双边市场短期行为,对双边市场成长规律和双边平台长期定价策略没有给予足够重视。然而,双边平台在追求利润最大化过程中,存在着追求短期利润最大化和长期利润最大化两种目标。前者意味着追求最终用户每次交易的利润之和最大化,而后者意味着追求一定时期内最终用户一定交易次数的利润总和的最大化。运用微分博弈和差分博弈的方法研究双边市场动态定价问题,分析其与短期利润最大化目标的最低定价的差异,是未来研究方向之一。

(5)由于条件制约,笔者目前对双边市场的研究主要集中于理论上的探索,对于实例性研究很少涉猎。因此,收集和整理双边市场实例,研究真实双边平台企业的运行机制和存在的问题,也是未来的重要研究方向之一。

(6)本研究集中研究的是具有私有产权且盈利性的双边平台企业,而非营利性、政府引导性的双边平台企业在现实中也广泛存在,这类双边平台的运作机理也是未来研究方向之一。

参考文献

[1] Antitrust Guidenlines for the Licensing of the Intellectural Property, 1995.

[2] ADAMS W, YELLEN J. Commodity bundling and the burden of monopoly[J]. The Quarterly Journal of Economics, 1976, 90(3):475-498.

[3] ADERSON R M, ELLISON G, FUNDENBERG D. Location choice in two-sided markets with indivisible agents[J]. Games and Economic Behavior, 2008(1):1-22.

[4] AMELIO A, JULLIEN B. Tying and freebies in two-sided markets[N]. IDEI working paper, 2007, No. 445.

[5] ARMSTRONG M. Competition in two-sided markets[J]. RAND Journal of Economics, 2006, 37(3): 668-691.

[6] ARMSTRONG M, WRIGHT J. Two-sided markets, competitive bottlenecks and exclusive contracts[J]. Economic Theory, 2007a, 32(2):353-390.

[7] ARMSTRONG M, WRIGHT J. Mobile call termination in the UK[N]. MRPA working paper, 2007b, No. 2344.

[8] ANDERSON P S. Broadcast competition: commercial and pay-tv[N]. Media Economics Workshop in Bergen working paper, 2003, No. 64.

[9] ANDERSON P S, COATE S. Market provision of broadcasting: a welfare analysis[J]. Review of Economic Studies, 2005, 72(4): 947-972.

[10] BAAKE P, BOOM A. Vertical product differentiation, network externalities and compatibility decisions [J]. International Journal of Industrial Organization, 2001, 19(12):267-284.

[11] BAGEWELL K. The economic analysis of advertising[J]. Handbook of Industrial Organization, 2004, 3(1):6-24.

[12] BAKOS Y, BRYNJOLFSSON E. Bundling information goods: pricing, porfits, and efficiency[J]. Management Science, 1999, 45(12):1616-1630.

[13] BARROS P, KIND H J, NILSSEN T, et al. Media competition on the internet[J]. Topics in Economic Analysis & Policy, 2005, 4(1):1343-1365.

[14] BAXTER W F. Bank interchange of transactional paper: legal and economic perspectives[J]. Journal of Law and Economics, 1983, 26(3):541-588.

[15] BAYE M, MORGAN J. A simple model of advertising and subscription fees[J]. Economics Letters, 2000, 69(3): 345-351.

[16] BOLT W, TIEMAN A T. Pricing debit card payment services: an IO approach[N]. IMF working paper, 2003, No. 202.

[17] BOLT W, TIEMAN A F. Social welfare and cost recovery in two-sided markets[J]. Review of network Economics, 2006, 5(1):103-117.

[18] BLOCH F, MANCEAU D. Persuasive advertising in Hotelling's model of product differentiation[J]. In-

ternational Journal of Industrial Organization, 1999, 17(4):557-574.

[19] CAI G S, KOCK N. An evolutionary game theoretic perspective on e-collaboration: the collaboration effect and media relativeness[J]. European Journal of Operational Research, 2009, 194(3):821-833.

[20] CAILLAUD B, JULLIEN B. Chicken & egg: competition among intermediation service providers[J]. RAND Journal of Economics, 2002, 34(2): 309-328.

[21] CARLTON D, WALDMAN M. The strategic use of tying to preserve and create market power in evolving industries[J]. RAND Journal of Economics, 2002, 33(2):194-220.

[22] CELIK L. Informative advertising and consumer search in a differentiated-products duopoly[N]. CERGE-EI working paper, 2007, No. 332.

[23] CHAKRAVORTI S, ROSON R. Platform competition in two-sided markets: the case of payment network [J]. Review of Network Economics, 2006, 5(1):118-141.

[24] CHANG H, EVANS D S, Swartz G. The effect of regulatory intervention in two-sided markets: an assessment of interchange-fee capping in Australia[J]. Review of Network Economics, 2005, 4(4):328-358.

[25] CHEN K, TSE E. Dynamic platform competition in two-sided market[N]. School of Engineering Stanford University working paper, 2008, No. 456.

[26] CHOI J P, STEFANADIS C. Tying, investment, and the dynamic leverage theory[J]. RAND Journal of Economics, 2001, 32(1):52-71.

[27] CHOI J P. Tying in two-sided markets with multi-homing[N]. NET Institute working paper, 2006, No. 04.

[28] CHURCH J, GANDAL N. Network effects, software provision, and standardization[J]. Journal of Industrial Economics, 1992, 40(1):85-104.

[29] CHRISTOU C, VETTAS N. On informative advertising and product differentiation[J]. International Journal of Industrial Organization, 2008, 26(1):92-112.

[30] COASE R H. The nature of the firm[J]. Economica, 1937, 4(16):386-405.

[31] DOGANOGLU T, KLAPPER D. Goodwill and dynamic advertising strategies[J]. Quantitative Marketing and Economics, 2006, 4(1):5-29.

[32] DOGANOGLU T, WRIGHT J. Multi-homing and compatibility[J]. International Journal of Organization, 2006, 24(1):45-67.

[33] DUKES A, Gal-or E. Negotiations and exclusivity contracts for advertising[J]. Marketing Science, 2003, 22(2):222-245.

[34] ECONOMIDES N. The economics of networks[J]. International Journal of Industrial Organization, 1996, 14(6):673-699.

[35] ECONOMIDES N, KATSAMAKAS E. Two-sided competition of proprietary vs. open source technology platforms and the implications for the software industry[J]. Management Science, 2006, 52(7):1057-1071.

[36] EGLI A. On stability in competition: tying and horizontal product differentiation[J]. Review of industrial

Organization, 2007, 30(1):29-38.

[37] ERIKSSON K, SJÖSTSTRAND J, STRIMLING P. Asymmetric equilibria in dynamic two-sided matching markets with independent preferences[J]. International Journal of Game Theory, 2008, 36(3):421-440.

[38] EVANS D S. The antitrust economics of multi-sided platform industries[J]. Yale Journal on Regulation, 2003a, 20:237-294.

[39] EVANS D S. Some empirical aspects of multi-sided platform industries[J]. Review of Network Economics, 2003b, 2(3):191-209.

[40] EVANS D S, SALINGER M. Why do firms bundle and tie? Evidence from competitive market and implication for tying law[J]. Yale Journal Regulation, 2005, 22(1):37-89.

[41] EVANS D S, SCHMALENSEE R. The economics of interchange fees and their regulation: an overview [J]. MIT Sloan working paper, 2005, No.4548.

[42] EVANS D S, SCHMALENSEE R. The industrial organization of markets with two-sided platforms[J]. Competition Policy International, 2007, 3(1):151-179.

[43] FARHI E, HAGIU A. Strategic interactions in two-sided market oligopolies[J]. Strategy Unit working paper, 2007, No.08-011.

[44] FERRANDO J J, GABSZEWICZ J, LAUSSEL D, et al. Two-sided network effects and competition: an application to media industries[N]. CORE working paper, 2004, No.06.

[45] GABSZEWICZ J J, WAUTHY X. Two-sided markets and price competition with multi-homing[N]. CORE discussion paper, 2004, No.30.

[46] GALE D, SHAPLEY L S. College admissions and the stability of marriage[J]. American Mathematical Monthly, 1962, 69(1): 9-15.

[47] GALEOTTI A, MORAGA-GONZÁLEZ J L. Platform intermediation in a market for differentiated products[J]. European Economic Review, 2008, 53(4):417-428.

[48] GAL-or E, DUKES A. Minimum differentiation in commercial media markets[J]. Journal of Economics & Management Strategy, 2003, 12(3): 291-325.

[49] GANDAL N, KENDE M, ROB R. The dynamics of technological adoption in hardware/software systems: the case of compact disc players[J]. RAND Journal of Economics,2001, 31(1):43-61.

[50] GANS J, KING S. The role of interchange fees in credit card association: competition analysis and regulatory issue[J]. Australian Business Law Review, 2001, 29(2):94-122.

[51] GAUDEU A, JULLIEN B. E-commerce, two-sided markets and info-mediation[J]. Communications & Strategies, 2006, 16(1):17-35.

[52] GRANIGG W. The dynamics of network-effects in two-sided and multi-sided markets: and agent-based approach[J]. Complex Interaction and Social Emergence Conference, 2007, 261-270.

[53] GROSSMAN G M, Shapiro C. Informative advertising with differentiated products[J]. Review of Economic Studies, 1984, 51(1):63-81.

[54] GUTHRIE G, WRIGHT J. Competing payment schemes[N]. NUSworking paper, 2003, No.0311.

[55] HAGIU A. Platforms, pricing, commitment and varietyin two-sided markets[D]. Princeton: Princeton University, 2004.

[56] HAGIU A. Two-sided platforms: pricing and social efficiency[N]. Research Institute of Economy, Trade and Industry (RIETI) working paper, 2004, No. 04035.

[57] HAGIU A. Multi-sided platforms from micro-foundations to design and expansion strategies[N]. HBS working paper, 2006a, No. 07-094.

[58] HAGIU A. Pricing and commitment by two-sided platforms[J]. RAND Journal of Economics, 2006b, 37(3): 720-737.

[59] HAGIU A. Monopolistic competition between differentiated products with demand for more than one variety[N]. HBS working paper, 2006c, No. 42.

[60] HAGIU A. Two-sided platforms: product variety and pricing structures[J]. Journal of Economics & Management Strategy, 2008, 18(4): 1011-1043.

[61] HOFBAUER J, SIGMUND K. Evolutionary games and population dynamics[M]. Cambridge: Cambridge University Press, 1998.

[62] HOTELLING H. Stability in competition[J]. The economic Jouranl, 1929, 39(153): 41-57.

[63] JEFFREY C, NEIL G. System competition, vertical merger and foreclosure[J]. Journal of Economics & Management Strategy, 2000, 9(1): 25-51.

[64] JEON, D S, ROCHET J C. The pricing of academic journals: a two-sided market perspective[N]. IDEI working paper, 2007, No. 458.

[65] JULLIEN B. Priceskewness and competition in multi-sided markets[N]. IDEI working papers, 2008, No. 504.

[66] JULLIEN B, REY P. Resale price maintenance and collusion[J]. RAND Journal of Economics, 2007, 38(4): 983-1001.

[67] KATSAMAKAS E, BAKOS Y. Design and ownership of two-sided networks[J]. Journal of Economic Perspectives, 2005, 19(2): 99-120.

[68] KATZ M, SHAPIRO C. Network externalities, competition and compatibility[J]. American Economic Review, 1985, 75(3): 424-440.

[69] KATZ M, SHAPIRO C. Technology adoption in the presence of network externalities[J]. Journal of Political Economy, 1986a, 94(4): 822-841.

[70] KATZ M, SHAPIRO C. Product compatibility choice in a market with technological progress[J]. Oxford University Paper, 1986b, 38(10): 146-65.

[71] KIND H J, NILSSEN T, SORGARD L. Financing of media firms: does competition matter? [N] Center for International Economics and Shipping working paper, 2005, No. 6.

[72] LARSSON R. The handshake between invisible and visible hands: toward a tripolar institutional framework[J]. International Studies of Management & Organization, 1993, 23(6): 87-106.

[73] LEE R S. Vertical integration and exclusivity in platform and two-sided markets[N]. NET Institute working paper, 2008, No. 7-39.

[74] LIEBOWITZ S J, MARGOLIS S E. Network externality: an uncommon tragedy[J]. The Journal of Economic Perspectives, 1994, 8(2):133-150.

[75] LIEBOWITZ S J, MARGOLIS S E. Are network externalities a new source of market failure? [J]. Research in Law and Economics, 1995, 17(4):1-22.

[76] LIU Q H, SERFES K. Price discrimination in two-sided markets[N]. NET Institute working paper, 2007, No.25.

[77] MASON K. Network externalities and the Coase conjecture[J]. European Economic Review, 2000, 44(2):1981-1992.

[78] MELLET K. The structuring of markets forinformational intermediation: horizontal versus vertical dynamics[N]. RePEc working paper, 2007, No.13.

[79] NOCKE V, PEITZ M, STAHL K. Platform ownership in two-sided markets[J]. Journal of the European Economic Association, 2007, 5(6):1130-1160.

[80] PIGA C A. A dynamic model of advertising and product differentiation[J]. Review of Industrial Organization, 1998, 13(5):509-522.

[81] POOLSOMBAT R, GIANLUIGI V. Partial multi-homing in two-sided markets[N]. University of York working paper, 2006, No.10.

[82] RASCH A. Platform competition with partial multi-homing under differentiation: a note[J]. Economics Bulletin,2007, 12(2):1-8.

[83] RÉGIBEAU P. A comment on Evans, Hagiu and Schmalensee[J]. CESifo Economic Studies, 2005, 51(2-3):225-232.

[84] REISINGER M. Two-sided markets with negative externalities[N]. University of Munich,2004, No.478.

[85] RICHARDSON G B. The organization of industry[J]. The Economic Journal, 1972, 82(5):883-896.

[86] ROCHET J C, TIROLE J. Cooperation among competitors: some economics of payment card associations [J]. Rand Journal of Economics,2002, 33(4):549-570.

[87] ROCHET J C, TIROLE J. Platform competition in two-sided markets[J]. Journal of the European Economic Association, 2003,1(4):990-1029.

[88] ROCHET J C, TIROLE J. Two-sided markets: a process report[J]. RAND Journal of Economics, 2006a, 37(3):645-667.

[89] ROCHET J C, TIROLE J. Externalities and regulation in card payment systems[J]. Review of Network Economics,2006b, 5(1):1-14.

[90] ROCHET J C, TIROLE J. Tying in two-sided markets and the honor all cards rule[J]. International Journal of Industrial Organization, 2008, 26(6):1333-1347.

[91] ROHLFS J A. Theory of interdependent demand for a communications service[J]. Bell Journal of Economics,1974,5(1):16-37.

[92] ROSON R. Two-sided markets: a tentative survey[J]. Review of Network Economics,2005a, 4(2): 142-158.

[93] ROSON R. Platform competition with endogenous multi-homing[N]. FEEM working paper, 2005b, No.

20.

[94] ROSON R. Auctions in a two-sided network: the case of meal vouchers[J]. Networks and Spatial Economics, 2005c, 5(4):339-350.

[95] RUIZ-ALISEDA F. Mis-informative advertising[N]. IESE working paper,2008, No. 0809.

[96] SATTERTHWAITE M, SHNEYEROV A. Dynamic matching, two-sided incomplete information, and participation costs: existence and convergence to perfect competition[J]. Econometrica, 2007, 75(1):155-200.

[97] SATTERTHWAITE M, SHNEYEROV A. Convergence to perfect competition of a dynamic matching and bargaining market with two-sided incomplete information and exogenous exit rate[J]. Games and Economic Behavior, 2008, 63(2):435-467.

[98] SCHIFF A. Open and closed systems of two-sided networks[J]. Information Economics and Policy, 2003, 15(4):425-512.

[99] SCHIFF A. Basic pricing principles in two-sided markets: some simple models[J]. Information Economics and Policy,2007, 15(4):425-512.

[100] SCHMALENSEE R. Gaussian demand and commodity bundling[J]. The Journal of Business,1984, 57(1):211-230.

[101] SIMBANEGAVI W. Informative advertising: competition or cooperation? [J]. The Journal of Industrial Economics,2009, 57(1):147-166.

[102] SOBERMAN D A. Research note: additional learning and implications on the role of informative advertising[J]. Management Science, 2004, 50(12):1744-1750.

[103] SØNMEZ T. Manipulation via capacities in two-sided matching markets[J]. Journal of Economic Theory, 1997, 77(1):197-204.

[104] SPULLBER D F. Market microstructure and intermediation[J]. Journal of Economic Perspectives, 1996, 10(3):135-152.

[105] SUN M C, TSE E. When does the winner take all in two-sided market? [J]. Review of Network Economics,2007, 6(1):16-40.

[106] TÅG J. Efficiency and the provision of open platforms[N]. IFN working paper, 2008, No. 748.

[107] TAG J. Open versus closed platforms[J]. Communication & Strategies, 2009(1): 95-114.

[108] TAYLOR P D, JONKER L. Evolutionary stable strategies and game dynamics[J]. Mathematical Biosciences,1978, 16(40):145-156.

[109] TREMBLAY V J, MARTINS-FILHO C. A model of vertical differentiation, brand loyalty, and persuasive advertising[J]. Advances in Appliced Micaroeconomics, 2001, 10:221-238.

[110] WANG Z, MCANDREWS J. Micro-foundations of two-sided markets: the payment card example[N]. Payments System Research working paper,2006, No. 01.

[111] WEYL E G. The price theory of two-sided markets[J/OL]. Harvard University, 2006(不详). http://www.people.fas.harvard.edu/-weyl/research.htm.

[112] WHINSTON M D. Tying, foreclosure and exclusion[J]. American Economic Review, 1990, 80(4):

837-859.

[113] WHITE L J. Market definition and market power in payment card networks: some comments and considerations[J]. Review of Network Economics, 2006, 5(1):61-71.

[114] WILLIANSON O. Markets and hierachies, analysis and antitrust implication[M]. London: Collier Macmillan Publishers, 1975.

[115] WRIGHT J. Access pricing under competition: an application to cellular networks[J]. Journal of Industrial Economics, 2002, 50(3):289-315.

[116] WRIGHT J. Determinants of optimal interchange fees in payments systems[J]. Journal of Industrial Economics, 2003, 52(1):1-26.

[117] WRIGHT J. One-sided logic in two-sided markets[J]. Review of Network Economics, 2004, 3(1):44-64.

[118] WRIGHT J, KAISER U. Price structure in two-sided markets: evidence from the magazine industry[J]. International Journal of Industrial Organization, 2006, 24(1):1-28.

[119] THOMAS C. A strategic guide on two-sided markets applied to the ISP market[N]. MRPA working paper, 2007, No. 2602.

[120] XIAO T J, CHEN G H. Wholesale pricing and evolutionary stable strategies of retailers with imperfectly observable objective[J]. European of Operational Research, 2009, 196(3):1190-1201.

[121] ZHU F, IANSITI M. Dynamics of platform competition: exploring the role of installed base, platform quality, and consumer expectations[N]. HBS working paper, 2008, No. 031.

[122] ROMER D. 高级宏观经济学[M]. 苏剑，罗涛，译. 上海：商务印书馆，1999.

[123] SHAPIRO C, VARIAN H. 信息规则：网络经济的策略指导[M]. 北京：中国人民出版社，2000.

[124] SHY O. 产业组织理论与应用[M]. 周战强，等译. 北京：清华大学出版社，2005.

[125] SHY O. 网络产业经济学[M]. 上海：上海财经大学出版社，2002.

[126] SPILBER D F. 市场的微观结构——中间层组织和厂商理论[M]. 张军，译. 北京：中国人民大学出版社，2002.

[127] TIROLE J. 产业组织理论[M]. 北京：中国人民大学出版社，1997.

[128] WOLFSTETTER E. 高级微观经济学[M]. 上海：上海财经大学出版社，2003.

[129] 蔡翔，郭冠妍，张光萍. 国外关于人-组织匹配理论的研究综述[J]. 工业技术经济，2007，26(9):142-145.

[130] 陈宏民，胥莉. 双边市场——企业竞争环境的新视角[M]. 上海：世纪出版集团；上海：上海人民出版社，2007.

[131] 陈蓉，郭晓武. 网络经济学发展概述[J]. 经济学家，2001(5):114-118.

[132] 程贵孙. 基于双边市场理论的传媒产业运行机制与竞争规制研究[D]. 上海：上海交通大学，2007.

[133] 程贵孙，陈宏明. 具有双边市场特征的电视媒体平台竞争模型[J]. 系统管理学报，2009，18(1):1-6.

[134] 杜义飞，李仕明. 基于 Rubinstein-Stahl 模型的供应链中间产品定价研究[J]. 系统工程学报，

2006, 21(1):33-37.
[135] 龚德恩. 经济控制论[M]. 北京:高等教育出版社,2009.
[136] 黄民礼. 双边市场与市场形态的演进[J]. 首都经济贸易大学学报,2007 (3): 43-49.
[137] 李剑. 搭售的经济效果与法律规制[M]. 北京:中国检察出版社,2007.
[138] 李锐. 具有不对称结构的双边市场下中介人竞争问题[J]. 世界经济,2006 (1):68-77.
[139] 刘华军. 中间产品价格理论研究综述[J]. 产业经济研究,2007, 26(1):56-63.
[140] 罗云辉. 对存在广告溢出效应出口企业进行补贴的理论依据[J]. 产业经济研究,2006, 25(6):71-75.
[141] 聂清凯, 夏健明. 网络经济时代企业组织架构重建研究[J]. 外国经济与管理,2004, 26(11):26-30.
[142] 平迪克, 鲁宾菲尔德. 微观经济学[M]. 4 版. 北京:中国人民大学出版社,1999.
[143] 平新乔. 微观经济学十八讲[M]. 北京:北京大学出版社,2001.
[144] 齐二石, 宋立夫, 李钢. 企业信息化工程中的匹配理论及映射模型研究[J]. 哈尔滨工业大学学报(社会科学版),2007, 9(1):113-116.
[145] 荣朝和. 企业的中间层理论以及中间层组织在运输市场中的作用[J]. 北京交通大学学报(社会科学版),2006, 5(3):1-5.
[146] 童煜. 服务企业核心能力研究[D]. 武汉:武汉大学,2004.
[147] 王健. 搭售法律问题研究——兼评美国微软公司的搭售行为[J]. 法学评论,2003(2):88-94.
[148] 王谦, 齐二石, 丁捷. 基于域映射模式的信息化平台匹配理论[J]. 工业工程,2008, 11(3):10-15.
[149] 乌家培. 网络经济及其对经济理论的影响[J]. 学术研究,2000(1):5-11.
[150] 夏杰长, 尚铁力. 西方现代服务经济研究综述[J]. 国外社会科学,2006(3):43-47.
[151] 谢识予. 经济博弈论[M]. 2 版. 上海:复旦大学出版社,2002.
[152] 杨圣明. 服务贸易——中国与世界[M]. 北京:民主与建设出版社,1999.
[153] 杨涛, 荣朝和. 企业的中间层理论述评[J]. 北京交通大学学报(社会科学版),2006, 6(4):1-6.
[154] 郁义鸿, 管锡展. 产业链纵向控制与经济规制[M]. 上海:复旦大学出版社, 2006.
[155] 张福利. 无外部市场条件下中间产品转移价格的博弈分析与对策[J]. 中国管理科学,2003, 11(3):46-50.
[156] 郑茜纯. 搭售行为之分析[D]. 台湾:中原大学,2003.
[157] 朱振中. 基于双边市场理论的产业竞争与公共政策研究[D]. 北京:北京邮电大学,2006.
[158] 朱振中, 吕廷杰. 双边市场经济学研究的进展[J]. 经济问题探索,2005(7):125-129.

后　记

本书的出版主要源于我的博士论文,在此,首先要感谢我的博士导师李向阳教授。李老师为人师表,他崇高的师德和宽广的胸怀给我留下了毕生难忘的印象。在撰写论文的过程中,李老师在我身上倾注了大量的时间和精力。从论文的选题到资料的搜集整理,从论文的写作到逐字逐句的修改,都凝聚着李老师的心血。李老师敏锐的洞察力、渊博的学识、诲人不倦的师德、严谨求实的科学态度、孜孜不倦的工作作风,以及对学生真挚的爱和关心让我记忆深刻。李老师对管理理论与实践的精辟理解,使我在攻读博士学位的过程中受益匪浅,也将对我人生的发展产生深远影响。

同时,感谢哈尔滨工业大学的胡运权教授、惠晓峰教授、吴冲教授、西宝教授、王铁男教授,他们在开题过程中为我的论文的选题和结构、研究内容等方面作了精心指导。感谢张庆普教授、王福胜教授和王建老师,他们在论文审查过程中提出了许多非常宝贵的意见和建议。感谢惠晓峰教授、冯玉强教授、王要武教授、叶强教授和孙文俊教授在预答过程中提供的有价值建议。感谢张庆普教授、王福胜教授、吴冲教授、孙文俊教授、胡运权教授和哈尔滨工程大学的徐建中教授在答辩中的指导。

感谢我的硕士导师李恩辕教授,是他引领我进入科学研究的殿堂,教授我从事科研的方法并培养锻炼了我的能力。同时,每当我需要做出重大决策时,他总是能够客观、准确地剖析事件本身,详述各个选择的优劣,帮助我做出正确的选择,引导我逐步走向成熟。

感谢哈尔滨工业大学 TPM310 实验室全体的师兄弟姐妹们在生活和学习中给予我的很多帮助。感谢师兄董绍辉与我进行的多次讨论,这些讨论对我的论文写作大有裨益。感谢留守在哈尔滨的本科同学,是你们在我孤独和挫折的时候给我以支持和鼓励。

感谢山西大学经济与工商管理学院李志强院长、陆守成书记对我的鼓励、支持和帮助。

感谢哈尔滨工业大学出版社王桂芝编辑和李广鑫编辑的辛勤工作，正是她们细心而又细致的编辑，这本书才得以顺利出版。

最后，衷心地感谢生我、养我、育我的父母。感谢父亲在天之灵的庇佑，感谢母亲在家默默的支持，感谢姐姐、妹妹和弟弟的理解！没有你们这些年的支持和奉献，我的求学生涯也许早已结束。前方的路还很长、很远，我将在以后的生活中继续努力，以回馈你们的关爱。

感谢所有曾经教诲我的师长！

感谢所有曾经帮助过我的人！

感谢所有激励我前进的人！

张　凯

2011.12